DIREITO CIVIL

Futuros Possíveis

MARCOS EHRHARDT JÚNIOR
Coordenador

Prefácio
Eroulths Cortiano Jr.

DIREITO CIVIL
Futuros Possíveis

Belo Horizonte

2022

© 2022 Editora Fórum Ltda.

É proibida a reprodução total ou parcial desta obra, por qualquer meio eletrônico, inclusive por processos xerográficos, sem autorização expressa do Editor.

Conselho Editorial

Adilson Abreu Dallari
Alécia Paolucci Nogueira Bicalho
Alexandre Coutinho Pagliarini
André Ramos Tavares
Carlos Ayres Britto
Carlos Mário da Silva Velloso
Cármen Lúcia Antunes Rocha
Cesar Augusto Guimarães Pereira
Clovis Beznos
Cristiana Fortini
Dinorá Adelaide Musetti Grotti
Diogo de Figueiredo Moreira Neto (*in memoriam*)
Egon Bockmann Moreira
Emerson Gabardo
Fabrício Motta
Fernando Rossi
Flávio Henrique Unes Pereira

Floriano de Azevedo Marques Neto
Gustavo Justino de Oliveira
Inês Virgínia Prado Soares
Jorge Ulisses Jacoby Fernandes
Juarez Freitas
Luciano Ferraz
Lúcio Delfino
Marcia Carla Pereira Ribeiro
Márcio Cammarosano
Marcos Ehrhardt Jr.
Maria Sylvia Zanella Di Pietro
Ney José de Freitas
Oswaldo Othon de Pontes Saraiva Filho
Paulo Modesto
Romeu Felipe Bacellar Filho
Sérgio Guerra
Walber de Moura Agra

FÓRUM
CONHECIMENTO JURÍDICO

Luís Cláudio Rodrigues Ferreira
Presidente e Editor

Coordenação editorial: Leonardo Eustáquio Siqueira Araújo
Aline Sobreira de Oliveira

Av. Afonso Pena, 2770 – 15º andar – Savassi – CEP 30130-012
Belo Horizonte – Minas Gerais – Tel.: (31) 2121.4900 / 2121.4949
www.editoraforum.com.br – editoraforum@editoraforum.com.br

Técnica. Empenho. Zelo. Esses foram alguns dos cuidados aplicados na edição desta obra. No entanto, podem ocorrer erros de impressão, digitação ou mesmo restar alguma dúvida conceitual. Caso se constate algo assim, solicitamos a gentileza de nos comunicar através do *e-mail* editorial@editoraforum.com.br para que possamos esclarecer, no que couber. A sua contribuição é muito importante para mantermos a excelência editorial. A Editora Fórum agradece a sua contribuição.

Dados Internacionais de Catalogação na Publicação (CIP) de acordo com a AACR2

D598	Direito Civil: Futuros Possíveis / coordenado por Marcos Ehrhardt Júnior. - Belo Horizonte : Fórum, 2022.
	266 p. ; 14,5cm x 21,5cm.
	Inclui bibliografia.
	ISBN: 978-65-5518-281-1
	1. Direito. 2. Direito Civil. 3. Direito e Tecnologia. I. Título.
2021-3588	CDD: 347
	CDU: 347

Elaborado por Vagner Rodolfo da Silva – CRB-8/9410

Informação bibliográfica deste livro, conforme a NBR 6023:2018 da Associação Brasileira de Normas Técnicas (ABNT):

EHRHARDT JÚNIOR, Marcos (Coord.). *Direito Civil*: Futuros Possíveis. Belo Horizonte: Fórum, 2022. 266 p. ISBN 978-65-5518-281-1.

SUMÁRIO

PREFÁCIO

Eroulths Cortiano Junior 11

Um livro sobre o presente e o futuro 11

APRESENTAÇÃO 17

DA ESTRUTURA À FUNÇÃO: ITINERÁRIO DO DIREITO CIVIL CONSTITUCIONAL

Gustavo Tepedino 19

    Referências 29

A CONSTITUIÇÃO DO DIREITO CIVIL DA COEXISTÊNCIA; IDEIAS REUNIDAS A PARTIR DE UM REFLEXO DA JURISDIÇÃO CONSTITUCIONAL EM DIREITO DE FAMÍLIA

Luiz Edson Fachin, Christine Peter da Silva 31

1   Prolegômenos 31

2   Três décadas de desafios do Direito Civil brasileiro contemporâneo 33

3   Humanismo e eudemonismo como axiomas da ética constitucional contemporânea 34

4   Família como instituição do Direito Civil-Constitucional na jurisdição constitucional brasileira 40

5   Olhar de remate 45

    Referências 47

PROSPECÇÕES PARA O FUTURO DO DIREITO DAS FAMÍLIAS. UMA PERSPECTIVA INTERDISCIPLINAR

Rodrigo da Cunha Pereira 49

1   Prelúdio 49

2   O manancial da Psicanálise e o Direito das Famílias 51

3   Famílias conjugais e famílias parentais 53

4	A objetividade e subjetividade dos atos e fatos jurídicos	54
5	O Direito das Famílias e o necessário olhar interdisciplinar: Psicanálise, arte e mediação	56
6	Prospectivas	59
	Referências	60

REVOGAÇÃO DA LEI DE ALIENAÇÃO PARENTAL: RETROCESSOS POSSÍVEIS

Luciana Brasileiro, Gustavo Henrique Baptista Andrade 61

Referências 66

O DIREITO SUCESSÓRIO BRASILEIRO E O SEU NAVEGAR (IM)PRECISO

Giselda Maria Fernandes Novaes Hironaka, João Ricardo Brandão Aguirre 69

1	A travessia rumo à funcionalização do Direito das Sucessões ...	69
2	Os mares tormentosos da pandemia da covid-19 e seus reflexos no Direito Sucessório	75
3	Em busca do remanso	77
	Considerações finais	85
	Referências	85

FUTUROS POSSÍVEIS PARA O PLANEJAMENTO SUCESSÓRIO

Ana Carolina Brochado Teixeira, Simone Tassinari Fleschmann 87

1	Introdução	87
2	Diagnóstico do estado da arte do planejamento sucessório: avanços no Direito brasileiro	88
2.1	Superação da dificuldade cultural de tratar a morte como óbice à efetivação do planejamento	88
2.2	Mudanças no Direito de Família	90
2.3	Limites impostos pela solidariedade familiar: é hora de repensá-los?	92
3	Tendências	94
3.1	Mobilização dos bens	94
3.1.1	Herança digital	95
3.1.2	Pejotização das famílias e tendência de migração patrimonial para o exterior	98
3.2	Expansão da autonomia privada no Direito Sucessório?	100
3.2.1	Reflexões sobre a legítima	101
4	Conclusão	105
	Referências	107

FRAGMENTOS DE FUTUROS POSSÍVEIS, NÃO
NECESSARIAMENTE PROVÁVEIS, DO DIREITO PRIVADO BRASILEIRO

Marcos Catalan 109

    Referências 121

A DUPLA FACE DOS DIREITOS E DOS DEVERES: UMA REVISÃO
CONCEITUAL

Marcos Bernardes de Mello 125

I   Introdução... 125

I.1   O conteúdo eficacial básico da relação jurídica, segundo a
       doutrina tradicional.. 125

I.2   Necessidade de uma revisão dessa concepção............................ 127

II   Análise do conteúdo da face ativa dos direitos.......................... 128

II.1   Considerações preliminares.. 128

II.2   A face ativa dos direitos. O conteúdo do direito primário: as
       permissões (faculdades e poderes), precisões conceituais 130

II.3   Aplicação desses conceitos para comprovar sua correção 132

III   Análise do conteúdo da face passiva dos direitos: os deveres
       ínsitos nos direitos.. 136

IV   Conclusões.. 139

     Referências.. 140

DECLARAÇÃO DE DIREITOS DE LIBERDADE ECONÔMICA E
DESAFIOS AO PRINCÍPIO DA FUNÇÃO SOCIAL DO CONTRATO

**Lucas Abreu Barroso, Pablo Malheiros da Cunha Frota, Daniella
Gonçalves Stefanelli**... 141

1   O Código Civil de 2002 e os princípios sociais dos contratos: a
       função social 141

2   A inovação e a inquietação provocada pelo princípio da
       função social do contrato... 145

3   Declaração de Direitos de Liberdade Econômica e desafios ao
       princípio da função social do contrato 149

     Referências.. 152

REVISÃO JUDICIAL DOS CONTRATOS EM PERSPECTIVA

Paulo Lôbo.. 155

1   Quando a revisão judicial dos contratos se impõe 155

2   Revisar para resolver o contrato... 158

3   Violação positiva ou antecipada do contrato............................. 160

4	Violação das "cláusulas éticas" do contrato	161
5	Revisão por onerosidade excessiva superveniente	162
6	Teoria da Base Objetiva do Negócio	164
7	Revisão por frustração da base do negócio	167
8	Equidade como fundamento para revisão do contrato excessivamente onerado	169
9	Vantagem superveniente pela mudança de circunstâncias	170
10	Dever de renegociação com dispensa da revisão	170
	Referências	172

QUATRO CONCEITOS DE RESPONSABILIDADE CIVIL PARA A 4ª REVOLUÇÃO INDUSTRIAL E O CAPITALISMO DE VIGILÂNCIA

Nelson Rosenvald 175

1	Introdução	175
2	*Liability*: arenovação pela multifuncionalidade da responsabilidade civil	181
3	*Responsibility*: o sentido moral da responsabilidade	185
4	*Accountability*: vetor da atuação dos agentes de tratamento de dados pessoais	189
5	Uma proposta conciliatória entre *liability* e *accountability*	191
6	A função promocional como ponto de chegada	194
7	*Answerability* (ou *explainability*)	197
8	Conclusão	202
	Referências	203

COMO UM CÓDIGO CIVIL ANALÓGICO PODE SOBREVIVER NA ERA DIGITAL

Everilda Brandão Guilhermino 207

1	Um código feito para o mundo analógico	207
2	Novos bens e o cumprimento da função social	208
3	Adaptação de linguagem e de institutos clássicos: a nova missão do intérprete do Código Civil na era digital	211
4	Multipropriedade e abertura do Código Civil para novos conceitos	216
	Referências	217

PROTEÇÃO DE DADOS PESSOAIS, VIGILÂNCIA E IMAGEM: NOTAS SOBRE DISCRIMINAÇÃO FISIONÔMICA

Vitor Almeida, Ian Borba Rapozo 219

	Introdução	219

1	Um novo olhar sobre o cotidiano a partir da sociedade de vigilância	223
2	Tratamento de dados e reconhecimento facial	225
3	Direito à imagem em uma perspectiva dúplice	229
	Conclusão	235
	Referências	236

RACISMO ESTRUTURAL E REPARAÇÃO CIVIL: NOVOS RUMOS PARA VELHAS QUESTÕES

Rodolfo Pamplona Filho, Laísla Carla de Carvalho Silva 237

1	Introdução	237
2	Racismo estrutural no Brasil	238
3	A ampliação do debate acerca do racismo estrutural	240
4	Racismo estrutural e reparação civil	244
5	Conclusão	248
	Referências	249

BREVES CONSIDERAÇÕES SOBRE O PRESENTE E OS FUTUROS POSSÍVEIS PARA O DIREITO CIVIL BRASILEIRO

Marcos Ehrhardt Junior 251

SOBRE OS AUTORES 263

PREFÁCIO

Um livro sobre o presente e o futuro

A invenção do futuro é a mais importante
e a mais difícil invenção humana.[1]

Falar do futuro é falar do tempo, esse fluxo contínuo de acontecimentos em meio aos quais os homens vivem. Mas falamos do futuro no presente, o que significa que ele já está aqui. Não é futuro então; é presente. Esse enigma do tempo pode ser apreendido a partir de Khrónos e Aíôn. Khrónos é o tempo físico, que carrega consigo as sucessões do tempo consecutivo e cronológico. Aíôn é o tempo que inclui um passado e futuro ilimitados, é o tempo eterno. Khrónos e Aíôn são leituras complementares do tempo, duas faces da mesma moeda. Ambos existem concomitantemente.[2]

Khrónos foi supremo desde que a contagem do tempo passou a se pautar numa cronologia centrada no mundo físico, e não mais na antiga cronologia que era centrada no homem.[3] Nós, os modernos, fomos moldados por um tempo e um espaço mensuráveis: a civilização do relógio e do calendário. Ontem, hoje e amanhã; aqui, ali e acolá eram os elementos fundamentais de nossa existência e coexistência.

Mas cansamos de ser modernos: quisemos ser eternos,[4] ousamos misturar todo o tempo e todo o espaço. A digitalização do mundo, ao

---

[1] PECCEI, Aurélio. *Cem páginas para o futuro*. Brasília: UnB, 1981. p. 16.

[2] Como também existe Kairós, um tempo indeterminado, em que algo específico acontece. Ele está entre o antes e o depois: Kairós é um momento.

[3] Acerca dos processos sociais de medição do tempo (e, também, para muito mais) ver ELIAS, Norbert. *Sobre o tempo*. Rio de Janeiro: Jorge Zahar, 1998.

[4] Não sou eu quem diz, mas Picasso ("Cansei-me de ser moderno. Quero ser eterno") e Drummond ("E como ficou chato ser moderno, agora serei eterno").

fracionar a dimensão tempo-espaço, nos propicia uma pós-modernidade na qual "as novas tecnologias inverteram a relação do tempo, pervertendo a divisão tradicional entre passado, presente e futuro, como uma cadeia natural em que um estágio alimentava o outro".[5]

Agora, Aíôn parece sobrepujar Khrónos. Passado, presente e futuro se misturam: o hoje é o amanhã, e pensar o futuro é pensar o hoje. Mesmo quando falamos e pensamos cronologicamente, estamos falando de Aíôn, esse tempo que, a rigor, é a vida em seu acontecer interminável. O futuro não é algo que simplesmente acontece, mas é um tempo que é constituído pelo presente.

Ciente disso – dessa necessidade de pensar o futuro e assim construir o presente –, o professor Marcos Ehrhardt Junior convocou renomados juristas e pensadores a falarem dos futuros possíveis do Direito Civil, para ajudarem nossa viagem ao tempo que vem. Para assinalarem nossos afazeres rumo ao porvir. Para conformarem a construção do jurídico de amanhã. E eles – nota comum, explícita ou implícita de todos os textos – confirmam que o futuro não deve ser (e não será) apenas uma continuação do presente, mas uma consequência dele.

É nessa toada que Gustavo Tepedino traça um *itinerário do Direito Civil Constitucional*, para lembrar que não se pode descuidar da função social dos institutos jurídicos e dos valores da liberdade, da responsabilidade, da autonomia privada e da solidariedade; destacando a capacidade da doutrina e da teoria da interpretação de compreenderem a unidade do sistema num ambiente de pluralidade de fontes normativas.

Luiz Edson Fachin, um jurista que não se acomoda, e Christine Peter da Silva reúnem as ideias necessárias para consolidar uma ética constitucional voltada para o sujeito humano de direitos como prioridade da atuação do Estado; olhos voltados para o diálogo entre Direito Civil e Constitucional poderão, na unidade normativa do sistema, realizar *uma constituição do Direito Civil da coexistência*.

Rodrigo da Cunha Pereira, em inspiradas *prospecções para o futuro do direito das famílias*, nos lembra que o afeto já foi absorvido como valor e princípio jurídico e antevê a importância das famílias conjugais e parentais e a necessidade do respeito à autonomia de vontade para trazer, à cena jurídica, cada vez mais, mais liberdade.

Luciana Brasileiro e Gustavo Andrade, bem preocupados com a possibilidade de *revogação da lei de alienação parental e o retrocesso que isso significa,* cravam: "O futuro sem a lei de alienação parental parece ser

---

[5] DOCTORS, Márcio (Org.). *Tempo dos tempos*. Rio de Janeiro: Jorge Zahar, 2003, p. 11.

um museu de grandes novidades, é um futuro que repete o passado, de crianças coisificadas e longe do centro da atenção da família, da sociedade e do Estado".

Giselda Hironaka *e João Aguirre falam de uma navegação (im) precisa do Direito Sucessório brasileiro*. Sacudido por novidades, ideias, motivações e embates, o nosso Direito das Sucessões precisa de uma "paragem remansosa", onde se consolide a superação do antigo sistema clássico e se encontrem soluções consentâneas com a atual quadra dos acontecimentos, para assim responder as demandas atuais.

Os futuros possíveis para o planejamento sucessório são pensados por Ana Carolina Brochado Teixeira e Simone Tassinari. Dizem-nos elas: "é necessário oxigenar o Direito das Sucessões, para atender aos anseios sociais contemporâneos, e, enquanto isso não acontece – ou na medida em que isso acontece – desponta a prática do planejamento sucessório, com suas inúmeras possibilidades, instrumentos e limites".

Marcos Catalan nos brinda com instigante texto sobre os *fragmentos de futuros possíveis, não necessariamente prováveis, do Direito Privado brasileiro*, ciente de que apenas cooperação e alteridade poderão abrigar os seres humanos nos futuros possíveis. Aíòn está no seu texto: "A tarefa, sem dúvida, é digna dos esforços de Sísifo, o que exige que seja posta em movimento, não apenas por aqueles que hão de escrever o Direito Privado no futuro, mas, por quem tenha que fazê-lo no presente".

A refinada e profunda dogmática de Marcos Bernardes de Melo propõe revisão conceitual da *dupla face dos direitos e dos deveres*. Firme e didático, claro e profundo em sua exposição, o mestre alagoano mexe – e mexe com acerto – nos alicerces da ciência jurídica para nos ensinar que "os direitos têm uma face ativa, que é predominante, composta pelos direitos primários, cujo conteúdo se compõe de poderes e faculdades, e uma face passiva integrada por deveres secundários, os deveres ínsitos". Não se enganem: a revisão conceitual vai para além do direito privado e se transforma em lição para toda a Teoria do Direito.

Lucas Barroso, Pablo Malheiros e Daniella Stefanelli falam *das* polêmicas que envolvem a *declaração de direitos de liberdade econômica e os desafios ao princípio da função social do contrato*; no esmerado texto estão as chaves para a adequada construção (ou reconstrução) do "princípio da intervenção mínima" e um chamado para a (re)ação da doutrina e dos tribunais em relação ao futuro da função social do contrato.

Paulo Lôbo faz aprofundada reflexão sobre a *revisão judicial dos contratos*, tema cheio de nuances, particularidades e atualidades. Ao revelar a mudança paradigmática da autonomia individual inviolável para a autonomia controlada pelo Poder Judiciário, bem retratada nas normas fundamentais da Constituição que veiculam os princípios da solidariedade e da justiça social, Paulo Lôbo nos ensina que o Direito Civil futuro não irá fugir da sua vocação: proteger os contratantes vulneráveis.

Nelson Rosenvald nos traz *quatro conceitos de responsabilidade civil necessários para a 4ª revolução industrial: liability, responsibility, accountability e answerability* deverão executar exemplarmente as funções preventiva e precaucional da responsabilidade civil, para que ela chegue, enfim, à sua função promocional, tão necessária no futuro que já chegou.

O título do escrito de Everilda Brandão bem pode ser uma pergunta ou uma afirmação: *como um código civil analógico pode sobreviver na era digital (?)*. A jovem e brilhante professora revisita a clássica teoria dos bens, pautada pelas coisas corpóreas e voltada à acumulação exclusiva, para nos mostrar que, num mundo de novos bens e interesses, a regulação proprietária deve rumar das titularidades para o compartilhamento.

Vitor Almeida e Ian Borba Rapozo cuidam do tema *proteção de dados pessoais em tempos de vigilância*. A captura massiva de imagens no cotidiano exige harmonizar a defesa dos direitos da personalidade e a tutela do tratamento de dados pessoais: evitar a discriminação é a palavra-chave.

E, por falar em discriminação, Rodolfo Pamplona Filho e Laísla de Carvalho Silva enfrentam o tema atualíssimo do *racismo estrutural e reparação civil*, assunto tristemente cotidiano em nosso país: é urgente, dizem eles, dar o adequado tratamento jurídico interno para questão e assim firmar a posição do Estado brasileiro diante da comunidade internacional.

Assim este livro se constrói, entre perspectivas e prospectivas, entre lições e aprendizados. Os seus tempos verbais são os mais variados,[6] mas toda a preocupação é com o futuro, que nos constituirá como sujeitos já no nosso presente. Os autores, à maneira de Barthes, identificam mensagens onde se vê apenas gestos e pressentem signos onde seria mais cômodo reconhecer apenas coisas.

E ouso dizer que eles escrevem porque é necessário escrever, assim como é necessário pensar e preocupar-se com as gerações futuras e com o futuro das gerações. Numa belíssima entrevista, Umberto Eco

---

[6] Há tempos simples, em que passado, presente e futuro são claros quando "eu leio poesia", "eu li poesia" ou "eu lerei poesia"; mas há tempos complexos, que misturam passado, presente e futuro, como em "eu tenho lido poesia", "eu tinha lido poesia" ou "eu teria lido poesia". A sedução do idioma e da gramática reflete o mistério do tempo.

disse "Mas sou ainda um adepto do otimismo específico que consiste em pôr em prática pequenos melhoramentos sucessivos. É um otimismo fundado sobre a confiança da comunidade humana".[7] É disso que se trata: confiar no futuro e confiar na humanidade.

Permito-me revelar duas leituras possíveis que retiro dos textos e que permitem encaminhar nossos afazeres para a construção decisiva do amanhã, para enriquecer a busca constante a inabalável de um futuro melhor.

A primeira delas é a de que a grande revolução do ser humano não é a tecnológica, mas a social. Devemos encaminhar o Direito sempre na busca de uma sociedade mais igualitária, mais justa, em que o acesso à justiça seja algo real e transparente e que a dignidade seja viva, permanente e perene.

A segunda é que, conforme já nos revelava e propunha Finkielkraut, o gênero humano deve ser definido a partir de sua diversidade, e não a partir de sua marcha para a frente.[8] Quer dizer: não há futuro propriamente, porque ontem, hoje a amanhã se confundem, à maneira de Aíôn. Mas, nesse mistério insondável do tempo que corre, há a humanidade, que se entrelaça na sua diversidade. É ela que o Direito deve mirar. É dela que o Direito deve cuidar. É por ela que o Direito deve vingar. Não há futuro sem humanidade. Sem humanidade, o futuro não é, não foi, não será.

Pertencemos, indissociavelmente, à humanidade. Tudo o que nos divide é infinitamente menos importante que o que nos une.

Eroulths Cortiano Junior
Pós-doutor em Direito (*Università di Torino*). Doutor em Direito das Relações Sociais (UFPR). Professor da Faculdade de Direito da UFPR. Coordenador do Núcleo de Pesquisas em Direito Civil "Virada de Copérnico". Membro fundador do Instituto Brasileiro de Direito Contratual (IBDCONT). Associado do Instituto Brasileiro de Direito Civil (IBDCivil), do Instituto Brasileiro de Direito de Família (IBDFAM), do Instituto Brasileiro de Estudos em Responsabilidade Civil (IBERC) e do Instituto dos Advogados do Paraná (IAP). Procurador do Estado do Paraná. Advogado em Curitiba.

---

[7] CARRIÈRE, Jean-Claude *et al*. *Entrevistas sobre o fim dos tempos*. Rio de Janeiro: Rocco, 1999. Trata-se de entrevistas, conduzidas por Catherine David, Frédéric Lenoir e Jean-Philippe de Tonnac, com Jean-Claude Carrière, Jean Delumeau, Umberto Eco e Stephen Jay Gould.

[8] FINKIELKRAUT, Alain. *A memória vã*: do crime contra a humanidade. Rio de Janeiro: Paz e Terra, 1989. p. 49.

APRESENTAÇÃO

O presente livro nasce como uma forma de celebração.

Há dez anos, entregamos à comunidade jurídica nacional uma nova revista, voltada ao Direito Civil, um espaço privilegiado para o debate de temas contemporâneos que permeiam o cotidiano forense e ao mesmo tempo merecem atenção de grupos de pesquisa em diversas instituições nacionais e internacionais.

Consoante consignado na apresentação do número de lançamento, a Revista Fórum de Direito Civil (RFDC) procurou desenvolver como linha editorial a proposta de divulgar o pensamento jurídico que ultrapassa o debate acadêmico para também considerar em sua construção as mais recentes decisões de nossos Tribunais Superiores, sem descuidar da necessidade de manutenção de um constante diálogo com outras áreas do Direito para garantir uma interação prospectiva em direção da consolidação das bases teóricas que servem de fundamento para um movimento que busca um Direito mais voltado à funcionalização dos institutos jurídicos tradicionais, com ênfase na dignidade humana, solidariedade e função social, valores que balizam nossa agenda constitucional.

Ao longo da última década, a estrutura da Revista conservou seções específicas para assegurar espaço para novos valores no cenário jurídico, como, por exemplo, a seção *voz universitária*, na qual pesquisas e textos de trabalhos de conclusão de curso poderão ultrapassar os muros das instituições nas quais foram elaborados, dividindo espaço com a *experiência estrangeira*, seção dedicada à publicação de artigos de colaboradores internacionais e notícias sobre boas práticas ou novos temas controvertidos de que já se ocupam tribunais de outros países. Eis um importante diferencial deste periódico, que sempre buscou assegurar um espaço de convivência entre a pesquisa acadêmica e a práxis jurisprudencial, extraindo daí traços marcantes de sua identidade.

Atualidade dos temas abordados e reflexão crítica sobre o futuro e suas consequências sempre foram constantes na RFDC, razão pela qual comemorar seu aniversário com a publicação de um livro que congrega integrantes de seus Conselhos Editorial e Consultivo, como professores de destaque das mais diversas regiões do país, em conjunto com jovens pesquisadores, torna-se o ponto alto desta celebração, que somente foi possível pela decisiva participação da Editora Fórum, na pessoa de seu Luis Cláudio Rodrigues Ferreira, idealizador deste projeto, que aqui representa todo o corpo diretivo e os competentes profissionais que se dedicam, a cada número, a superar a qualidade do anterior.

Na condição de coordenador da RFDC desde o seu lançamento, permitam-me reiterar meu anseio de seguir correspondendo às expectativas do cargo, rogando pelo inestimável auxílio de todos os que integram esse projeto e, especialmente, os fiéis leitores da RFDC. Sigo trabalhando para a consolidação de um veículo de busca prima pela promoção do conhecimento.

As contribuições registradas nas próximas páginas deste livro serão utilizadas em muitos estudos acadêmicos e na formação do convencimento de julgadores, quando se depararem com novos conflitos, típicos do cenário de complexidade da contemporaneidade.

Num momento tão difícil de nossa história, com o enfrentamento de uma pandemia sanitária e seus desdobramentos no campo econômico, social e político, pensar sobre o futuro e seus desafios é uma forma de alimentar a esperança na solidariedade social e reafirmar a importância da educação para a vida em sociedade. Daqui é possível extrair a essência deste projeto, fiel ao compromisso editorial da Revista Fórum de Direito Civil.

Boa leitura. Quem venham mais dez anos.

Maceió/Al, 11 de agosto de 2021.

Marcos Ehrhardt Jr.

DA ESTRUTURA À FUNÇÃO: ITINERÁRIO DO DIREITO CIVIL CONSTITUCIONAL

GUSTAVO TEPEDINO

1 Refletir sobre o futuro do Direito Civil pode parecer excessivamente pretensioso ou, por outro ângulo, algo irônico, se a fidelidade aos multisseculares pilares do Direito romano revelar o desejo *gattopardiano*, descrito por Giuseppe Di Lampedusa, de apegar-se radicalmente a novas classificações para manter tudo como sempre foi.

A tarefa reconstrutiva, contudo, torna-se alvissareira ao se resgatar a formulação extraordinariamente atual de Norberto Bobbio, que nos anos 70 do século passado indicou o potencial inovador da passagem, na teoria da interpretação, da ênfase tradicionalmente atribuída à estrutura dos institutos jurídicos – sua natureza jurídica estática – para a função que desempenham – perfil dinâmico – a partir dos interesses precedentes, sobrepostos, subjacentes e prospectivos de cada relação jurídica.[1] O itinerário do Direito Civil, em tal perspectiva interpretativa, altera-se profundamente e sua repercussão ainda não parece inteiramente absorvida pela doutrina brasileira, que por vezes oscila e retroage ao confortável apego a classificações estruturais.[2]

---

[1]   BOBBIO, Norberto. *Dalla struttura alla funzione*. Nuovi studi di teoria del diritto. 2. ed. Milano: Edizioni di Comunità, 1984, *passim*; e especialmente *Sulla funzione promozionale del diritto* (1969), p. 13-32.

[2]   O alerta proveio do saudoso Professor Antonio Junqueira de Azevedo, a partir de eloquente metáfora extraída do Evangelho (Marcos 2:21-22): "ninguém costura remendo de pano novo em veste velha; porque o remendo novo tira parte da veste velha, e fica maior a rotura. Ninguém põe vinho novo em odres velhos; do contrário, o vinho romperá os odres; e tanto se perde o vinho como os odres. Mas põe-se vinho novo em odres novos". O formidável

Todo e qualquer negócio jurídico tem uma estrutura e uma função. A identificação da função que se pretende alcançar e sua compatibilidade com os valores constitucionais precedem e definem a estrutura a ser utilizada. Servem, assim, a estrutura e a função que lhe justifica de ponto de partida para a construção da legalidade constitucional. Não será, pois, a estrutura do negócio, ou seja, o *modus operandi* (os dispositivos do Código Civil previstos para determinada tipologia ou modelo de ato), que definirá a função a ser desempenhada, mas, ao contrário, é a função que se pretende desempenhar que indicará a estrutura a ser utilizada diante de determinado arranjo negocial. Essa perspectiva funcional associa-se à identificação da utilidade social das relações jurídicas, de modo a justificar a promoção dos interesses socialmente relevantes dos respectivos titulares de direitos.

Nessa esteira, redimensiona-se o debate acerca da função social. Não se trata de investigar exclusivamente a função social do contrato ou a função social da propriedade, mas de todos os negócios e atividades, analisados em concreto e incidentes sobre bens jurídicos, associando-se, imediatamente, liberdade e responsabilidade, autonomia privada e solidariedade na promoção dos valores que, apreendidos pelo Constituinte, definem a identidade cultural da sociedade.

Liberdade e solidariedade, portanto, caminham de modo integrado, como binômio inseparável. Nessa mesma esteira, não se pode imaginar a ordem jurídica a partir apenas do conjunto de direitos, sem se atentar para as correlatas responsabilidades, devendo tal binômio funcionar necessariamente de forma integrada. Os deveres sociais, éticos e jurídicos, refletem a interpenetração visceral entre liberdade e solidariedade. Daqui decorrem diversas consequências para a teoria do direito, em particular, a reformulação das categorias jurídicas em perspectiva funcional (ou dinâmica), que necessariamente requer a sua contextualização histórica e a compreensão da relatividade dos conceitos jurídicos de acordo com as circunstâncias fáticas – e históricas – em que se inserem.

A análise dos institutos e categorias jurídicas em perspectiva histórica, funcional e relativizada, estabelece renovadas bases teóricas que, abandonando o dogmatismo estático do passado, impõem a reconstrução de todo o arcabouço teórico do Direito Privado. Por dogmática, vale advertir, entende-se algo essencialmente dinâmico, com

---

legado daquele jurista é destacado em TEPEDINO, Gustavo. Vinhos novos para odres novos: tributo a Antonio Junqueira de Azevedo. *In: Revista Trimestral de Direito Civil*, ano 10, vol. 40, 2009.

base em um sistema aberto, que não se confunde com o dogmatismo, do qual se deve afastar. Por outro lado, a repercussão da perspectiva funcional se mostra particularmente intensa na teoria dos bens jurídicos. O aproveitamento racional e funcional dos bens exige esforço especial do intérprete diante do surgimento de novas funções desempenhadas pelos negócios, por conta do desenvolvimento das tecnologias,[3] suscitando instigantes controvérsias nos Tribunais brasileiros.

O Supremo Tribunal Federal (STF) examinou, por exemplo, no ano de 2017 a temática em torno do livro eletrônico,[4] com o escopo de determinar se a imunidade tributária, tradicionalmente incidente sobre impressos, deveria ser aplicada também aos bens jurídicos em análise. O STF excluía, até então, a imunidade de uma série de acessórios que não eram exatamente previstos na Constituição como sujeitos a imunidade, como os equipamentos acessórios às publicações e a impressora. A interpretação restritiva da imunidade condiz com sua índole de excepcionalidade. No julgamento em referência, contudo, o STF decidiu, por unanimidade, que o que caracteriza o livro é o seu conteúdo, não seu invólucro, e, portanto, o livro eletrônico, independentemente da

---

[3] Como anotado em outra sede: "Com a evolução científica e tecnológica, novas coisas passam a ser incluídas no mundo jurídico, em número impressionante, tornando-se objetos de situações subjetivas: o software, o know-how, a informação veiculada pela mídia, os papéis e valores de mercado mobiliário, os elementos utilizados na fertilização assistida, os recursos do meio ambiente, incluindo o ar, mais e mais protegido como interesse difuso, dentre outros. A cada dia surgem novos bens jurídicos, ganhando significativa importância a distinção entre bens materiais, formados por coisas corpóreas, e os bens imateriais, constituídos por coisas incorpóreas que passam a integrar, quotidianamente, o patrimônio das pessoas" (TEPEDINO, Gustavo. Teoria dos bens e situações subjetivas reais: esboço de uma introdução. *In: Temas de direito civil*, t. II. Rio de Janeiro: Renovar, 2006, p. 138). Cf., ainda, a lição de Pietro Perlingieri e Francesco Ruscello: "In una società a tecnologia avanzata, in continua evoluzione, dominata dall'industria e dal commercio, dai servizi e dalle idee, sempre più di frequente si individuano nuovi beni: il software (programmi per gli elaboratori), il know-how (procedimenti e conoscenze aziendali non coperti da privative), l'informazione in sé" (PERLINGIERI, Pietro. *Manuale di diritto civile*. Napoli: ESI, 1997, p. 170).

[4] STF, Tribunal Pleno, RE 330.817/RJ, Rel. Min. Dias Toffoli, julg. 8.3.2017, publ. *DJ* 31.8.2017, em cuja ementa se lê: "Recurso extraordinário. Repercussão geral. Tributário. Imunidade objetiva constante do art. 150, VI, "d", da CF/88. Teleologia multifacetada. Aplicabilidade. Livro eletrônico ou digital. Suportes. Interpretação evolutiva. Avanços tecnológicos, sociais e culturais. Projeção. Aparelhos leitores de livros eletrônicos (ou *e-readers*). (...) 4. O art. 150, VI, "d", da Constituição não se refere apenas ao método gutenberguiano de produção de livros, jornais e periódicos. O vocábulo "papel" não é, do mesmo modo, essencial ao conceito desses bens finais. O suporte das publicações é apenas o continente (*corpus mechanicum*) que abrange o conteúdo (*corpus misticum*) das obras. O corpo mecânico não é o essencial ou o condicionante para o gozo da imunidade, pois a variedade de tipos de suporte (tangível ou intangível) que um livro pode ter aponta para a direção de que ele só pode ser considerado como elemento acidental no conceito de livro. A imunidade de que trata o art. 150, VI, "d", da Constituição, portanto, alcança o livro digital (e-book)".

base física na qual se insere, deveria ser abarcado pela imunidade tributária constitucional.[5]

Nessa mesma linha de revisão funcional da dogmática dos bens jurídicos, o Superior Tribunal de Justiça analisou a transmissão de obras musicais e fonogramas via internet – que todos conhecem como *streaming*, na terminologia norte-americana –, em algumas de suas modalidades: *simulcasting, webcasting* e *podcasting*.[6] Tal como no rádio e na televisão, a composição musical transmitida pela internet não se altera, a despeito da diversidade dos mecanismos de transmissão. Deve merecer, portanto, a mesma proteção que as demais modalidades no que tange aos direitos autorais.

Assim decidiu a Segunda Seção do Tribunal, após analisar a matéria e proclamar, em boa hora, que a execução pública via *streaming* configura execução pública da obra musical. Discutia-se se tal utilização dependeria de prévia autorização do autor e se, no caso da internet, tratar-se-ia de execução pública em local de frequência coletiva, como previsto pelo art. 68, §§2º e 3º, da Lei nº 9.610/98, de modo a caracterizar modalidade autônoma de transmissão (art. 31). A resposta da Corte a essas indagações foi afirmativa, após longo e democrático processo de audiência pública, proclamando que a transmissão (fluxo de mídia ou *streaming*) configura execução pública da obra. Trata-se de relevante mudança de perspectiva, que, reconhecendo a existência de novos bens jurídicos, com estruturas inusitadas, protege juridicamente a função por eles desempenhada.

---

[5]   Conforme observado anteriormente: "Seja impresso em papel, reproduzido em áudio, estampado pelo método Braille ou codificado em arquivo digital, a obra é a mesma. Nas diversas alternativas existentes para o registro e transmissão do texto, cuida-se do mesmíssimo livro, com as ideias e informações expressas pelo autor. Por isso mesmo, toda obra existe independentemente do instrumento material que lhe serve de veículo, podendo ser transmitida por meio de suportes distintos. [...] Por desemprenhar a mesma finalidade e função, o livro eletrônico é modalidade contemporânea de livro, a atrair as mesmas normas que disciplinam o livro impresso, do qual somente se distingue pelo modo de consulta e de acesso ao seu conteúdo. Nesta perspectiva, o conceito de livro não pressupõe o papel, podendo apresentar diversas formas de exteriorização, desde que se preservem a sua finalidade e função". (TEPEDINO, Gustavo. Livro (eletrônico) e o perfil funcional dos bens jurídicos na experiência brasileira. *In*: VICENTE, Dário Moreira; VIEIRA, José Alberto Coelho; CASIMIRO, Sofia de Vasconcelos; SILVA, Ana Maria Pereira da (Org.). *Estudos de Direito Intelectual em homenagem ao Prof. Doutor José de Oliveira Ascensão*. Coimbra: Almedina, 2015, p. 273-274).

[6]   STJ, 2ª S., REsp 1.559.264/RJ, Rel. Min. Ricardo Villas Bôas Cueva, julg. 8.2.2017. publ. 15.2.2017. Para análise da decisão, cf. TEPEDINO, Gustavo. Novas tecnologias e os direitos autorais. *In*: *Portal OAB/RJ*, publicado em 21.10.2019. Disponível em: https://www.oabrj.org.br/colunistas/gustavo-tepedino/novas-tecnologias-os-direitos-autorais.

2 Tal mudança de paradigmas remete também à função desempenhada pelos *commons* (ou bens comuns), cuja disciplina tem sido gradualmente submetida a transformações profundas. Os *commmons* constituem-se em bens que, diante de sua importância vital para as pessoas, devem ser postos à disposição para aproveitamento por toda a coletividade, superando-se a tradicional lógica dicotômica entre propriedade pública e propriedade privada. Essa discussão perpassa desde o tormentoso debate em torno do aproveitamento da Floresta Amazônica até o acesso aos denominados bens da vida, como a água, a energia e o conhecimento disponibilizado pela rede mundial. Neste particular, discute-se hoje a figura dos *Creative Commons*, que propiciam o franqueamento de licenças públicas a serem utilizadas e alteradas livremente – ou com restrições apenas ao seu aproveitamento comercial.[7]

Ao propósito, o Professor Stefano Rodotà observou, há trinta anos, que os *commons* seriam o oposto da propriedade,[8] posto que não admitem a lógica da propriedade pública nem da privada. Daqui decorre o imprescindível desenvolvimento de instrumentos institucionais de acesso, a partir da identificação de bens diretamente necessários à satisfação de necessidades vitais, os quais, portanto, devem ser admitidos como insuscetíveis de apropriação privada ou pública.[9] No atual cenário normativo, há de se recorrer, em determinadas hipóteses, aos princípios constitucionais para a garantia de acesso a direitos fundamentais independentemente da sua titularidade.

Nessa direção, os Tribunais brasileiros vêm relativizando o poder do proprietário, que deixa de ser absoluto e imune a interferências externas. O Superior Tribunal de Justiça, por exemplo, analisou Ação Civil Pública[10] que se opôs à transformação, pelo Poder Público Municipal, de uma praça, bem de uso comum do povo, para a categoria

---

[7] Permita-se remeter, em outra sede, a TEPEDINO, Gustavo. Direitos fundamentais e acesso aos bens: entram em cena os *commons*. In: *Revista Brasileira de Direito Civil – RBDCivil*, Belo Horizonte, vol. 15, p. 11-14, jan./mar. 2018.

[8] Veja-se: "Diritti fondamentali, accesso, beni comuni disegnano una trama che ridefinisce il rapporto tra il mondo delle persone e il mondo dei beni. Questo, almeno negli ultimi due secoli, era stato sostanzialmente affidato alla mediazione proprietaria, alle modalità con le quali ciascuno poteva giungere all'appropriazione esclusiva dei beni necessari. Proprio questa mediazione viene ora revocata in dubbio. La proprietà, pubblica o privata che sia, non può comprendere ed esaurire la complessità del rapporto persona/beni. Un insieme di relazioni viene ormai affidato a logiche non proprietarie" (RODOTÀ, Stefano. *Il terribile diritto*. Studi sulla proprietà privata e i beni comuni. Bologna: Il Mulino Rodotà, 2013, p. 464).

[9] Nesta perspectiva, Stefano Rodotá, Il terribile diritto. Studi sulla proprietà privata e i beni comuni, cit., p. 469.

[10] STJ, 2ª T., REsp 1.135.807/RS, Rel. Min. Herman Benjamin, julg. 15.4.2010, publ. DJ 8.3.2012.

de bem dominical, com vistas a permitir a doação do imóvel ao Instituto Nacional do Seguro Social – INSS, que lá instalaria a nova agência do órgão federal. Destacou o STJ, a despeito da aparente legalidade da pretendida operação, que o pouco uso do espaço público pela população não pode servir de justificativa para o ato de desafetação, uma vez que a finalidade desses locais públicos não se resume, nem se esgota na efetiva utilização do bem pela comunidade, justificando-se, diversamente, pelo potencial acesso e disponibilização do espaço à coletividade do presente e do futuro. Há aqui relevante alteração de paradigma em relação à lógica proprietária tradicional.

O Tribunal afirmou, ainda, com desassombro, que a desafetação do bem público, se efetuada sem critérios sólidos e objetivos, como se pretendia no caso em tela, torna-se "vandalismo estatal", considerado mais condenável que a deterioração privada, uma vez que o domínio público deveria encontrar no Estado o seu maior protetor. Ou seja, retirar da praça a natureza de bem publicamente acessível, *loci publici* ou *loci communes*, não pode ser considerado como ato banal por parte do governo, mas grave opção que importa consequências drásticas à coletividade.

3 Por outro lado, a análise funcional, que reformula a classificação dos bens jurídicos, projeta-se para a distinção hermenêutica entre as relações patrimoniais e existenciais, a grande dicotomia axiológica estabelecida pelo constituinte. A invocação, por vezes inadvertida, do paradigma das relações patrimoniais para solução de conflitos existenciais há de ser combatida, mostrando-se indispensável, em sentido contrário, a consolidação de base teórica apropriada para as relações existenciais atinentes ao corpo, à integridade psicofísica e a situações de vulnerabilidade da pessoa humana. Nessa seara, há que se definir o tratamento adequado para a valoração do consentimento, do discernimento, da validade e da eficácia de situações jurídicas em que os valores da pessoa humana, e não da propriedade privada, tornam-se proeminentes e, portanto, devem servir de parâmetro interpretativo. O aludido tratamento inadequado de situações jurídicas existenciais, cumpre frisar, se verifica em todo o mundo, sendo sentido também no cenário brasileiro.

Ilustrativamente, o Tribunal Superior do Trabalho, em 2005, chamado a decidir se o empregador teria direito ao controle direto da correspondência pessoal de internet do trabalhador, concluiu que, no caso, deveria prevalecer o exercício do direito de propriedade do empregador.[11] O Tribunal, na ocasião, legitimou o acesso (e o consequente controle) do empregador ao conteúdo do correio eletrônico de seu empregado com base na titularidade dominical do computador. Estabelecido o delicado conflito entre a privacidade do empregado e o direito do empregador a controlar a própria correspondência em ambiente de trabalho, afirmou-se que "o que está em jogo, antes de tudo, é o exercício do direito de propriedade do empregador sobre o computador capaz de acessar a internet e sobre o próprio provedor". Daqui a conclusão segundo a qual "pode o empregador monitorar e rastrear a atividade do empregado no ambiente de trabalho, em e-mail corporativo, isto é, checar suas mensagens, tanto do ponto de vista formal quanto sob o ângulo material ou de conteúdo". Felizmente, a orientação hoje tem-se alterado decididamente.

Também se tornou notório, em 2005, nos Estados Unidos, o caso da médica Sharon Irons, que engravidou após coletar, durante sexo oral, o sêmen do também médico Richard Phillips, seu namorado, realizando a chamada inseminação artificial caseira. A Corte de Apelação de Illinois (Chicago) aceitou a alegação da ré de que teria havido espécie de doação do material genético, acarretando "transferência absoluta e irrevogável do título de propriedade entre doador e doadora". Por esse motivo, Phillips não teve reconhecido direito algum sobre a decisão acerca da concepção e do nascimento do filho. No entender da Corte, mesmo que se pudesse caracterizar aquele ato como suposto (contrato de) *depósito*, e não doação, as partes não teriam acordado quanto à necessidade de devolução do bem mediante solicitação. Ou seja, entendeu-se na ocasião que o plantonista teria firmado tacitamente contrato de doação do seu sêmen e, portanto, Sharon, proprietária a título gratuito e definitivo do material genético, faria o que bem quisesse com ele. Essa decisão torna cristalina a dificuldade, não apenas no Brasil, ao longo dos anos, na distinção hermenêutica entre relações de cunho patrimonial e aquelas existenciais.

Toda a acalorada discussão em torno dos direitos das pessoas com deficiência é permeada pela tentativa de compatibilizar autonomia e discernimento, ampliando-se a autonomia assegurada às pessoas na medida do seu gradual amadurecimento e discernimento, mesmo no caso dos menores de idade. As restrições à liberdade de agir dos mais vulneráveis, por isso mesmo, devem ser razoáveis e ponderadas de acordo com sua concreta capacidade, para que, dessa forma, seja possível

---

[11] TST, 1ª T., RR 61300-23.2000.5.10.0013, julg. 18.5.2005.

conciliar autonomia e proteção, sem sacrificar desnecessariamente qualquer um desses vetores.

4 Ainda sob o impacto da análise funcional, o recurso à ponderação não deve se limitar aos princípios, estendendo-se igualmente à aplicação das regras jurídicas. Mostra-se inegável que as cláusulas gerais e os princípios refletem o Direito contemporâneo, ao lado da técnica regulamentar, insuficiente às demandas de política legislativa. Afinal, a vida contemporânea seria insuscetível de regulamentação específica em todas as suas manifestações. Seja no âmbito dos princípios, seja no domínio das regras, sempre será necessário ponderar os diversos interesses em colisão no caso concreto.

A rigor, o método da ponderação e a utilização da razoabilidade visam justamente compatibilizar os interesses em conflito à luz dos valores constitucionais. Portanto, mostram-se indispensáveis tanto a técnica regulamentar quanto o recurso às cláusulas gerais, desde que se lhes incorporem os valores constitucionais, afastando-se de seu espectro de incidência a prevalência de valores subjetivos do intérprete, alheios ao debate democrático.[12]

Bem demonstra os diversos problemas em termos de interpretação de regras e cláusulas gerais a apreensão de livros, contendo o propalado *beijo gay*, na 19ª edição da Bienal do Livro, ocorrida no Rio de Janeiro, entre 30 de agosto e 8 de setembro de 2019. Amplamente divulgada pela imprensa, a discussão refere-se ao livro que continha a ilustração de um beijo entre pessoas do mesmo sexo. Em razão dessa prosaica imagem, o então Prefeito do Rio de Janeiro determinou a retirada do material da Bienal do Livro. A apreensão, vale dizer, foi determinada pelo Poder Judiciário do Estado do Rio de Janeiro, que autorizou a retirada do material, por intermédio da Municipalidade. Não tardou, felizmente, a reforma da decisão, por decisão do Supremo Tribunal Federal, em nome dos princípios da igualdade e da liberdade de expressão. Vê-se, nesse caso, que, a despeito da previsão constitucional dos princípios da liberdade de expressão e da igualdade, e sem prejuízo da não recepção, pela Constituição da República de 1988, dos dispositivos da Lei de Imprensa que autorizavam a censura, verdadeiro abismo separou as visões dos dois Tribunais. Daqui a insuficiência da valoração subjetiva de cada magistrado para fundamentar suas decisões e a necessidade de

---

[12] Cfr. TEPEDINO, Gustavo. Atividade interpretativa e o papel da doutrina e da jurisprudência. *In: Revista Brasileira de Direito Civil – RBDCivil*, Belo Horizonte, vol. 1, p. 5-8, jul./set. 2014.

se perquirir, como corretamente o fez o Supremo, o sentido pretendido pelo Constituinte.

Convém repetir que, em tal hipótese, a discussão não diz respeito à ausência de regra específica ou da técnica empregada pelo legislador, mas da equivocada prevalência dos valores religiosos e morais do intérprete, em detrimento dos valores constitucionais. Por tudo isso, deve-se afastar da nostálgica tentativa de, em busca da maior uniformidade das decisões, defender-se o retorno irrestrito da técnica regulamentar, a qual, só por si, não dá alento à segurança jurídica. Pelo contrário, muitas vezes o apego ao texto legal, isoladamente considerado, é maneira de o magistrado se esquivar da devida fundamentação da decisão, valendo-se da literalidade de uma regra qualquer, por mais pedestre que seja sua posição na hierarquia constitucional.[13] Ao contrário, é a fundamentação democrática das decisões que, como preconiza o art. 93, inciso IX,[14] da Constituição da República, permite o controle social da atuação do Judiciário e o aperfeiçoamento da interpretação jurídica.[15]

---

[13] Tullio Ascarelli, em página de aguda atualidade, analisa o conflito entre as codificações do século XIX, moldadas por valores de sociedades rurais e pré-industriais, e a realidade econômica pós-industrial, especialmente após o segundo pós-guerra europeu, a exigir do intérprete a "reconstrução tipológica da realidade". É ver-se: "É assim a necessidade de aplicação humana do direito, em uma realidade sempre mutante porque identificada com a própria história humana, que impõe a contínua reconstrução tipológica à qual é levado o intérprete, e justamente para conciliar com a historicidade e a concretude da realidade, a presença de um dado na realidade sempre renovado na renovação permanente deste esquema da realidade ao qual se refere a disciplina por isso mesmo (e somente por isso) aplicável. Ao lado daquelas que, retomando o passo paulino, diremos as regras iuris, os resumos mimemônicos da disciplina, encontraremos sempre aqueles conceitos (ou, se preferir, pseudoconceitos) que, servindo a determinar o respectivo âmbito de aplicação da norma, de outra forma inaplicável, respondem a uma construção tipológica da realidade em função da norma" (tradução livre). No original: "È così la stessa necessità di umana applicazione del diritto, in una realtà sempre mutevole perchè identica con la stessa storia umana, che impone la continua ricostruzione tipologica alla quale è indotto l'interprete e proprio per conciliare con la storicità e la concretezza della realtà, la costanza di un dato in realtà così sempre rinnovato nel rinnovamento di quella schematizzazione della realtà alla quale si riferisce la disciplina, perciò stesso (e solo perciò) applicabile. Accanto a quelle che, riprendendo il passo paulino, diremo le regule juris, i riassunti mnemonici della disciplina, incontreremo sempre quei concetti (o, se vuolsi, pseudoconcetti) che, servendo a determinare lo stesso ambito di applicazione della norma, altrimenti inapplicabile, attengono a una costruzione tipologica della realtà in funzione della norma" (ASCARELLI, Tullio. *Problemi giuridici*, tomo primo. Milano: Casa Editrice Dott. A. Giuffrè, 1959, p. 75-76).

[14] CR, "Art. 93. Lei complementar, de iniciativa do Supremo Tribunal Federal, disporá sobre o Estatuto da Magistratura, observados os seguintes princípios: (...) IX – todos os julgamentos dos órgãos do Poder Judiciário serão públicos, e fundamentadas todas as decisões, sob pena de nulidade, podendo a lei limitar a presença, em determinados atos, às próprias partes e a seus advogados, ou somente a estes, em casos nos quais a preservação do direito à intimidade do interessado no sigilo não prejudique o interesse público à informação".

[15] V. TEPEDINO, Gustavo. Legislar por regras ou por princípios. *In: Portal OAB/RJ*, publicado em 16.9.2019. Disponível em: https://www.oabrj.org.br/colunistas/gustavo-tepedino/

A ampliação da utilização dos princípios na atividade judicial deve ser assim compreendida como consequência do dever do magistrado de aplicar o Direito, e não uma opção metodológica. Assim sendo, a necessária submissão da magistratura às escolhas legislativas, como é próprio da democracia, importa na prevalência dos princípios constitucionais, postos no ápice da hierarquia normativa. A preservação, portanto, do princípio da segurança jurídica há de resultar, em uma palavra, da conjugação da imprescindível técnica regulamentar, que se destina a tantas situações específicas – indicando parâmetros legislativos de contenção ao magistrado –, com as não menos indispensáveis cláusulas gerais e princípios jurídicos, de largo espectro,[16] os quais, ampliando o poder da magistratura, adquirem densidade normativa a partir do dever inderrogável de fundamentação, que justificará a decisão judicial a partir da incorporação conscienciosa, em cada regra, da tábua axiológica constitucional.

5 Notas conclusivas

O delineamento futuro do Direito Civil, revigorado pelos novos aparatos tecnológicos e instrumentos de comunicação social, subordina-se à capacidade da doutrina de compreensão (da complexidade) do tempo presente e consequente captura, pela teoria da interpretação, dos desafios à unidade do sistema na pluralidade de fontes normativas.

Diante da proliferação indiscriminada de princípios e regras, provindos de diferentes núcleos normativos, destinados a disciplinar centros de interesses cada vez mais sofisticados, torna-se indispensável evitar a fragmentação do sistema. A releitura das estruturas dos institutos e categorias herdadas do Direito romano em perspectiva funcional, a partir dos valores constitucionais, oferece novos horizontes interpretativos, tendo-se presente a distinção fundamental entre as relações patrimoniais e existenciais e a utilização constante da técnica

---

legislar-regras-ou-principios, em que se lê: "De fato, a tão almejada segurança jurídica não se obtém nem com o apego servil à técnica regulamentar, nem com a atribuição ao magistrado de absoluta liberdade de valoração principiológica. No primeiro caso, pautado pelo silogismo próprio da subsunção, o magistrado se esquiva do dever de fundamentação e do controle social de suas decisões, transferindo a sua responsabilidade para o legislador, a quem seria dada a última palavra quanto às escolhas morais da sociedade. Trata-se de procedimento a ser repelido, por criar falsa segurança, com base em ilusória neutralidade, já que a letra da lei, por mais clara que possa parecer, mostra-se insuficiente a normatizar a vida real, com todas as nuances e complexidade suscitadas pela realidade fática".

[16] V., sobre o tema, TEPEDINO, Gustavo; OLIVA, Milena Donato. *Fundamentos do Direito Civil*, vol. 1: Teoria Geral do Direito Civil. 2. ed. Rio de Janeiro: Forense, 2021, p. 57-82.

da ponderação, estabelecendo-se como parâmetro permanente a Norma Constitucional, incorporada a cada uma das regras ou princípios infraconstitucionais aplicáveis ao caso concreto.

O cenário atual induz o intérprete à falaciosa tentação de se ater a regras ou núcleos legislativos setoriais, com hiperbolizada ênfase a especificidades que, a despeito de sua relevância para a qualificação e aplicação do Direito, jamais devem obstar, na atividade hermenêutica, a prevalência dos valores constitucionais. Com efeito, a preservação da unidade do ordenamento promove a integridade do sistema jurídico e, em consequência, dos valores que plasmam a identidade cultural da sociedade ao longo do tempo. Diante de relações sociais líquidas,[17] é preciso buscar os patamares desejáveis de segurança jurídica por meio de parâmetros interpretativos compatíveis com a função que os novos institutos desempenham. Por outro lado, a segurança no caso concreto há de ser oferecida não pelo detalhamento analítico de uma única regra isolada, mas pela conjugação de todas as regras, princípios e valores incidentes sobre a situação fática analisada.

O empenho do intérprete nessa direção poderá reafirmar a atualidade do Direito Civil e a sua prospectiva vitalidade, não já no sentido de estimular novos ramos e domínios especializados – nem sempre justificáveis –, mas de garantir a constante incorporação da mutante realidade social aos vetores éticos, culturais e axiológicos que sedimentam a legalidade constitucional.

Referências

ASCARELLI, Tullio. *Problemi giuridici*, tomo primo. Milano: Casa Editrice Dott. A. Giuffrè, 1959.

BAUMAN, Zigmunt. *Modernindade Líquida*. Rio de Janeiro: Jorge Zahar Editor, 2001.

BOBBIO, Norberto. *Dalla struttura alla funzione*. Nuovi studi di teoria del diritto. 2. ed. Milano: Edizioni di Comunità, 1984.

PERLINGIERI, Pietro. *Manuale di diritto civile*. Napoli: ESI, 1997.

RODOTÀ, Stefano. *Il terribile diritto*. Studi sulla proprietà privata e i beni comuni. Bologna: Il Mulino Rodotà, 2013.

TEPEDINO, Gustavo. Atividade interpretativa e o papel da doutrina e da jurisprudência. *In*: *Revista Brasileira de Direito Civil – RBDCivil*, Belo Horizonte, vol. 1, p. 5-8, jul./set. 2014.

---

[17] A referência, como se sabe, é a Zigmunt Bauman (Modernindade Líquida, Rio de Janeiro: Jorge Zahar Editor, 2001) que anuncia características inquietantes nas relações sociais atuais: fugazes, flexíveis, a cada dia mais líquidas.

TEPEDINO, Gustavo. Livro (eletrônico) e o perfil funcional dos bens jurídicos na experiência brasileira. *In*: VICENTE, Dário Moreira; VIEIRA, José Alberto Coelho; CASIMIRO, Sofia de Vasconcelos; SILVA, Ana Maria Pereira da (Org.). *Estudos de Direito Intelectual em homenagem ao Prof. Doutor José de Oliveira Ascensão*. Coimbra: Almedina, 2015.

TEPEDINO, Gustavo. Novas tecnologias e os direitos autorais. *In*: *Portal OAB/RJ*, publicado em 21.10.2019. Disponível em: https://www.oabrj.org.br/colunistas/gustavo-tepedino/novas-tecnologias-os-direitos-autorais.

TEPEDINO, Gustavo. Teoria dos bens e situações subjetivas reais: esboço de uma introdução. *In*: *Temas de direito civil*, t. II. Rio de Janeiro: Renovar, 2006.

TEPEDINO, Gustavo. Vinhos Novos para odres novos: tributo a Antonio Junqueira de Azevedo. *In*: *Revista Trimestral de Direito Civil*, ano 10, vol. 40, 2009.

TEPEDINO, Gustavo; OLIVA, Milena Donato, *Fundamentos do Direito Civil*, vol. 1: Teoria Geral do Direito Civil. 2. ed. Rio de Janeiro: Forense, 2021.

Informação bibliográfica deste texto, conforme a NBR 6023:2018 da Associação Brasileira de Normas Técnicas (ABNT):

TEPEDINO, Gustavo. Da estrutura à função: itinerário do Direito Civil Constitucional. *In*: EHRHARDT JÚNIOR, Marcos (Coord.). *Direito Civil*: Futuros Possíveis. Belo Horizonte: Fórum, 2022. p. 19-30. ISBN 978-65-5518-281-1.

A CONSTITUIÇÃO DO DIREITO CIVIL DA COEXISTÊNCIA; IDEIAS REUNIDAS A PARTIR DE UM REFLEXO DA JURISDIÇÃO CONSTITUCIONAL EM DIREITO DE FAMÍLIA

LUIZ EDSON FACHIN,
CHRISTINE PETER DA SILVA

1 Prolegômenos

A separação entre *doxa* e *episteme* é um desafio constante para refletir em campos específicos das relações humanas alçadas a conflito jurídico-normativo sobre os limites e as possibilidades que se circunscrevem dentro da ordem constitucional. Tomando-se o ato de interpretar como sendo a essência da tarefa de índole constitucional, a hermenêutica assim projetada aos diversos ramos do Direito, num Estado Democrático de Direito Constitucional, irradia-se como campo e baliza. A atualidade do tema é flagrante, por isso oportuno, a quatro mãos, e sob miradas complementares, soa cabível revisitar esses espaços e essas lindes como percurso dos últimos trinta anos iluminados a partir do texto constitucional de 1988.

As interseções entre o Direito Civil e o Direito Constitucional encontram no ser humano, sujeito de direitos, a constante mais evidente. Seja pela inegável constitucionalização das relações interprivados, seja pela contundente humanização das relações dos particulares com entes públicos ou delegatários do Poder Público, apresentam-se cada vez mais visíveis as interferências recíprocas entre esses dois ramos do Direito.

Para que as normas jurídicas, seja dos códigos, seja das constituições, possam ser transferidas dos textos para as realidades, torna-se necessário um movimento de aproximação entre a força da letra da norma e a força construtiva dos fatos, que se impõe, muitas vezes, pela interpretação da norma infraconstitucional conforme os princípios, valores e ética constitucionais.

Um dos maiores desafios do intérprete jurídico do século XXI é a superação da clivagem abissal entre a proclamação discursiva das boas intenções e a concretização pela experiência, o que importa conceber na norma jurídica também um instrumento de cidadania e de ofício democrático nos espaços públicos e privados.

Pelas premissas de um Direito Civil Constitucional prospectivo, é possível ressignificar o princípio da dignidade da pessoa humana, numa perspectiva que evoca tanto o Direito Civil quanto o Direito Constitucional. E aqui é importante observar que as normas jurídicas, sejam legais, sejam constitucionais, têm substrato axiológico, de modo que se projetam funcionalmente.

Uma das funções primordiais do Direito, nesse contexto, é a construção hermenêutica ativa da norma para que sua efetividade se converta em proveito para as pessoas humanas e para as suas relações de coexistencialidade. Na seara específica da dimensão da família, capítulo especial do Direito Civil Constitucional, exsurge a perspectiva eudemonista, ou seja, a interpretação do Direito na direção que permita às pessoas em coexistencialidade a busca construtiva de sua felicidade.

O presente estudo tem como objetivo apresentar desafios e possibilidades da hermenêutica civil-constitucionalista no que tange ao enfrentamento de problemas relacionados à família, como instituição jurídica, social e política, a qual, na sua complexidade, é ambiente discursivo adequado à exemplificação do fenômeno da concretização dos códigos à luz das constituições, sob os vetores constitucionais do humanismo e eudemonismo.

Num primeiro momento, serão postos alguns desafios do Direito Civil brasileiro[1] de nossos dias. Após serão analisadas as premissas históricas e axiológicas do Direito Constitucional humanista e eudemonista, para, ao final, expor premissas de um tema civil – sucessão por cônjuge

---

[1] Tais premissas foram também apresentadas em trabalho anterior: FACHIN, Luiz Edson. *A reconstitucionalização do Direito Civil brasileiro*: lei nova e velhos problemas à luz de dez desafios. Texto que reproduz, em síntese, as ideias expostas na IX Conferência do VI Simpósio Nacional de Direito Constitucional, promovido pela Academia Brasileira de Direito Constitucional. Curitiba, 04-07.10.2004

e por companheiro –, o qual foi enfrentado pela jurisdição constitucional brasileira,[2] sob a sistemática de julgamentos da repercussão geral.

2 Três décadas de desafios do Direito Civil brasileiro contemporâneo

Já não é novidade que o Direito Civil contemporâneo se salvou da asfixia formal ao encontrar-se e comprometer-se com o Direito Constitucional, aceitando a benfazeja influência dos princípios constitucionais, promovendo a travessia, de mão dupla, edificadora de um Direito vivo e permeável à dialética entre a força vinculante das normas e a força construtiva dos fatos.

Um primeiro desafio do Direito Civil contemporâneo brasileiro foi assumir que "nem o Código Civil nasce código, mas se faz código; nem a Constituição nasce constituição, mas se faz constituição". Isso implica uma compreensão de que um código também é uma operação lógica e cultural que se perfaz como um construindo pelo discurso de seus intérpretes.

Outro desafio a ser enfrentado na necessária travessia entre norma e realidade é a pluralidade de fontes, que implica vencer o reducionismo codificador. O problema jurídico, nesse contexto, deve ser tomado como problema social e genuinamente constitucional, ou seja, pelo olhar constituinte do direito em movimento.

Também é um desafio a superação da divisão clássica, estática e simplificadora, entre as funções de poder do Estado, admitindo-se também a jurisprudência como fonte legítima de decisões que se projetam para a realidade sociopolítica, bem como a doutrina como fonte de Direito.

A renúncia a uma compreensão do pensar por repetições, das memorizações e reduções simplificadoras revela-se como um importante desafio que não pode, por outro lado, descurar da clareza na construção de um discurso jurídico constituidor que seja acessível a todos e todas.

Desse contexto, também emergem os desafios de descobrir o Direito pela força criadora dos fatos e honrar seu compromisso com a transformação social. Isso para que o encontro entre o Direito Civil e o Direito Constitucional possa resultar em uma dimensão substancial e

---

[2] RE 878.694, Relator Ministro Roberto Barroso, Plenário, *DJe* 06.02.2018; RE 646.721, Relator Ministro Marco Aurélio, Redator para o acórdão Ministro Roberto Barroso, Plenário, *DJe* 11.09.2017

prospectiva dos princípios, valores e ética constitucionais, num processo contínuo e incessante de prestação de contas à realidade social e política.

Por fim, o derradeiro e instrumental desafio é não tomar os próprios desafios apresentados como propostas imutáveis a serem seguidas como dogmas invencíveis, mas, sim, como indicação problematizadora da construção prospectiva de um Código Civil e de uma Constituição Republicana que possam, juntos, enfrentar as complexidades e os paradoxos de uma sociedade civil em arrojado movimento rumo aos meandros do século XXI.

Tais desafios demonstram as possibilidades transformadoras da construção de um Direito Civil Constitucional que se desenvolve na relação dialética entre o texto normativo e a ética da Constituição substancial, permitindo a proteção da pessoa humana em resistência às opressões contingenciais.

Não há como negar que a interpretação é constituinte do próprio objeto, de modo que, conforme anotado em trabalho anterior:

> A investigação da solução correta, dentro de um sistema aberto, poroso e plural, se assenta, nessa perspectiva, em desenvolvimento nesta ocasião, num horizonte desafiante para o intérprete, qual seja a de encontrar possibilidades dentro dos limites, e ao assim fazê-lo irá arrostar sentidos formais, substanciais e prospectivos das figuras jurídicas em pauta, bem como deverá considerar, simultaneamente, significados pretéritos a serem reconstruídos, acepções presentes e aquelas possíveis a serem edificadas na hipótese.[3]

3 Humanismo e eudemonismo como axiomas da ética constitucional contemporânea

Os vetores axiológicos da dignidade da pessoa humana e da busca da felicidade informam tanto a hermenêutica constitucional quanto a interpretação conforme a constituição. São informadores da Constituição substancial, norma da qual emerge a cidadania em emancipação, como produto mais relevante da experiência jurídica contemporânea.

Por dignidade da pessoa humana tem-se não somente o fundamento do ordenamento constitucional em abstrato (artigo 1º, III, da CRFB), mas, principalmente, a exigência ética de proteção concreta e real a todos e todas, no sentido de que o ser humano, em suas experiências

---

[3] FACHIN, Luiz Edson. *Direito Civil:* sentidos, transformações e fim. Rio de Janeiro: Renovar, 2015, p. 116.

as mais diversas, são igualmente merecedores de igual consideração e respeito por parte do Estado e da própria comunidade circundante. A dignidade da pessoa humana, assim, apresenta-se como reconhecimento de que todos os seres humanos são merecedores de igual respeito e proteção no âmbito da comunidade em que estão inseridos. Ingo Sarlet, sobre o tema, sintetiza: "Neste sentido, há como afirmar que a dignidade (numa acepção também ontológica, embora definitivamente não biológica) é a qualidade reconhecida como intrínseca à pessoa humana, ou da dignidade como reconhecimento, (...)".[4]

Numa compreensão constitucional concretista, a dignidade humana implica a vedação de coisificação dos seres humanos, como também resguarda uma dimensão de igual consideração e respeito no âmbito da comunidade. Nessa linha, é a doutrina de Ingo Sarlet:

> Assim sendo, tem-se por dignidade da pessoa humana a qualidade intrínseca e distintiva reconhecida em cada ser humano que o faz merecedor do mesmo respeito e consideração por parte do Estado e da comunidade, implicando, nesse sentido, um complexo de direitos e deveres fundamentais que assegurem a pessoa tanto contra todo e qualquer ato de cunho degradante e desumano, como venham a lhe garantir as condições existenciais mínimas para uma vida saudável, além de propiciar e promover sua participação ativa e co-responsável nos destinos da própria existência e da vida em comunhão com os demais seres humanos.[5]

Numa dimensão mais verticalizada, em relação à teoria do reconhecimento, é possível afirmar que a dignidade exige o respeito ao outro, ou seja, observância aos deveres de respeito aos outros, o que tem como principal consequência a exigência de respeito à dignidade do outro como condição da própria dignidade, exigindo das autoridades públicas e dos indivíduos da comunidade atitudes de igual respeito e consideração mútua. Beatrice Maurer, nesse diapasão, afirma:

---

[4] SARLET, Ingo. As dimensões da dignidade da pessoa humana: construindo uma compreensão jurídico-constitucional necessária e possível. *In*: SARLET, Ingo (Org.). *Dimensões da dignidade*: ensaios de filosofia do Direito e Direito Constitucional. Porto Alegre: Livraria do Advogado, 2005, p. 26.

[5] SARLET, Ingo. As dimensões da dignidade da pessoa humana: construindo uma compreensão jurídico-constitucional necessária e possível. *In*: SARLET, Ingo (Org.). *Dimensões da dignidade*: ensaios de filosofia do Direito e Direito Constitucional. Porto Alegre: Livraria do Advogado, 2005, p. 37.

Assim também o direito deverá permitir e encorajar todas as circunstâncias necessárias à integridade da dignidade fundamental do ser humano em sua dignidade atuada. Manifestando-se a dignidade em atos, é em todos os níveis que o direito poderá intervir, ordenar, a fim de permitir o melhor desenvolvimento possível das relações entre as pessoas.[6]

No contexto do respeito recíproco à dignidade, como dimensão intrínseca da vida em comunidade, deve-se registrar o princípio da dignidade humana não apenas como aquele que vincula apenas os atos das autoridades públicas, mas, também, e principalmente, os indivíduos conviventes na comunidade.

Importante aqui deixar expresso que o objetivo maior de tal concepção do princípio da dignidade humana é reconhecer garantias e estabelecer deveres decorrentes, com o intuito de viabilizar condições concretas de os seres humanos tornarem-se, serem e permanecerem pessoas. Explica Peter Häberle nesse sentido:

> Com essa garantia jurídica específica de um âmbito vital do Ser-Pessoa, da identidade, a dignidade ocupa o seu lugar central: o modo pelo qual o homem se torna pessoa também fornece indicativos para o que é a dignidade humana. Duas questões devem ser distinguidas: como se constrói a identidade humana em uma sociedade e até que ponto se pode partir de um conceito de identidade interculturalmente válido (...).[7]

Deve-se ter em mente que o Estado Constitucional realiza a dignidade humana quando reconhece nesse princípio um direito a ter direitos, ou seja, quando transforma os cidadãos em sujeitos de suas ações, pressupondo a dignidade humana como uma referência ao outro, como uma ponte dogmática para o enquadramento intersubjetivo da dignidade de cada um. Oportunas as lições de Peter Häberle nesse sentido:

> Assim, será também compreensível que a dignidade humana constitui norma estrutural para o Estado e a sociedade. A obrigação de respeito

---

[6] MAURER, Beatrice. Notas sobre o respeito da dignidade da pessoa humana... ou pequena fuga incompleta em torno de um tema central. *In*: SARLET, Ingo (Org.). *Dimensões da dignidade*: ensaios de filosofia do Direito e Direito Constitucional. Porto Alegre: Livraria do Advogado, 2005, p. 87.

[7] HABERLE, Peter. A dignidade humana como fundamento da comunidade estatal. *In*: SARLET, Ingo (Org.). *Dimensões da dignidade*: ensaios de filosofia do Direito e Direito Constitucional. Porto Alegre: Livraria do Advogado, 2005, p. 124.

e proteção abrange tendencialmente também a sociedade. A dignidade humana possui eficácia em relação a terceiros; ela constitui a sociedade.[8]

Paralelamente à concepção de dignidade da pessoa humana, estão a proteção e o reconhecimento da busca da felicidade como premissas axiológicas da ética constitucional contemporânea.

Da importância da revolução americana como marco histórico para o modelo político que norteia nossas relações em sociedade, conhecido como Estado de Direito, não há maiores divergências. Disso resulta que a busca da felicidade, como vetor ético do constitucionalismo contemporâneo, também está, desde então, arraigada ao modelo vivificado a partir da experiência norte-americana.

Thomas Jefferson exsurge como personagem central dessa história, produzindo material para debates que já perduram por mais de dois séculos. As muitas questões podem ser substancialmente resumidas nas razões primeiras que conduziram Thomas Jefferson a inserir na Declaração de Independência dos Estados Unidos o direito à busca da felicidade como um direito inalienável.[9]

Jefferson era antes de tudo um estadista, ou seja, aquele para quem o exercício do poder estatal era um dever irrecusável. Nesse contexto, a felicidade, na visão de Thomas Jefferson, era a "felicidade pública", ou seja, aquele tipo de bem-estar coletivo que deveria prevalecer sobre o bem-estar privado.[10]

A felicidade, pois, dos documentos históricos norte-americanos é o direito natural predecessor da propriedade, o qual não consistia na ideia de "vida boa", cercada de bens materiais valorizados pelos seres humanos, mas num verdadeiro estado de bem-estar coletivo. Conforme anota Saul Tourinho:

> A felicidade nos Estados Unidos do século XVIII não era uma aspiração concentrada na esfera privada. Nada obstante a expressão "busca da felicidade", imortalizada na Declaração de Independência, havia uma consciência de que a felicidade estava também atrelada à esfera pública, por meio da participação na vida política. Essa é a raiz do nosso primeiro

---

[8] HABERLE, Peter. A dignidade humana como fundamento da comunidade estatal. *In*: SARLET, Ingo (Org.). *Dimensões da dignidade*: ensaios de filosofia do Direito e Direito Constitucional. Porto Alegre: Livraria do Advogado, 2005, p. 130.

[9] LEAL, Saul Tourinho. *Direito à felicidade*. São Paulo: Almedina, 2017, p. 155-156.

[10] LEAL, Saul Tourinho. *Direito à felicidade*. São Paulo: Almedina, 2017, p. 158.

viés do direito à felicidade, que é o direito à felicidade pública, consistente em participar de uma vida política de qualidade.[11]

Também se ocupou da felicidade Hannah Arendt, apontando o seu dúplice sentido: a felicidade privada e a felicidade pública. Anotou, em seu livro sobre a revolução,[12] que sempre se esteve diante do perigo de confundir-se a felicidade pública com o bem-estar privado, embora seja possível supor que os pais fundadores nutriam a crença geral de que existia uma relação intrínseca entre as virtudes públicas e a própria felicidade pública, sendo a liberdade a mesma essência da felicidade.

Thomas Jefferson afirmava que o governo tinha como objetivo primeiro e mais relevante o cuidado com a vida e a felicidade dos seres humanos, ou seja, a vida e a felicidade dos cidadãos e cidadãs. Importante anotar, com Saul Tourinho, a associação entre busca da felicidade e o direito de ter acesso à esfera pública como o caminho para a felicidade pública:

> Os habitantes do novo mundo que tiveram a coragem de romper com a Grã-Bretanha buscavam a liberdade que, desfrutada, tornar-se-ia "felicidade pública", consistindo, segundo Arendt, "no direito do cidadão de ter acesso à esfera pública, de ter uma parte no poder público – ser 'um participante na condução dos assuntos', na expressiva formulação de Jefferson. É, noutras palavras, o direito de ser visto em ação.[13]

A dicotomia entre felicidade pública e felicidade privada, entre-cortada pela ideia de liberdade, impõe a compreensão de que quando Thomas Jefferson falava de felicidade pública referia-se a um modelo de organização política, na qual "pessoas livres tivessem o direito de participar ativamente das decisões públicas, ou seja, que se envolvessem com o funcionamento do Estado".[14]

Também Hannah Arendt corrobora essa concepção:

> O próprio fato de escolher a palavra felicidade para designar uma parcela do poder público indicava incisivamente que, antes da revolução, existia no país uma 'felicidade pública', e que os homens sabiam que

---

[11] LEAL, Saul Tourinho. *Direito à felicidade*. São Paulo: Almedina, 2017, p. 162.

[12] ARENDT, Hannah. *Sobre a Revolução*. Trad. Denise Bottmann. São Paulo: Companhia das Letras, 2011.

[13] LEAL, Saul Tourinho. *Direito à felicidade*. São Paulo: Almedina, 2017, p. 164.

[14] LEAL, Saul Tourinho. *Direito à felicidade*. São Paulo: Almedina, 2017, p. 166.

não poderiam ser totalmente felizes se sua felicidade se situasse e fosse usufruída apenas na vida privada.[15]

Por fim, importante registrar a influência de George Mason, na compreensão normativa original da busca da felicidade como um vetor do constitucionalismo contemporâneo.[16] Foi George Mason o responsável pela presença desse ideal na Declaração de Independência dos Estados Unidos, muito embora exista uma forte associação da expressão à autoria de Thomas Jefferson. A Declaração de Direitos da Virgínia sagrou para a posteridade a expressão "busca da felicidade" como um direito devidamente protegido. Conforme registra Saul Tourinho:

> Que todos os homens são por natureza igualmente livres e independentes e têm certos direitos inerentes, dos quais, quando entram em um estado da sociedade, eles não podem, por qualquer acordo privar ou despojar sua posteridade, ou seja, o gozo de vida e à liberdade, com os meios de adquirir e possuir propriedade e perseguir o obter felicidade e segurança.[17]

Diga-se, ainda, que o ideal da busca da felicidade não corresponde a uma noção abstrata, metafísica e etérea mas a uma ação consistente e com alto grau de concretude, perceptível a todos aqueles que acompanham o devir das ideias e dos ideais do constitucionalismo contemporâneo.

Não se pode negar uma visão prospectiva do ideal da felicidade em direção ao Estado de Bem-Estar social, muito menos uma possibilidade lógica de associação de uma dupla dimensão aos direitos fundamentais dele decorrentes: a dimensão negativa, própria dos primeiros tempos; e a dimensão positiva, associada a uma segunda onda de direitos. Assim anota Saul Tourinho:

> O ideal do direito à busca da felicidade começou a surgir em conexão com o princípio do governo, dentro de uma perspectiva do direito natural. Essa expressão retrata a visão de Jefferson acerca da função do Estado na vida das pessoas, pois rejeita a ideia de que os direitos civis teriam

---

[15] ARENDT, Hannah. *Sobre a Revolução*. Trad. Denise Bottmann. São Paulo: Companhia das Letras, 2011, p. 173.

[16] LEAL, Saul Tourinho. *Direito à felicidade*. São Paulo: Almedina, 2017, p. 167, nota 315.

[17] JONES, Howard Mumford. *The pursuit of happiness*. New York: Cornell Univ. Press, 1953 *apud* LEAL, Saul Tourinho. *Direito à felicidade*. São Paulo: Almedina, 2017, p. 167.

índole meramente negativa, ou seja, conferidos aos cidadãos para que não sofram usurpações por parte do Estado ou de outros cidadãos.[18]

É preciso ter equilíbrio quando se está a transportar o ideal revolucionário norte-americano da busca da felicidade para os atuais Estados Constitucionais, lembrando que a virtude, nesse contexto, está em perceber as condições de possibilidade para animar os governos dos dias de hoje a editarem políticas públicas inspiradas por esse vetor constitucional.

Parece óbvio que não deve haver imposição de pautas de felicidade, por parte dos governos, no âmbito das relações privadas. O que é possível, e de certa forma desejável, seria a discussão sobre a faceta pública da felicidade e de políticas públicas respectivas. O reconhecimento e a proteção de garantias institucionais relacionadas aos direitos de personalidade e aos direitos fundamentais sociais, típicos das discussões dos dias de hoje, são exemplos concretos de que são factíveis as ações públicas e privadas na consecução da felicidade.

Nessa direção já está caminhando a jurisdição constitucional brasileira, de forma que a jurisprudência do Supremo Tribunal Federal pode ser exortada como um exemplo, ainda incipiente, mas consistente, da utilização do direito à busca da felicidade como um vetor constitucional para concretização de outros direitos fundamentais. É o caso do direito de família, apresentado, como excerto, a seguir.

4 Família como instituição do Direito Civil-Constitucional na jurisdição constitucional brasileira

A jurisdição constitucional brasileira foi instigada a decidir sobre a compatibilidade entre o Código Civil e a Constituição, considerando disposição normativa que atribui direitos sucessórios diferenciados para cônjuge – casamento – e companheiro – união estável.

Tratava-se de recurso extraordinário com repercussão geral, cuja decisão colegiada recebeu a seguinte ementa:

> *Ementa*: Direito constitucional e civil. Recurso extraordinário. Repercussão geral. Inconstitucionalidade da distinção de regime sucessório entre cônjuges e companheiros.

---

[18] LEAL, Saul Tourinho. *Direito à felicidade*. São Paulo: Almedina, 2017, p. 168.

1. A Constituição brasileira contempla diferentes formas de família legítima, além da que resulta do casamento. Nesse rol incluem-se as famílias formadas mediante união estável.

2. Não é legítimo desequiparar, para fins sucessórios, os cônjuges e os companheiros, isto é, a família formada pelo casamento e a formada por união estável. Tal hierarquização entre entidades familiares é incompatível com a Constituição de 1988.

3. Assim sendo, o art. 1790 do Código Civil, ao revogar as Leis nºs 8.971/94 e 9.278/96 e discriminar a companheira (ou o companheiro), dando-lhe direitos sucessórios bem inferiores aos conferidos à esposa (ou ao marido), entra em contraste com os princípios da igualdade, da dignidade humana, da proporcionalidade como vedação à proteção deficiente, e da vedação do retrocesso.

4. Com a finalidade de preservar a segurança jurídica, o entendimento ora firmado é aplicável apenas aos inventários judiciais em que não tenha havido trânsito em julgado da sentença de partilha, e às partilhas extrajudiciais em que ainda não haja escritura pública.

5. Provimento do recurso extraordinário. Afirmação, em repercussão geral, da seguinte tese: "*No sistema constitucional vigente, é inconstitucional a distinção de regimes sucessórios entre cônjuges e companheiros, devendo ser aplicado, em ambos os casos, o regime estabelecido no art. 1.829 do CC/2002*".

Ressalte-se que de tal julgamento emergem premissas relacionadas à instituição da família e seus vínculos teóricos e normativos com a Constituição, premissas estas que auxiliam a elucidar a fértil compreensão do Direito Civil à luz do Direito Constitucional e vice-versa. Senão vejamos.

A primeira delas é que tanto o casamento como a união estável são modalidades de conjugalidade constitucionalmente asseguradas, inexistindo, portanto, hierarquia entre essas modalidades no texto constitucional, impondo-se, quanto ao que igual, tratamento isonômico.

A segunda é de que a família é base da sociedade livre justa e solidária do artigo 3º da Constituição, de modo que a Constituição de uma sociedade livre e solidária não hierarquiza pessoas por suas opções familiares, atribuindo-lhes direitos em menor extensão ou, mesmo, diferentes – sem que esse discriminar se justifique na efetiva distinção entre as situações jurídicas em que os indivíduos estão inseridos.

A terceira premissa é de que a proteção à família é direcionada à pessoa de cada um dos seus integrantes, não sendo possível diferenciar pessoas, com a atribuição de mais ou menos direitos, em virtude do modelo de conjugalidade eleito. Trata-se da aplicação do princípio eudemonista, constante do artigo 226, parágrafo 8º, da Constituição da República:

> O Estado assegurará a assistência à família na pessoa de cada um dos que a integram, criando mecanismos para coibir a violência no âmbito de suas relações.

Atribuir direitos sucessórios em maior extensão a casados ou conviventes ou, mesmo, direitos diferentes, que não se justifiquem pela efetiva diferença entre as situações jurídicas, é tratar de modo distinto indivíduos em situações iguais, o que não encontra guarida no texto constitucional (art. 5º, I, CRFB).

A quarta premissa é de que distinguir os direitos a serem atribuídos aos casados e aos conviventes seria fazer um juízo moral prévio sobre os modelos de família e as formas de convivência familiar, o que a Constituição não permite. Não há família de primeira e segunda classes, porque não há cidadãos de primeira e segunda classes. A pluralidade familiar apreendida pelo texto constitucional é expressão da pluralidade moral que a Constituição de uma República livre, justa e solidária tem como princípio vetor. Eleger como dotado de primazia um ou outro modelo de família conjugal seria eleger morais particulares de alguns cidadãos como dotadas de superioridade sobre as morais particulares de outros.

Aqui, pode-se citar Ronald Dworkin, que, em síntese, reconhece a essencialidade de uma liberdade positiva que se realiza no âmbito de uma comunidade política 'verdadeira', assim entendida como aquela que i) detém as condições estruturais que permitam ao indivíduo reputar-se, efetivamente, seu membro moral, bem como ii) expresse alguma "concepção de igualdade de consideração para com os interesses de todos os membros da comunidade" e iii) "seja feita de agentes morais independentes", não podendo, por exemplo, impor concepções unitárias de bem aos seus integrantes.[19]

Como quinta premissa a ser considerada, tem-se que, quando o parágrafo 3º do artigo 226 dispõe que deve a "lei facilitar a sua conversão em casamento", não está a oferecer tratamento privilegiado para o casamento. Por isso, 'facilitar' a conversão nada mais é do que oferecer instrumentos para que, no exercício da liberdade individual,

---

[19] DWORKIN, Ronald. *O direito da liberdade*: a leitura moral da Constituição norte-americana. São Paulo: Martins Fontes, 2006, p. 32-40.

os companheiros possam migrar de um modelo de conjugalidade de fato – união estável – para um modelo formal – casamento.

A sexta premissa é a de que há um traço comum essencial para as duas formas de conjugalidade, qual seja, a marca do afeto e da entreajuda, existindo apenas um aspecto em que o casamento e a união estável se diferenciam: a presença, ou ausência, de formalidade em sua constituição.[20]

Como sétima premissa, tem-se que a desigualdade na forma de Constituição não pode afetar a sucessão, pois se trata apenas de questão de prova sobre a conjugalidade. Daí por que é facilitada a conversão, uma vez que a prova pré-constituída do casamento facilita o exercício dos direitos. Para se provar casado, basta apresentar uma certidão. Isso não ocorre na união estável. O casamento traz maior segurança jurídica formal. Por isso, a vantagem de migrar do modelo informal para o modelo formalizado não pode ser motivo para a atribuição de direitos diferentes entre os modelos de conjugalidade.[21]

Como oitava premissa, emerge o argumento quanto à existência de desigualdade no elemento subjetivo que conduz alguém a optar pela união estável e não pelo casamento. Sob esse argumento, quem vive em união estável pretenderia maior liberdade. União estável, porém, não é união livre. União estável pressupõe comunhão de vida. Eventual desigualdade quanto à pressuposição de maior liberdade na união estável, por ser união informal, não justifica menor proteção às pessoas em regime de convivência do que àquelas casadas.

Se a informalidade da constituição da relação, a qual, repise-se, exige comunhão de vida para ser família, pudesse justificar direitos diferentes ou em menor extensão, também restaria afastada a incidência de regime de comunhão de bens, quanto aos efeitos *inter vivos*. Na sucessão, a liberdade patrimonial dos conviventes já é assegurada com o não reconhecimento do companheiro como herdeiro necessário, podendo-se afastar os efeitos sucessórios por testamento. Prestigiar a maior liberdade na conjugalidade informal não é atribuir, *a priori*, menos direitos ou direitos diferentes do casamento, mas, sim, oferecer a possibilidade de, voluntariamente, excluir os efeitos sucessórios.

Como nona premissa, tem-se que a ordem constitucional, na disciplina da família, se pauta, pois, na realidade das relações de afeto e no valor da solidariedade. É isso que restou apreendido pelo Constituinte

---

[20] TEPEDINO, Gustavo. *Temas de Direito Civil*. Tomo I. Rio de Janeiro: Renovar, 2008.

[21] PIANOVSKI RUZYK, Carlos Eduardo. *Institutos Fundamentais do Direito Civil e Liberdade(s)*. Rio de Janeiro: Editora GZ, p. 333-334.

ao proteger as diversas formas de família. Daí a inadmissibilidade de se oferecer tratamento discriminatório às pessoas que elegem um ou outro modelo de entidade familiar.

E, nesse particular, ganham relevo as lições pioneiras e percucientes de Álvaro Villaça Azevedo, para quem não caberia ao legislador, nem mesmo ao constituinte, dizer ao povo como deve constituir sua família. Afirma expressamente o ilustre professor:

> O importante é proteger todas as formas de constituição familiar, sem dizer o que é melhor. O homem é um ser gregário, que necessita viver em família, cujo modo de constituição ele escolhe, firmando-se um costume admitido em sua coletividade, que vai transpondo gerações. Esse anseio popular, embora nasça de um contrato convivencial, é algo que ultrapassa a noção de instituto jurídico, é um organismo institucional, que se fundamenta no Direito Natural. O Direito Humano deve intervir, somente, para evitar lesões, locupletamentos indevidos, fazendo reinar a responsabilidade, ainda mais fortemente, nas convivências livres. A união estável, concubinato puro, não adulterino e não incestuoso, sempre encontrou esse apoio institucional, na figura antiga do casamento de fato.[22]

Por fim, a décima premissa é no sentido de que o modelo de conjugalidade não se confunde com o regime de bens. Tanto o casamento quanto a união estável são atos essencialmente existenciais em sua natureza, ainda que dotados tanto de efeitos pessoais quanto patrimoniais. Trata-se, em um ou outro modelo, de comunhão de vida afetiva: um ninho com moldura e outro sem, mas sempre um ninho.

Por isso, é falacioso o emprego do argumento de que, se o legislador diferencia os efeitos sucessórios entre os regimes de bens do próprio casamento, poderia também criar diferentes efeitos sucessórios para casamento e união estável. Os efeitos sucessórios de casamento e união estável devem ser iguais, porque iguais são as relações de conjugalidade na coexistência afetiva que persiste até o fim da vida de um dos cônjuges e companheiros.

Vê-se, portanto, que a questão jurídica foi julgada pela Suprema Corte, chegando-se à conclusão de que "É inconstitucional a distinção de regimes sucessórios entre cônjuges e companheiros prevista no art. 1.790 do CC/2002, devendo ser aplicado, tanto nas hipóteses de casamento, quanto nas de união estável, o regime do art. 1.829 do CC/2002".

Trata-se de decisão paradigmática e norteadora da jurisprudência constitucional brasileira, cujas premissas e discussões demonstram

---

[22] AZEVEDO, Álvaro Villaça. O direito civil na Constituição. *In*: MORAES, Alexandre de. *Os 20 anos da Constituição da República Federativa do Brasil*. São Paulo: Atlas, 2009, p. 375.

os caminhos escolhidos para o enfrentamento de questões típicas do Direito Civil também pelo olhar da hermenêutica constitucional. São direitos *de ser e de estar* alçados à esfera de existência digna. Aqui, em tudo e por tudo, estamos em seara distinta dos direitos de liberdade assegurados a todos em face do sistema punitivo do Estado; a defesa de cada e de todos, e seu direito respectivo, a processo justo, sob o contraditório e ampla provação, constituem outro relevante espaço para reflexões, contrastando teorias e práticas de grande relevância e não menos controvérsia.

Essa mirada constitucional não representa uma certeza que se verte para o Direito aplicado como se fora um *precipitado insolúvel*, mas como espelho da compreensão derivada dos limites e das possibilidades da Constituição no *estado da arte* que informa, nas balizas da normatividade constitucional (porto de saída e simultaneamente ponto de chegada), a resposta que se julgou correta nesse contexto.

5 Olhar de remate

Em tempos de indubitável primado de um direito de base jurisprudencial e contido na arena constitucional, estribado em cláusulas gerais – como regras, princípios e valores normativos constitucionais –, é preciso realçar e fomentar a função instrumental do Direito como freio e motor das condições e possibilidades da cidadania democrática.

Se, por um lado, o desafio está na busca pelo equilíbrio entre Justiça e Segurança, também é preciso jogar luzes para o processo de dignificação das relações jurídicas e para a criação de condições de busca, pública e privada, da felicidade humana, em seu sentido jurídico-normativo.

É preciso reconhecer que se está diante de um protagonismo problematizante do fenômeno da constitucionalização do direito, em que o volume das questões constitucionais submetidas ao crivo do Estado ainda não encontrou seu ponto de acomodação. Conforme registrado em outro trabalho: "Uma porta de saída é mesmo principiar pelo diálogo de fontes sem quebrar a unicidade da ordem jurídica. Seu papel se assenta na racionalização da abertura do sistema: é o trono da eticização da ordem jurídica e seus paradoxos entre deveres estatais e prestações sociais".[23]

---

[23] FACHIN, Luiz Edson. *Direito Civil*: sentidos, transformações e fim. Rio de Janeiro: Renovar, 2015, p. 122.

O Direito Civil e Constitucional, em diálogo, e sob a unidade normativa do sistema constitucional, poderão impor, reciprocamente, fundamentação axiológica para os problemas complexos a serem enfrentados sob o pálio da normatividade constitucional. Por converter-se também em prática, o Direito ganhará seu cânone substancial pela intrigante contextualização das suas possibilidades teóricas.

Assim, vai-se consolidar a atuação da tríplice força constituinte do mundo real e ideal do Direito: uma via produtiva para a busca da solução mais adequada aos casos concretos, sempre a partir dos seus aspectos formais, substanciais e prospectivos. Numa síntese apertada, já está resumido tal pensamento sobre esse tripé essencial:

> (...) reitere-se, que formal é a instância do sentido da regra positivada (na legislação constitucional ou infraconstitucional), com seus limites e possibilidades; substancial é a expressão normativa e vinculante dos princípios, expressos ou implícitos na ordem constitucional positivada, e que compõem o ordenamento; sua previsão explícita ou não é também elemento da unidade de sua compreensão e aplicação; e prospectiva é a atuação hermenêutica da reconstrução permanente, correta e adequada, dos significados que se aplicam aos significantes que integram a teoria e a prática do Direito Civil.[24]

As perspectivas da hermenêutica constitucional, nesse quadrante, hão de se encontrar com os institutos do Direito Civil para uma renovação prospectiva de expectativas de sua concretização. A mediação feita pela jurisdição constitucional, nesse contexto, deve levar em consideração as mútuas influências da realidade normativa e da força construtiva dos fatos sociais para que sejam prestigiados os seres humanos, em sua dignidade e felicidade, no ambiente das relações jurídicas, como ocorreu no julgamento dos Recursos Extraordinários nºs 878.694 e 646.721.

A jurisprudência do Supremo Tribunal Federal, conforme demonstrado pelos julgamentos supramencionados, já tem sinalizado no sentido de reconhecer como vetores constitucionais concretos a dignidade da pessoa humana e o princípio da busca da felicidade, de modo que é possível vislumbrar, numa visão substancial e prospectiva do Direito Civil, a consolidação de uma ética constitucional voltada para o sujeito humano de direitos como prioridade da atuação do Estado. Assim como progressivamente o fez, *mutatis mutandis*, a Corte Suprema

---

[24] FACHIN, Luiz Edson. *Direito Civil*: sentidos, transformações e fim. Rio de Janeiro: Renovar, 2015, p. 85-86.

norte-americana do *New Deal* até os desafiantes dias presentes, aqui e alhures.

Arrematamos essas reflexões que se projetam para a coleta de ideias esparsas já expostas nas últimas três décadas, acentuando que a formulação da jurisprudência viva, iluminada pela força normativa constitucional, não desconsidera o *self-restraint* nem o *strict constructionism*, nada obstante deixe de comungar, em bases constitucionais, com desconstruções de direitos, o que traduz a importância dos precedentes sob a toada do princípio *stare decisis et non quieta movere*. O desafio, pois, é para o futuro que seja digno de verdadeira efetividade constitucional e não de restauração do *status quo ante*. O olhar para o passado não deve aprisionar a visão mirando o futuro, instigante e quiçá indócil.

Referências

ARENDT, Hannah. *Sobre a Revolução*. Trad. Denise Bottmann. São Paulo: Companhia das Letras, 2011.

AZEVEDO, Álvaro Villaça. O direito civil na Constituição. *In*: MORAES, Alexandre de. *Os 20 anos da Constituição da República Federativa do Brasil*. São Paulo: Atlas, 2009.

DWORKIN, Ronald. *O direito da liberdade*: a leitura moral da Constituição norte-americana. São Paulo: Martins Fontes, 2006.

FACHIN, Luiz Edson. *A reconstitucionalização do Direito Civil brasileiro*: lei nova e velhos problemas à luz de dez desafios. Texto que reproduz, em síntese, as ideias expostas na IX Conferência do VI Simpósio Nacional de Direito Constitucional, promovido pela Academia Brasileira de Direito Constitucional. Curitiba, 04-07.10.2004

FACHIN, Luiz Edson. *Direito Civil*: sentidos, transformações e fim. Rio de Janeiro: Renovar, 2015

HABERLE, Peter. A dignidade humana como fundamento da comunidade estatal. *In*: SARLET, Ingo (Org.). *Dimensões da dignidade*: ensaios de filosofia do Direito e Direito Constitucional. Porto Alegre: Livraria do Advogado, 2005.

LEAL, Saul Tourinho. *Direito à felicidade*. São Paulo: Almedina, 2017.

MAURER, Beatrice. Notas sobre o respeito da dignidade da pessoa humana... ou pequena fuga incompleta em torno de um tema central. *In*: SARLET, Ingo (Org.). *Dimensões da dignidade*: ensaios de filosofia do Direito e Direito Constitucional. Porto Alegre: Livraria do Advogado, 2005.

PIANOVSKI RUZYK, Carlos Eduardo. *Institutos Fundamentais do Direito Civil e Liberdade(s)*. Rio de Janeiro: Editora GZ.

SARLET, Ingo. As dimensões da dignidade da pessoa humana: construindo uma compreensão jurídico-constitucional necessária e possível. *In*: SARLET, Ingo (Org.). *Dimensões da dignidade*: ensaios de filosofia do Direito e Direito Constitucional. Porto Alegre: Livraria do Advogado, 2005.

TEPEDINO, Gustavo. *Temas de Direito Civil*. Tomo I. Rio de Janeiro: Renovar, 2008.

Informação bibliográfica deste texto, conforme a NBR 6023:2018 da Associação Brasileira de Normas Técnicas (ABNT):

FACHIN, Luiz Edson; SILVA, Christine Peter da. A constituição do Direito Civil da coexistência; ideias reunidas a partir de um reflexo da jurisdição constitucional em direito de família. *In*: EHRHARDT JÚNIOR, Marcos (Coord.). *Direito Civil*: Futuros Possíveis. Belo Horizonte: Fórum, 2022. p. 31-48. ISBN 978-65-5518-281-1.

PROSPECÇÕES PARA O FUTURO DO DIREITO DAS FAMÍLIAS. UMA PERSPECTIVA INTERDISCIPLINAR

RODRIGO DA CUNHA PEREIRA

1 Prelúdio

A história do Direito, assim como a história do Direito das Famílias, se confunde com a própria história da humanidade, pois só existe civilização porque existe o Direito. Em outras palavras, o Direito surge para possibilitar o convívio social, colocando limites, freios e regras para esse convívio. Daí poder-se dizer que o Direito é uma sofisticada técnica de controle das pulsões.[1] E o Direito das Famílias também existe desde sempre, já que não existe sociedade sem família. A sua organização jurídica em textos legislativos é que é história mais recente nas organizações sociais.

Até recentemente o Direito de Família perfazia uma história de exclusões. Filhos e famílias fora do casamento eram excluídos da proteção do Estado e recebiam o selo da ilegitimidade. Filhos e famílias fora do casamento sempre existiram, desde o Brasil colônia, mas não se

---

[1] Pulsão é uma expressão psicanalítica, utilizada por Freud pela primeira vez em 1905, em 1920 em seu texto Mais – além do princípio do prazer e depois em 1933 em "Novas conferências introdutórias sobre psicanálise". É a tendência permanente e na maioria das vezes inconsciente que incita o indivíduo e o faz agir, praticar atos e ações. Pulsão de vida e pulsão de morte é um dualismo que está presente em todos os movimentos da vida. Cf. o verbete 'pulsão' no Dicionário de Direito de Família e Sucessões Ilustrado. Ed. Saraiva, 2. ed. 2018, p. 662.

podia reconhecê-los, tinham que ser ignorados pelo aparato jurídico. Tudo isto em nome da moral e dos bons costumes. Portanto, a moral sexual e religiosa sempre foi, e continua sendo, um dos fios condutores da regulamentação dessas relações jurídicas.

Para não continuarmos repetindo as injustiças históricas de ilegitimação de pessoas e categorias, em razão de uma moral sexual e religiosa, é necessário distinguir ética de moral. Somente um juízo ético universal, despido das particularidades do juízo moral, é que pode nos aproximar do ideal de justiça. Foi o imperativo ético, em detrimento de uma moral sexual que legitimou, a partir da Constituição de 1988, todos os filhos, instalou o princípio do melhor interesse da criança acima dos valores morais, fazendo-nos compreender que as funções maternas e paternas estão desatreladas do comportamento moral-sexual dos parceiros conjugais.

É na ética do cotidiano que o outro é visto, considerado e respeitado em sua integridade e integralidade de sujeito, que se deve assentar a hermenêutica. Distinguir ética de moral é "suspender o juízo" para que se possa ver os sujeitos envolvidos como sujeitos amorais. Para que isto seja possível e para ajudar a viabilizar julgamentos e considerações éticas, acima de valores morais, muitas vezes estigmatizantes e excludentes, é necessário que se recorra a várias fontes do Direito, especialmente aos princípios

A Constituição da República de 1988 consolidou toda a evolução histórica, política e social, instalando uma verdadeira revolução no Direito de Família,[2] com base em três eixos básicos: igualização de direitos entre homens e mulheres; legitimação de todas as formas de filiação; reconhecimento de que há várias formas de famílias, mencionando exemplificativamente o casamento, a união estável e as famílias monoparentais.[3]

---

[2] "[...] E o que é uma família? O que é uma família, no Brasil, quando nós sabemos que a Constituição Federal só consagrou a união estável porque 50% das famílias brasileiras são espontâneas? Nesses lares, nessas casas desse percentual do povo brasileiro, nunca passou um juiz, nunca passou um padre, mas naquela casa há amor, há unidade, há identidade, há propósito de edificação de projetos de vida. Naquela casa, muito embora não tenha passado nenhum padre e nenhum juiz, naquela casa há uma família. E o conceito de família no mundo hodierno, diante de uma Constituição pós-positivista, é um conceito de família que só tem validade conquanto privilegie a dignidade das pessoas que a compõem. Assim como, hodiernamente, só há propriedade conquanto ela cumpra sua finalidade social, há família, conquanto ela cumpra sua finalidade social; a família, conquanto ela conceda aos seus integrantes a máxima proteção sob o ângulo da dignidade humana. [...]" (STF – RE: 615941 RJ, Relator: Min. Luiz Fux, pub. 01.12.2011).

[3] (...) diferentemente do que ocorria com os diplomas superados – deve ser *necessariamente plural, porque plurais também são as famílias* e, ademais, não é ele, o casamento, o destinatário

2 O manancial da Psicanálise e o Direito das Famílias

Uma das grandes contribuições da Psicanálise ao pensamento jurídico foi a introdução da noção de sujeito do inconsciente. Isto, além de fazer-nos compreender que o sujeito de direito é também um sujeito desejante, reforçou e consolidou a grande questão da história de todo homem: tornar-se sujeito, tomar as rédeas de seu destino e ser senhor de si. Estas noções interessam ao Direito Civil porque é por meio delas que se tornam possível, e se viabilizam, os contratos e negócios jurídicos, transmite-se propriedade, assumem-se, cumprem-se ou descumprem-se obrigações, responde-se por danos causados a outrem, enfim, todos os atos e fatos jurídicos são realizados pelo sujeito que é, ou pelo menos deveria ser, senhor de si entre outros senhores de si.

Esta noção de sujeito interessa particularmente ao Direito de Família, porque é somente na família, ou por meio dela, que um humano pode tornar-se sujeito e humanizar-se. Não é possível existir sujeito sem que se tenha passado por uma família, e sem sujeito não há Direito, por isso a máxima "A família é a base da sociedade". Quando nos referimos à família como núcleo essencial, obviamente que não estamos falando apenas de uma família tal como concebida historicamente pelo Direito até 1988, isto é, patrimonializada, hierarquizada e matrimonializada. Estamos falando da família tal como ela é hoje: plural.

Psicanálise é a expressão criada por Sigmund Freud (1856-1939), médico e professor de Medicina, para designar um método de psicoterapia inventado por ele, a partir da exploração do inconsciente. Foi em seu artigo "A hereditariedade e a etiologia das neuroses", em 1896, que Freud empregou pela primeira vez a expressão psicanálise.

Para além da clínica terapêutica, a Psicanálise tornou-se um sistema de pensamento a partir da "descoberta" do inconsciente e da compreensão da sexualidade em seu sentido mais amplo e como energia vital. Foi um dos movimentos mais significativos do século XX

---

final da proteção do Estado, mas apenas o intermediário de um propósito maior, que é a proteção da pessoa humana em sua inalienável dignidade. 4. O pluralismo familiar engendrado pela Constituição - explicitamente reconhecido em precedentes tanto desta Corte quanto do STF – impede se pretenda afirmar que as famílias formadas por pares homoafetivos sejam menos dignas de proteção do Estado, se comparadas com aquelas apoiadas na tradição e formadas por casais heteroafetivos. 5. *O que importa agora, sob a égide da Carta de 1988, é que essas famílias multiformes recebam efetivamente a "especial proteção do Estado", e é tão somente em razão desse desígnio de especial proteção que a lei deve facilitar a conversão da união estável em casamento, ciente o constituinte que, pelo casamento, o Estado melhor protege esse núcleo doméstico chamado família.* (...) STJ, REsp 1183378/RS, Rel. Ministro Luis Felipe Salomão, Quarta Turma, 25.10.2011 Grifamos.

e que influenciou a estrutura de pensamento e da linguagem do mundo ocidental, tamanho o seu impacto.

Freud construiu sua teoria do complexo de édipo, um dos pilares da Psicanálise, a partir do mito grego de Édipo para falar da proibição do incesto, uma lei universal inscrita em todas as culturas. E aí está o primeiro encontro do Direito com a Psicanálise: a primeira lei de qualquer civilização, o interdito proibitório do incesto, é uma lei de Direito de Família.

A psicanálise como discurso e como sistema de pensamento desconstruiu fórmulas e dogmas jurídicos a partir da compreensão da sexualidade, do desejo e do inconsciente, que forjam a nossa realidade psíquica e são também os motores e alavancas do Direito de Família. O sujeito do Direito é um sujeito de desejo e é esse sujeito desejante que tece as tramas do Direito de Família. Portanto, na objetividade dos atos, fatos e negócios jurídicos permeia uma subjetividade, impulsionada pela sexualidade (libido) e pelo inconsciente, que é o que verdadeiramente faz restabelecer ou romper as relações jurídicas.

Foi a Psicanálise que trouxe para o Direito a compreensão de que maternidade/paternidade são funções exercidas, fazendo surgir daí institutos jurídicos como guarda compartilhada, alienação parental, abandono afetivo etc. Foi o discurso psicanalítico, a partir das noções de desejo, inconsciente e responsabilidade que abriu as portas do Direito para introduzir o afeto como valor jurídico, que se tornou o princípio vetor e catalisador do Direito de Família. E a partir daí pôde-se substituir o discurso da culpa, tão paralisante do sujeito, pelo da responsabilidade. Além disso, demonstrou que a parentalidade não está necessariamente vinculada à conjugalidade, ou à sexualidade, sendo necessário ter um olhar despido de preconceito que a tradicional família patriarcal trazia. Na contemporaneidade, novas configurações familiares estão em curso, sendo inimagináveis a forma que se pode constituir.

O Direito já absorveu que família é da ordem da cultura, e não da natureza. Por isso suas representações sociais hoje podem sofrer variações inimagináveis. Quem imaginaria há 40 anos que a união estável (então denominada de concubinato) entraria no rol das famílias "legítimas". Até dez anos atrás o mundo jurídico não admitia que pessoas do mesmo sexo poderiam constituir uma família. Da mesma forma ganharam legitimidade, com a CR/1988, as famílias monoparentais. São apenas exemplos de que novas estruturas parentais e conjugais estão em curso, por mais que gostemos ou não, queiramos ou não. E é por isso que a mais importante fonte do Direito são os costumes. A vida vai acontecendo, o desejo vai tecendo novas tramas, em busca da felicidade, e o Direito deve ir se moldando a esta realidade.

3 Famílias conjugais e famílias parentais

Para entender o Direito da Famílias hoje, é preciso vê-lo sob duas perspectivas: família parental e família conjugal, que estão cada vez mais independentes uma da outra. Basta lembrar que há pessoas que querem casar e não ter filhos, e outras que querem ter filhos e não querem casar, e nem mesmo ter relação sexual. Uma pode existir sem a outra ou estarem juntas.

A evolução do conceito de *família parental* é mais simples, pois aí, na maioria das vezes, não tem um conteúdo moral. Por exemplo, ninguém dúvida que as famílias anaparentais (irmãos que vivem juntos sem descendentes/ascendentes) é uma realidade constitucional, embora não esteja prevista expressamente. Por outro lado, as vozes contrárias ao reconhecimento da família conjugal homoafetiva eram de que ela não estava prevista na Constituição, esquecendo-se de que o rol do artigo 226/CR não é *numerus clausus*. Se o fosse, não poderíamos reconhecer como famílias aquelas que se constituem pela adoção, as anaparentais, as ectogenéticas etc. Desde 1988 não há mais filhos e famílias ilegítimas. Todos são legítimos e legítimas. E foi assim que fomos construindo o conceito de famílias socioafetivas, multiparentais e coparentais.

Famílias coparentais são aquelas cujos pais se encontram apenas para ter filhos, de forma planejada, para criá-los em sistema de cooperação mútua, sem relacionamento conjugal ou mesmo sexual entre eles (Cf. "Dicionário de Direitos de Família e Sucessões — Ilustrado", Ed. Saraiva, p. 213, de minha autoria). Isso já é uma realidade brasileira. Pessoas fazem contratos de geração de filhos e, portanto, formam apenas uma família parental. O número desses contratos no Brasil tem aumentado, proporcionado pelos sites de relacionamento. Na coparentalidade pressupõe-se uma boa relação entre o pai e a mãe, que pode evoluir para uma grande amizade, em prol da criação dos filhos comuns.

As famílias conjugais, isto é, aquelas constituídas pelo casamento e união estável, sejam hetero ou homoafetiva, simultâneas ou não, ou mesmo poliafetivas, têm uma evolução mais lenta, pois o seu núcleo central tem um conteúdo moral, na maioria das vezes contaminada por uma moral sexual e religiosa. O STF, ao não conceder o rateio previdenciário entre cônjuge e companheiro, em uma família simultânea

(RExs 883168/SC e 1045273/SE), acabou por premiar a irresponsabilidade. Em outras palavras, ele acabou por desconsiderar se se pode dizer se essas famílias deverão continuar na invisibilidade jurídica.

Para saber se duas pessoas formam uma família conjugal, é preciso verificar se ali há conjugalidade, que é um núcleo de vivência afetivo-sexual com uma certa durabilidade na vida cotidiana (cf. Dicionário, p. 202). Não é necessário viverem sob o mesmo teto, embora viver sob o mesmo teto seja um elemento a mais na caracterização de uma união estável, assim como a relação de dependência econômica. Mas há casais que formam uma família e mantêm suas economias separadas e não há relação de dependência financeira entre eles. Em geral, nessas relações de namoro, ou mesmo "amizades coloridas", há um limiar muito tênue em que se tem características de uma e de outra relação.

O ponto-chave e definidor da conjugalidade está na relação com a sexualidade. Freud ressignificou a sexualidade para que ela fosse entendida na ordem do desejo. Assim, pode haver sexualidade sem o ato sexual. E nem toda relação sexual permanente constitui conjugalidade. Há família conjugal que já não pratica mais o ato sexual, seja por impotência, frigidez ou mesmo por não gostarem mais de sexo, ou por serem assexuais, e nem por isso deixa de ser uma família conjugal. Mesmo assim a sexualidade pode estar presente ali naquele casal, que pode ter uma relação aberta, ter ciúmes ou não. A sexualidade pode ser entendida como a energia libidinal circulante entre o casal, mesmo que "não façam sexo". Entretanto, à "ciência" jurídica interessa saber que a definição da família contemporânea passa necessariamente, para sua compreensão mais profunda, pela perspectiva e distinção da família conjugal e família parental. Elas podem estar juntas ou não.

Com a Psicanálise e sua conexão com a antropologia pôde-se entender que a família é um elemento muito mais da cultura do que da natureza. E, assim, pôde-se falar de famílias substitutas, parentalidade socioafetiva, multiparentalidade, famílias homoafetivas, simultâneas (ao invés de concubinato), poliafetivas etc.

4   A objetividade e subjetividade dos atos e fatos jurídicos

Psicanálise e Direito convergem e divergem em vários aspectos, mas se encontram e se completam em seus opostos. Enquanto a Psicanálise é sistema de pensamento, que tem o desejo e o inconsciente como pilares, o Direito é um sistema de limites, vínculos de vontade e controle das pulsões que vem trazer a lei jurídica exatamente para quem não tem lei interna, isto é, quem não contém seus impulsos gozosos.

O grande desafio do profissional do Direito é transformar em objetividade a complexidade das questões subjetivas que permeiam e atravessam as questões jurídicas. Assim, entender alguns conceitos psicanalíticos, que se conectam ao Direito, é dar um passo adiante, ampliar e aprofundar as noções jurídicas sobre este campo do Direito.

Com a Psicanálise, o mito da neutralidade dos juízes cai por terra definitivamente. Ao prolatar uma sentença, o magistrado, inconscientemente, insere ali todas as suas concepções particularizadas sobre o caso. Não há como ele se livrar disso, pois sua existência e constituição como sujeito significam a soma de sua cadeia de signos e significantes em que registros inconscientes, quer ele queira ou não, aparecem em suas decisões. Por exemplo, um magistrado que teve uma infância pobre e que passou por dificuldades e restrições de bens materiais na infância certamente fixará o valor de uma pensão alimentícia em patamar muito diferente de outro cuja família era mais abastada, ainda que o processo trouxesse a mesma argumentação fática/jurídica e as mesmas provas. No poder discricionário do juiz, aparecem suas convicções pessoais e aí se manifesta o inconsciente, ou seja, a singularidade do sujeito com a sua história particular. Por isso, pode-se dizer que o juiz é imparcial, mas não é neutro, já que o inconsciente se manifesta como linguagem. Por mais objetividade e imparcialidade que se imprima à aplicação das normas, o sujeito do inconsciente estará sempre ali com suas subjetivações. Ao trazermos para o Direito a consciência destas manifestações inconscientes, quebra-se o mito da neutralidade e pode-se constatar que não existe uma verdade absoluta e universal, até porque as verdades são construídas ideologicamente.

A passagem das ciências objetivistas e positivistas para uma ciência mais reflexiva significa apontar uma verdade, que é do sujeito (de desejo), e com ela o conteúdo das idiossincrasias da vida, determinadas também pelo seu inconsciente.

A conscientização de que o sujeito do inconsciente está presente nos atos, fatos e negócios jurídicos pode ajudar a desvendar muitos porquês das demandas judiciais, que são verdadeiras trajetórias de sofrimentos.

5 O Direito das Famílias e o necessário olhar interdisciplinar: Psicanálise, arte e mediação

O Direito das Famílias sempre buscou ajuda em outros campos do conhecimento para ampliar a compreensão dos fenômenos jurídicos, como na História, Sociologia, Economia, Antropologia, Medicina e mais recentemente na engenharia genética, proporcionando pelo método em DNA revelar a paternidade biológica e o surgimento das famílias ectogenéticas. É preciso também entender a Arte como uma linguagem que pode ampliar a compreensão de conceitos jurídicos.

Arte, Direito e Psicanálise são linguagens interpretativas e tratam de uma mesma humanidade. Trazer para o mundo jurídico a Psicanálise significa buscar no discurso psicanalítico uma compreensão mais ampliada do sujeito de direitos que é também sujeito de desejos, repita-se, e tece as tramas das relações familiares. Os conceitos psicanalíticos, como se demonstrou supra, nos insere em uma compreensão mais profunda dos mecanismos e sistema do Direito de Família, proporcionando uma melhor e mais eficaz operacionalização do Direito de Família. Da mesma forma, a Arte ilumina, aprofunda e nos ajuda a acessar as sutilezas dos vínculos jurídicos. A Arte diz o indizível. Ela vai além do que a linguagem jurídica consegue alcançar e ajuda a representar o indizível. Ela vai além das palavras e abre espaço para a reflexão e é uma maneira mais sublime de perceber o mundo. *A arte não reproduz o visível; ela torna visível* (Paul Klee).

A Arte pode ajudar a traduzir a complexa subjetividade que permeia o mundo jurídico de uma maneira mais sublime, bem como tornar melhor a compreensão de alguns conceitos jurídicos. E quando falamos de Arte, estamos falando de todas as suas diversas manifestações e linguagens artísticas, como a literatura, poesia, cinema, música, artes plásticas etc. Ela provoca e acessa em nós uma emoção que vai além da trivialidade. Ela chega antes e vai além, diz coisas que só vamos entender muito tempo depois. A literatura e a poesia podem expressar uma realidade muito melhor do que o Direito. Por exemplo, quando ainda discutíamos se havia um culpado pelo fim do casamento, a poesia do curitibano Paulo Leminski já tinha tratado desse assunto de uma forma muito mais elevada e simples: "Amor então também acaba? / Não que eu saiba / O que eu sei é que se transforma / numa matéria-prima / Que a vida se encarrega de transformar em raiva / ou em rima". A Arte pode nos ajudar a ver o Direito por outras perspectivas, e além.

A civilização é definida pelo Direito e pela Arte. As leis governam o nosso comportamento exterior e a Arte exprime nossa alma, diz Camille

Paglia, em seu livro "Imagens Cintilantes", ao trazer a polêmica reflexão de que a sobrevivência da Arte está em jogo e que a era digital deixa todos cegos. Seja qual for a linguagem artística de sua manifestação, ela provoca inquietações, formula perguntas, nos devolve o mistério e nos põe diante do desconhecido, que é a única forma de nos fazer crescer. A Arte impõe subjetividade como caminho para a evolução. O italiano Francisco Carnelluti em seu livro de 1949, "A arte do Direito", fez uma análise do Direito a partir da observação das artes plásticas e foi um dos primeiros a conectar o Direito à Arte.

No campo jurídico ela nos ajuda a traduzir, pensar e repensar conceitos muitas vezes estabilizados. Muitos filmes, e em especial a teledramaturgia brasileira, têm ajudado as novas estruturas parentais e conjugais a ganharem "ares de normalidade", na medida em que elas representam uma realidade, que por sua vez passa a ser um costume, que como sabemos é uma das principais fontes do Direito.

O Direito de Família está e sempre esteve presente no cinema, na literatura, na poesia, nas artes plásticas. Entender e ver o Direito de Família pela via dessas manifestações artísticas é trazer para a cena jurídica a ampliação da compreensão de conceitos jurídicos, perceber as sutilezas, o inconsciente, o desejo, o desamparo e o gozo que permeiam todas essas relações familiares. Entender isto é começar a romper as barreiras entre Arte e Direito, como tão bem apregoava o jurista mineiro, João Baptista Villela.

A filosofia do Direito começou a questionar e repensar a categoria dos sujeitos a partir de um enfoque interdisciplinar.[4] Da mesma forma, na aplicação prática do Direito das Famílias, tornou-se necessário pensar em formas alternativas de resolução de conflitos, até como forma de barrar o gozo com a litigância judicial. Uma das mais eficazes dessas técnicas tem sido a mediação.

O mais importante e significativo da mediação é que ela proporciona o restabelecimento do diálogo e imprime responsabilidade aos sujeitos daquela relação para que eles mesmos, melhor do que ninguém, possam resolver os impasses.

Ainda que não se chegue a um acordo, o processo de mediação pode levar os sujeitos a prevenir impasses, facilita e restabelece a

---

[4]   MARQUES NETO, Agostinho Ramalho. *Sujeitos coletivos de direito*: pode-se considerá-los a partir de uma referência à psicanálise? Texto apresentado no I Encontro Brasileiro de Direito e Psicanálise, Curitiba, 1992. PHILIPPI, Jeanine Nicolazzi. *O sujeito do Direito*: uma abordagem interdisciplinar. Florianópolis: Dissertação apresentada ao curso de Pós-Graduação em Direito da Universidade Federal de SantaCatarina, 1991.

comunicação familiar e ajuda também na elaboração psíquica da perda, mágoas e traumas, proporcionando o diálogo e posição respeitosa sobre os diferentes pontos de vista.

O Direito de Família atual e do futuro deve-se orientar e se conduzir por uma principiologia, sobretudo da responsabilidade, da autonomia da vontade, da não intervenção estatal na vida privada, do melhor interesse das crianças e adolescentes. Nesse viés, profissionais do Direito, por exemplo, diante de um inevitável divórcio, que com a Emenda Constitucional nº 66/10 estipulou como único requisito a vontade de não mais continuar casado, devem propiciar um ambiente favorável para que os litigantes procurem resolver por si sós (com o suporte de um mediador ou de comediadores) os conflitos oriundos da família, que são muito mais da ordem afetiva que material, responsabilizandoos por suas escolhas e atitudes.

A mediação como técnica não adversarial, além de funcionar como eficaz indicativo para dirimir conflitos, traz consigo um novo pensamento e uma nova perspectiva para a responsabilização do sujeito. Consequentemente, pode ajudar e ser uma alternativa eficaz para evitar que os restos do amor vão parar no Judiciário. Acima de tudo, a cultura da mediação muda a perspectiva e o olhar sobre o conflito. Em linguagem psicanalítica, é o mesmo que proporcionar aos operadores do Direito, especialmente aos advogados, não se permitirem ser instrumento de "gozo" com o litígio, isto é, desestimular a briga ao desinstalar a lógica conflitante que constrói estórias de degradação do outro para instalar a lógica consensual em que se pode vislumbrar a responsabilidade de cada um por suas escolhas e atitudes, de modo a não buscar no outro as causas da sua infelicidade, do insucesso conjugal e do seu desamparo estrutural. Isto provocou uma desconstrução das velhas fórmulas jurídicas, instalando novo paradigma para a compreensão da organização jurídica sobre as famílias.

O CPC/2015, na tentativa de mudar a lógica adversarial dos conflitos, estabeleceu em seu art. 334 a mediação como parte integrante de todos os processos judiciais e, em especial, no Direito de Família, como se vê em seu art. 694: "Nas ações de família, todos os esforços serão empreendidos para a solução consensual da controvérsia, devendo o juiz dispor do auxílio de profissionais de outras áreas de conhecimento para a mediação e conciliação. Parágrafo único. A requerimento das partes, o juiz pode determinar a suspensão do processo enquanto os litigantes se submetem a mediação extrajudicial ou a atendimento multidisciplinar".

A Lei nº 13.140/2015 dispõe sobre a mediação como meio de solução de controvérsias entre particulares e sobre a autocomposição de conflitos no âmbito da Administração Pública: considera-se mediação a atividade técnica exercida por terceiro imparcial sem poder decisório, que, escolhido ou aceito pelas partes, as auxilia e estimula a identificar ou desenvolver soluções consensuais para a controvérsia (art. 1º, parágrafo único).

Essa nova interpretação, aliada ao discurso psicanalítico, permitiu a compreensão e o objetivo do trabalho dos advogados familiaristas, ou seja, o discurso com seu cliente. Freudianamente, é escutar o que está por detrás do discurso ou, como Lacan, o que está entre o dito e o por dizer.

Sabemos todos que as relações familiares são intrincadas e complexas. Por exemplo, ninguém se casa pensando em se divorciar, mas em viver junto até que a morte os separe. Colocar fim ao enlace conjugal não é fácil e é um momento delicado e tormentoso para todo o núcleo familiar. Significa lidar com os insucessos e os resquícios conjugais, com emergentes conflitos, frustrações, desilusões e perdas que amedrontam e, muitas vezes, paralisam o sujeito. É deparar-se e preparar-se para mudanças, para recomeçar. E tudo isso se torna ainda mais difícil quando um dos cônjuges não aceita o fim da conjugalidade e não sabe lidar com as mágoas, o sentimento de posse, de vingança, o egoísmo, a vaidade ou, simplesmente, quando falta comunicação.

Para minimizar os efeitos traumáticos de uma separação/divórcio e evitar indefinidas e reincidentes ações judiciais no âmbito do Direito de Família, além de um olhar e uma escuta sobre essas tormentosas questões, a mediação tem se mostrado como um eficaz técnica de transformação dos conflitos. Em síntese, a mediação tem o objetivo de transformar o "bate-boca" em "bate-papo".

6 Prospectivas

O Direito de Família do século XXI, que é também fruto de evolução histórica, influenciado pelas ideias da Revolução Industrial, Revolução Francesa, Movimento Feminista e Psicanálise como um sistema e pensamento, tem como produto dessa evolução, em todo o ocidente, o princípio da dignidade humana, que é também o vértice do Estado Democrático de Direito. É este macroprincípio que autoriza a valorização da autonomia privada e menor intervenção do Estado na vida privada das pessoas. E, assim, o Direito de Família, ou melhor, o

Direito das Famílias, por ter absorvido o afeto como valor e princípio jurídico, estará cada vez mais contratualizado e diferenciando as famílias em conjugais e parentais. Tudo isto vem pressupondo um Estado laico. A partir da compreensão de que o sujeito de direitos é um sujeito desejante, o direito a ser humano, o respeito à autonomia de vontade, não apenas quebra velhos dogmas e paradigmas jurídicos, mas principalmente traz para a cena jurídica um dos mais importantes valores e princípios e sustentáculos do Direito: a liberdade. É assim que entenderemos, cada vez mais, e estaremos mais próximos da compreensão da essência da vida, que é dar e receber amor. Não é simples nem fácil. Mas essencial.

Referências

DIAS, Maria Berenice. *Manual de Direito das Famílias*. 14. ed. Salvador. Juspodivm. 2021.

GROENINGA, Giselle Câmara. Família: um caleidoscópio de relações. *In*: GROENINGA, Giselle Câmara; PEREIRA, Rodrigo da Cunha (Coord.). *Direito de família e psicanálise*. São Paulo: Imago, 2003. p. 125-142.

LÔBO, Paulo. Entidades Familiares Constitucionalizadas: para além do *numerus clausus*. Anais do III Congresso Brasileiro de Direito de Família. Família e cidadania. O novo CCB e *a vacatio legis*. Belo Horizonte: IBDFAM/ Del Rey, 2002, p. 95.

LÔBO, Paulo. *Direito Civil*: Famílias. 11. ed. São Paulo: Saraiva, 2021.

PEREIRA, Rodrigo da Cunha. União estável. *In*: PEREIRA, Rodrigo da Cunha. *Tratado de Direito das Famílias*. 3. ed. (Coord.). Belo Horizonte: IBDFAM, 2019.

PEREIRA, Rodrigo da Cunha. *Dicionário de Direito de Família e Sucessões Ilustrado*. 2. ed. São Paulo: Saraiva, 2018.

PEREIRA, Rodrigo da Cunha. *Direito das Famílias*. 2. ed. Rio de Janeiro: Forense, 2021.

VILLELA, João Baptista. Repensando o direito de família. *In*: PEREIRA, Rodrigo da Cunha (Coord.). Anais do I Congresso Brasileiro de Direito de Família. Repensando o direito de família. Belo Horizonte: Del Rey, 1999. p. 15-30.

Informação bibliográfica deste texto, conforme a NBR 6023:2018 da Associação Brasileira de Normas Técnicas (ABNT):

PEREIRA, Rodrigo da Cunha. Prospecções para o futuro do Direito das Famílias. Uma perspectiva interdisciplinar. *In*: EHRHARDT JÚNIOR, Marcos (Coord.). *Direito Civil*: Futuros Possíveis. Belo Horizonte: Fórum, 2022. p. 49-60. ISBN 978-65-5518-281-1.

REVOGAÇÃO DA LEI DE ALIENAÇÃO PARENTAL: RETROCESSOS POSSÍVEIS

LUCIANA BRASILEIRO,
GUSTAVO HENRIQUE BAPTISTA ANDRADE

Em sua história recente, o Brasil passou, inegavelmente, por um processo de inversão de valores em matéria de filiação, mais precisamente a partir do momento em que os filhos conquistaram um espaço de detenção de direitos. Deixaram de servir. Se antes a *função* era a de garantir a continuidade da família ou, ainda, contribuir para a manutenção do patrimônio familiar, atualmente o papel de sujeito de direitos prepondera, reconhecidas ainda as suas vulnerabilidades.

A Constituição Federal de 1988 inaugurou um catálogo de proteções à criança, ao jovem, ao adolescente e em seu art. 227 não só assegura sua proteção integral como sua inserção na comunidade de forma ampla, atribuindo à sociedade, ao Estado, mas também, e em primeiro lugar, à família, o dever de mantê-lo a salvo de toda forma de *negligência, discriminação, exploração, violência, crueldade e opressão*.

Mais do que isto, o §6º desse mesmo artigo assegurou a igualdade entre filhos, independentemente de sua origem. É o fim de um tenebroso e longo período de discriminação; o início de uma era de proteção. Proteção integral, como afirmado, e nos moldes do que assegura o Estatuto da Criança e do Adolescente (Lei nº 8.069/1990).

O espírito de assegurar também a ampla convivência familiar parece ter exercido influência para a inserção da guarda compartilhada no Código Civil, não só como uma das hipóteses de exercício da parentalidade, mas também como regime prioritário de convivência.

É uma conquista que insere homens e mulheres nos deveres parentais. Os pais deixam de ocupar o espaço de meros provedores. Assumem um papel historicamente ocupado pelas mães: o de cuidar.

A violência contra as crianças, inclusive no ambiente doméstico, além de ser coibida pela Constituição Federal, recebeu lei e nome: Lei Menino Bernardo (Lei nº 13.010/2014).

Para além do castigo físico, a violência psíquica ou o abuso no exercício da parentalidade foram igualmente tolhidos pela Lei de Alienação Parental (Lei nº 12.318/2010). Pela primeira vez, uma legislação substitui a expressão *poder familiar* por *autoridade parental*. Afastou o *poder* e responsabilizou a partir da *autoridade*. O objetivo da Lei é coibir a alienação parental, descrita como interferência na formação psicológica.

A alienação parental, na verdade, retrata um comportamento ou um conjunto de atitudes por parte de um dos genitores – este geralmente o que detém a guarda ou a convivência mais próxima com a criança.[1]

O efeito dessa prática sobre os envolvidos, inclusive para o alienante, é significativamente negativo, mas para as crianças é, sem dúvida alguma, devastador, causando-lhes problemas de ordem psicossocial bastante severos e que as acompanham até a vida adulta.

A edição da Lei nº 12.318/2010 vem seguida de anos de estudo e dedicação de juristas acerca do instituto, inexistindo qualquer vinculação de seu conteúdo a teorias ou práticas realizadas em outros países. A experiência estrangeira é sempre analisada, mas não pode ser simplesmente incorporada a determinado sistema jurídico, como um produto importado.

Nesse sentido, como já afirmado, é que a Lei da Alienação Parental visou justamente a proteção da criança e a prevenção dos casos de alienação, na tentativa de minimizar a prática odiosa e não incomum de muitos pais e mães, em geral após a ruptura do casamento ou da união estável, mas também presente durante a convivência do casal – de mais difícil percepção –, de desconstruir a figura do outro genitor, de fundamental importância para a formação da personalidade da criança e do adolescente e para sua realização como pessoa e membro de uma família, de um grupo, de uma sociedade. Há também, por óbvio, casos de alienação nas hipóteses em que os filhos advêm de namoros ou relacionamentos sem a presença de vínculos afetivos, quando sequer há coabitação.

---

[1] A Lei da Alienação Parental, em seu art. 2º, também admite como alienadores avós ou quaisquer pessoas que detenham alguma autoridade sobre a criança ou adolescente, parente ou não. LÔBO, Paulo. *Direito civil*. Famílias. São Paulo: Saraiva, 2017, p. 199.

A lei pode ser considerada ainda recente e tem demonstrado resultados positivos em sua aplicação e, muito mais do que isso, tem trazido uma paulatina mudança na percepção da alienação parental como algo culturalmente aceitável e isenta de imputação de responsabilidades. Não há mais espaço para que o desgaste e o esfacelamento dos relacionamentos entre os casais resvalem no bem-estar e na higidez física e psicológica de seus filhos.

A proteção integral da criança e do adolescente, como referido, está refletida na Constituição da República, de onde emana amplo feixe de direitos e garantias, tal como previsto em seu art. 227, e que devem ser tratados com absoluta prioridade, com vistas a salvaguardar o menor de toda forma de violência, crueldade e opressão, características que compõem o espectro da alienação parental.

Nesses dez anos de vigência da Lei nº 12.318/2010, completados no ano em que a humanidade precisou enfrentar uma crise de saúde sem precedentes, mais precisamente em agosto de 2020, foi possível perceber que a base estruturadora da sua aplicação deve se pautar na igualdade entre homens e mulheres,[2] incorporada de forma definitiva ao ordenamento brasileiro por intermédio da Constituição de 1988 e na proteção integral da criança e do adolescente. As dificuldades, ainda que sejam muitas, não podem servir de mote para a retirada da eficácia de um ato legislativo de tamanha importância, o que é possível ocorrer dada a existência de projetos nesse sentido, como adiante detalhado. A lei, como consabido, deve atender aos fins gerais de uma sociedade e o vetor de sua aplicação não pode se consubstanciar na exceção, mas a regra. Em outras palavras, o seu *leitmotiv*[3] é a proteção integral da criança ou do adolescente, não a *possibilidade* de se beneficiar um abusador diante de sua defesa sob a alegação de alienação parental. A essa última questão o Estado-Juiz e as instituições de auxílio à justiça estão aptos a analisar. Difícil crer em uma atuação fracassada do Poder Judiciário, do Ministério Público, das Defensorias Públicas, da Polícia, da Advocacia, das entidades de apoio psicossocial em casos como tais.

Questão importante a ser abordada é a necessidade da participação popular no processo de elaboração das leis. Os projetos e, de resto, todo o processo legislativo devem ser amplamente discutidos pela sociedade civil. Esse debate tem também o nítido propósito de legitimar a opção do legislador.

---

[2] MADALENO, Ana Carolina Carpes; MADALENO, Rolf. *Alienação parental*. Importância da detecção. Aspectos legais e processuais. Rio de Janeiro: Forense, 2021, p. 74.

[3] Termo de origem alemã, utilizado em Direito para denotar o significado de motivo condutor.

Diante da crescente busca pela garantia dos direitos fundamentais, um movimento tem chamado atenção, por se tratar de uma demanda que parece ter partido dos movimentos sociais: a proposta de revogação da lei de alienação parental.

Os movimentos sociais têm um papel importantíssimo para assegurar os direitos humanos e suas pautas são relevantes. O diálogo entre esses movimentos e o Direito sempre se mostrou muito distante e até dissociado. Aliás, o Judiciário sempre esteve muito afastado da população. A linguagem é diferente, a roupagem é outra.

Então, quando uma demanda advinda desses movimentos ganha luz, ela parece ser fundamental na pauta dos direitos humanos e da proteção das vulnerabilidades. Contudo, a proposta de revogação da lei de alienação parental parece um grande retrocesso. Não se propõe revogar uma lei que assegura a proteção de crianças de violência psíquica, porque essa é uma garantia constitucional.

Os movimentos contrários à Lei têm origem em movimentos sociais diversos e que, por consequência, aportaram no Poder Legislativo através de bancadas distintas de parlamentares. O primeiro decorre de movimentos ligados a igrejas, de cunho conservador e foi recepcionado por deputados e senadores ligados à pauta religiosa. O outro movimento, por sua vez, tem origem em organizações sociais de natureza progressista e pauta feminista, tendo sido abarcado de forma mais representativa pela bancada feminina de ambas as casas.

A princípio, o surgimento de tais movimentos estaria inserido no âmbito do debate democrático que deve nortear o processo legislativo. Porém, no caso específico da alienação parental, as pautas conservadora e progressista se fundiram no propósito de revogar a lei atualmente em vigência.

A bancada religiosa atribui à lei vigente a possibilidade de proteger pedófilos acusados de abuso praticados em seus próprios filhos, no momento em que o texto legislativo prevê que a mãe pode utilizar dita acusação como prática de alienação parental.

A concepção feminista enxerga na lei uma ferramenta opressora que impõe à mulher uma situação de vulnerabilidade ao acusar o pai da criança de abusador e ver-se enquadrada também como alienadora.

Apesar de existir um conjunto de normas que protegem as crianças, jovens e adolescentes, as estatísticas parecem ir ao caminho contrário. Ainda há pouco mais de 20% de guardas compartilhadas instituídas no Brasil, apesar de ser o regime prioritário; crianças ainda morrem vítimas de violência doméstica ou são abusadas sexualmente dentro de suas próprias casas.[4][5] O problema é estrutural, falta equipamento público para assegurar a proteção, que é também dever do Estado.

Em meio ao movimento de busca pelas soluções possíveis a um Judiciário que luta diariamente com a pouca estrutura para um número cada vez maior de processos; da implantação de uma justiça que dialoga mais com a tecnologia e com meios alternativos de solução de conflitos.

Ainda há muito a conquistar em matéria de famílias e talvez suplantar a cultura do conflito em uma sociedade que durante tanto tempo buscou culpados pelo fim da conjugalidade seja o enorme desafio.

Como já mencionado, a alienação, que decorre muitas vezes dos processos litigiosos de disputa pela guarda, tem uma lei que surgiu a partir, inclusive, da necessidade de fomento da guarda compartilhada.

Ela possui em seu art. 6º um rol de medidas que deverão ser tomadas pelo Judiciário na hipótese de verificação de sua ocorrência. Em último plano estará a hipótese de suspensão da autoridade parental.

Mas, antes disso, a advertência, a aplicação de multa, a inversão da guarda e a determinação de acompanhamento psicológico parecem dar a tônica do que pretende a lei: fazer com que os pais exerçam a parentalidade de forma responsável e saudável.

Reconhecer suas falhas é um ponto importante, pois ela carece de novos estudos e de aperfeiçoamento. Mas a sua revogação parece representar um futuro de possíveis retrocessos. Porque uma lei que reconhece a violência psíquica como hipótese de medidas pedagógicas pelo Judiciário ainda é fundamental numa sociedade moldada para o conflito em matérias familiares.

O ponto nodal que envolve a revogação da lei reside no art. 2º, inciso VI, que prevê como ato de alienação parental a falsa acusação de abuso sexual. Mais do que isso, a falsa acusação é crime.

Mas o que os movimentos contrários à lei suscitam é o fato de que a aplicação das medidas previstas no art. 6º, notadamente a inversão da guarda, tem sido utilizada como mecanismo de defesa nos casos de denúncia de abuso sexual. Ou seja, as mães que vão ao Judiciário acusar casos de abuso sexual praticados contra seus filhos estariam

---

[4]   Mais de 70% da violência sexual contra crianças ocorre dentro de casa. Disponível em: https://agenciabrasil.ebc.com.br/direitos-humanos/noticia/2019-05/mais-de-70-da-violencia-sexual-contra-criancas-ocorre-dentro-de, acesso em: 30 jul. 2021.

[5]   Três crianças ou adolescentes são abusadas sexualmente no Brasil a cada hora. Disponível em: https://crianca.mppr.mp.br/2020/03/231/ESTATISTICAS-Tres-criancas-ou-adolescentes-sao-abusadas-sexualmente-no-Brasil-a-cada-hora.html, acesso em: 30 jul. 2021.

sendo acusadas de alienadoras e sendo afastadas do exercício da guarda pelos pais abusadores.

De fato, os números de abuso sexual no ambiente doméstico são alarmantes, como já mencionado. Mas a lei de alienação parental não se presta a defender nenhum outro ator, mas tão somente a criança da violência psíquica.

E essa violência não está resumida à falsa acusação de abuso sexual, mas a diversos outros atos que ocorrem com certa frequência no cotidiano de conflitos de guarda.

A revogação da lei não vai representar o fim da prática de abusos sexuais, infelizmente. Fosse esse o objetivo, sua revogação seria válida e urgente. A responsabilidade de medidas contra essa prática é do Estado, da polícia e do Judiciário.

Igualmente, a prática de alienação merece uma nova visão porque a lei precisa ser debatida, a partir de um aperfeiçoamento não apenas de sua letra, mas dos equipamentos capazes de assegurar seu cumprimento. É preciso ter equipes qualificadas para a escuta de crianças vítimas de violência psíquica, com espaços estruturados para depoimentos acolhedores. Necessário conscientizar a população sobre o significado da alienação e suas consequências. Urgente sensibilizar os agentes do Judiciário para que não se vulgarizem as demandas que tratem do tema, porque só há lugar para aplicação das medidas de coibição da alienação nas hipóteses de atos contínuos, semelhantes ao assédio.

O futuro é esse. Judiciário equipado e preparado para dialogar com a sociedade numa linguagem possível. O futuro sem a lei de alienação parental parece ser um *museu de grandes novidades*, é um futuro que repete o passado, de crianças coisificadas e longe do centro da atenção da família, da sociedade e do Estado.

Referências

AGÊNCIA BRASIL. *Mais de 70% da violência sexual contra crianças ocorre dentro de casa* Disponível em: https://agenciabrasil.ebc.com.br/direitos-humanos/noticia/2019-05/mais-de-70-da-violencia-sexual-contra-criancas-ocorre-dentro-de.

LÔBO, Paulo. *Direito civil*. Famílias. São Paulo: Saraiva, 2017.

MADALENO, Ana Carolina Carpes; MADALENO, Rolf. *Alienação parental*. Importância da detecção. Aspectos legais e processuais. Rio de Janeiro: Forense, 2021.

MINISTÉRIO PÚBLICO DO PARANÁ. *ESTATÍSTICAS – Três crianças ou adolescentes são abusadas sexualmente no Brasil a cada hora*. Disponível em: https://crianca.mppr.mp.br/2020/03/231/ESTATISTICAS-Tres-criancas-ou-adolescentes-sao-abusadas-sexualmente-no-Brasil-a-cada-hora.html.

Informação bibliográfica deste texto, conforme a NBR 6023:2018 da Associação Brasileira de Normas Técnicas (ABNT):

BRASILEIRO, Luciana; ANDRADE, Gustavo Henrique Baptista. Revogação da Lei de Alienação Parental: retrocessos possíveis. *In*: EHRHARDT JÚNIOR, Marcos (Coord.). *Direito Civil*: Futuros Possíveis. Belo Horizonte: Fórum, 2022. p. 61-67. ISBN 978-65-5518-281-1.

O DIREITO SUCESSÓRIO BRASILEIRO E O SEU NAVEGAR (IM)PRECISO

**GISELDA MARIA FERNANDES NOVAES HIRONAKA,
JOÃO RICARDO BRANDÃO AGUIRRE**

1 A travessia rumo à funcionalização do Direito das Sucessões

> *"O objetivo de toda vida é a morte."*
> (Sigmund Freud)

Pela leitura da aguda frase do criador da Psicanálise, tem-se a exata noção da finitude da vida, em sua implacável certeza. A morte encerra a existência humana e, no plano jurídico, põe termo à personalidade, operando a abertura da sucessão e produzindo relevantes efeitos jurídicos.

Neste cenário, o Direito das Sucessões constitui o *locus* para o regramento dos efeitos decorrentes da abertura da sucessão no Direito Privado, historicamente tratado como o espaço reservado à normatização de situações jurídicas patrimoniais, com o fim de regulamentar a transmissão do patrimônio do autor da herança.

De fato, o sistema clássico, instituído pelo Código Civil Francês de 1804, que tanto influenciou o antigo Código Civil (Lei nº 3.071/16) e grande parte dos doutrinadores brasileiros na primeira metade do século XX, foi edificado sobre um paradigma estribado, essencialmente, dentro da órbita dos direitos patrimoniais. Não por acaso, Clóvis Beviláqua define o Direito das Sucessões como "o complexo de princípios, segundo os quais se realiza a transmissão do patrimônio de alguém, que deixa de existir".[1] Neste mesmo sentido, Orlando Gomes define o Direito das Sucessões como "a parte especial do Direito Civil que regula a destinação do patrimônio de uma pessoa depois de sua morte".[2]

O Direito das Sucessões era tratado, primordialmente, como o conjunto de regras destinadas a regular a transmissão do patrimônio do morto para os seus herdeiros ou legatários. A passagem para um sistema existencialista, sinalada pela tutela da pessoa humana e de sua dignidade, operou-se, apenas, com a Constituição Federal de 1988 e a consequente ruptura com o sistema clássico e sua concepção patrimonialista.

Dentre os novos paradigmas trazidos pela Constituição de 1988, destaca-se a função prestacional do ordenamento, com vistas à concretização do bem-estar social e da tutela preeminente da pessoa humana, sem que isso signifique o cercear de sua liberdade existencial, em uma leitura das normas de Direito Privado em conformidade com a ordem constitucional e sua base axiológica. Nesta senda, funcionalizam-se as relações jurídicas patrimoniais, com vistas à tutela dos direitos existenciais e à assunção da tábua de valores constitucionais como cânone de todo o sistema jurídico.

A passagem de um sistema primordialmente patrimonial para aquele existencial, que esteia nossa Constituição, resultou em profunda transformação em nosso ordenamento, a impor o repensar do papel do Estado, para tornar efetivas as condições que permitam o desenvolvimento das relações pessoais, em um modelo promocional capaz de afirmar existência digna à pessoa humana e garantir a liberdade para a construção de seu projeto existencial, em busca da efetivação dos princípios da solidariedade social, da cooperação e da dignidade da pessoa humana.

Neste contexto, releva-se a função social do Direito Sucessório, compelindo à necessária releitura do direito privado, em direção à diretriz humanística constitucional em que se privilegia a tutela da pessoa, não mais em uma perspectiva materialista, mas partindo-se de um paradigma personalista e solidarista. Os fundamentos do Direito Sucessório vão além do simples regramento acerca da destinação do patrimônio do autor da herança, para remontar à tutela dos direitos existenciais, em consonância com a ordem de valores da Constituição

---

[1] BEVILÁQUA, Clóvis. *Direito das sucessões*. Rio de Janeiro: Rio Editora, 1983. p. 14.

[2] GOMES, Orlando. *Sucessões*. 17. ed. rev. e atual. por Mario Roberto Carvalho de Faria. Rio de Janeiro: Forense, 2019.

Federal de 1988. As situações jurídicas patrimoniais decorrentes da abertura da sucessão encontram-se funcionalizadas com vistas à promoção dos valores existenciais, através da cláusula geral de tutela da personalidade e da dignidade humana.

No entanto, o Código Civil de 2002 nasceu anacrônico, oferecendo modelos ultrapassados e ainda alicerçados no anoso sistema clássico. Quando de sua promulgação, a Constituição Federal de 1988 já contava com 14 anos de vigência, a significar que o legislador infraconstitucional teve prazo mais que suficiente para promover a devida adequação à nova ordem constitucional, o que infelizmente não ocorreu.

Decerto, o Código de 2002 majoritariamente baseou-se nos valores que predominavam ao tempo de sua projeção, vale dizer, a década de 70 do anterior século. Como bem assevera a coautora Giselda Hironaka: "Um Código duplamente velho. Velhice cronológica e velhice ideológica...".[3] Essa, também, é a opinião do Ministro Luiz Edson Fachin, ao salientar que o grande defeito do Código de 2002 foi o de "alinhar-se, em boa parte, com a presentificação do pretérito, sem grandes contributos à realidade efetiva do programa constitucional".[4]

Especialmente no que se refere ao Direito das Sucessões, o atual Código optou pela reprodução de diversos dispositivos pretéritos, os quais já não se encontravam em consonância com a nova ordem constitucional e nem mesmo com a realidade social, como é o caso, *v.g.*, da manutenção de vetustas formas especiais de testamento ou da imperativa proibição à liberdade do autor da herança para celebrar negócios jurídicos bilaterais estabelecendo disposições de última vontade.

Em outros casos, o legislador acabou por inovar, como ocorre na concorrência sucessória do cônjuge com os descendentes e os ascendentes do falecido, prevista pelos incisos I e II do art. 1.829, ou mesmo no estabelecimento da reserva mínima de ¼ da herança cabível ao cônjuge sobrevivente quando for ascendente dos demais herdeiros do falecido e com eles concorrer, na dicção do art. 1.832. Todavia, a redação de mencionados dispositivos não primou pela clareza, induzindo a interpretações das mais divergentes, dando origem a intensa controvérsia, a demandar o intenso labor de doutrina

---

[3] Em palestra proferida no Congresso Nordestino em Homenagem a Paulo Luiz Netto Lôbo – Democratização das Relações Jurídico-Familiares. Tema: "Por uma atualização democrática do Direito das Sucessões".

[4] FACHIN, Luiz Edson. *Direito civil*: sentidos, transformações e fim. Rio de Janeiro: Renovar, 2015. p. 75.

e jurisprudência em busca de soluções para os problemas resultantes de normas desafortunadamente dúbias.

Com efeito, com o advento do Código Civil de 2002, operou-se em nosso sistema significativa mudança nas regras atinentes à ordem de vocação hereditária, pautada, primordialmente, pela relevante alteração na condição do cônjuge sobrevivente, que deixou de figurar apenas na terceira posição da linha sucessória, para ascender ao primeiro posto, em concorrência com os descendentes do falecido (salvo algumas exceções), e, também, ao segundo posto, em concorrência com os ascendentes do falecido (neste caso, sem exceções).

Pela regra do inciso I do art. 1.829 do Código Civil brasileiro, o cônjuge sobrevivente concorre com os descendentes do falecido à sua herança. Contudo, referida norma apresenta exceções, expressas no inciso I, afastando a concorrência entre os descendentes e o cônjuge do falecido, quando casados *i)* no regime da comunhão universal; ou *ii)* no da separação obrigatória de bens; ou *iii)* se, no regime da comunhão parcial, o autor da herança não houver deixado bens particulares.[5]

Após ruidosa controvérsia acerca da interpretação do inciso I do referido art. 1.829, a Segunda Seção do Superior Tribunal de Justiça se reuniu, em abril de 2015, para julgar o REsp 1.368.123/SP, a fim de consolidar o entendimento acerca da concorrência do cônjuge com os descendentes, quando casado com o falecido no regime de comunhão parcial, fazendo-o da seguinte forma:

> RECURSO ESPECIAL. CIVIL. DIREITO DAS SUCESSÕES. CÔNJUGE SOBREVIVENTE. REGIME DE COMUNHÃO PARCIAL DE BENS. HERDEIRO NECESSÁRIO. EXISTÊNCIA DE DESCENDENTES DO CÔNJUGE FALECIDO. CONCORRÊNCIA. ACERVO HEREDITÁRIO. EXISTÊNCIA DE BENS PARTICULARES DO DE CUJUS. INTER-PRETAÇÃO DO ART. 1.829, I, DO CÓDIGO CIVIL. VIOLAÇÃO AO ART. 535 DO CPC. INEXISTÊNCIA. 1. Não se constata violação ao art. 535 do Código de Processo Civil quando a Corte de origem dirime, fundamentadamente, todas as questões que lhe foram submetidas. Havendo manifestação expressa acerca dos temas necessários à integral solução da lide, ainda que em sentido contrário à pretensão da parte, fica afastada qualquer omissão, contradição ou obscuridade. 2. Nos

---

[5] Art. 1.829. A sucessão legítima defere-se na ordem seguinte: I – aos descendentes, em concorrência com o cônjuge sobrevivente, salvo se casado este com o falecido no regime da comunhão universal, ou no da separação obrigatória de bens (art. 1.640, parágrafo único); ou se, no regime da comunhão parcial, o autor da herança não houver deixado bens particulares; II – aos ascendentes, em concorrência com o cônjuge; III – ao cônjuge sobrevivente; IV – aos colaterais.

termos do art. 1.829, I, do Código Civil de 2002, o cônjuge sobrevivente, casado no regime de comunhão parcial de bens, concorrerá com os descendentes do cônjuge falecido somente quando este tiver deixado bens particulares. 3. A referida concorrência dar-se-á exclusivamente quanto aos bens particulares constantes do acervo hereditário do de cujus. 4. Recurso especial provido. (REsp 1368123/SP, Rel. Ministro Sidnei Beneti, Rel. p/ Acórdão Ministro Raul Araújo, Segunda Seção, julgado em 22/04/2015, *DJe* 08.06.2015)

Na mesma data, decidiu o Recurso Especial nº 1.382.170/SP, para consolidar o entendimento acerca da concorrência do cônjuge com os descendentes, quando casado com o falecido no regime de separação total convencional, consoante se infere da ementa ora transcrita:

CIVIL. DIREITO DAS SUCESSÕES. CÔNJUGE. HERDEIRO NECESSÁRIO. ART. 1.845 DO CC. REGIME DE SEPARAÇÃO CONVENCIONAL DE BENS. CONCORRÊNCIA COM DESCENDENTE. POSSIBILIDADE. ART. 1.829, I, DO CC. 1. O cônjuge, qualquer que seja o regime de bens adotado pelo casal, é herdeiro necessário (art. 1.845 do Código Civil). 2. No regime de separação convencional de bens, o cônjuge sobrevivente concorre com os descendentes do falecido. A lei afasta a concorrência apenas quanto ao regime da separação legal de bens prevista no art. 1.641 do Código Civil. Interpretação do art. 1.829, I, do Código Civil. 3. Recurso especial desprovido. (REsp 1382170/SP, Rel. Min Moura Ribeiro, Rel. p/ Acórdão Min João Otávio de Noronha, Segunda Seção, j. 22.04.2015)

Outrossim, no que tange à intricada redação do art. 1.832 do Código Civil,[6] que regula a concorrência sucessória entre os descendentes e o consorte sobrevivo, reservando uma quota mínima de ¼ da herança ao cônjuge sobrevivente nas hipóteses em que for ascendente dos demais herdeiros do falecido, existiu dissenso nos casos em que o falecido tenha deixado descendentes comuns e descendentes exclusivos, com os quais concorram o cônjuge ou o companheiro sobrevivo, no que se convencionou chamar de concorrência híbrida, denominação cunhada pela coautora Giselda Hironaka.[7]

A dúvida que remanescia, diante da ausência de previsão legislativa para a hipótese, dizia respeito, enfim, ao fato de se buscar

---

[6] Art. 1.832. Em concorrência com os descendentes (art. 1.829, inciso I) caberá ao cônjuge quinhão igual ao dos que sucederem por cabeça, não podendo a sua quota ser inferior à quarta parte da herança, se for ascendente dos herdeiros com que concorrer.

[7] HIRONAKA, Giselda Maria Fernandes Novaes. *Morrer e suceder*: passado e presente da transmissão sucessória concorrente. São Paulo: Revista dos Tribunais, 2013.

saber se prevalecia, ou não, a regra de *reserva da quarta parte dos bens sobre os quais incidisse a concorrência sucessória*, a favor do cônjuge/companheiro sobrevivo, em concorrência com os descendentes comuns *mais* os descendentes exclusivos do autor da herança. Em decisão datada de junho de 2019, o Superior Tribunal de Justiça determinou que a solução seria a de *não reservar a quarta parte* da herança para o cônjuge ou companheiro sobrevivente, consoante se infere da leitura dos itens 6, 7, 8 e 9 da ementa do acórdão proferido nos autos do *REsp 1617650/RS*:

> 6. A interpretação mais razoável do enunciado normativo do art. 1.832 do Código Civil é a de que a reserva de 1/4 da herança restringe-se à hipótese em que o cônjuge ou companheiro concorrem com os descendentes comuns. Enunciado 527 da Jornada de Direito Civil. 7. A interpretação restritiva dessa disposição legal assegura a igualdade entre os filhos, que dimana do Código Civil (art. 1.834 do CCB) e da própria Constituição Federal (art. 227, § 6º, da CF), bem como o direito dos descendentes exclusivos não verem seu patrimônio injustificadamente reduzido mediante interpretação extensiva de norma. 8. Não haverá falar em reserva quando a concorrência se estabelece entre o cônjuge/companheiro e os descendentes apenas do autor da herança ou, ainda, na hipótese de concorrência híbrida, ou seja, quando concorrem descendentes comuns e exclusivos do falecido. 9. Especificamente na hipótese de concorrência híbrida o quinhão hereditário do consorte há de ser igual ao dos descendentes. 10. RECURSO ESPECIAL PARCIALMENTE PROVIDO. (REsp 1617650/RS, Rel. Ministro Paulo de Tarso Sanseverino, Terceira Turma, julgado em 11.06.2019, *DJe* 01.07.2019)

Outro dispositivo do Código Civil de 2002 objeto de agudas críticas era o art. 1.790, posto estabelecer um regime sucessório bastante prejudicial aos companheiros se comparado àquele reservado aos cônjuges. Pautado por antiquada ideologia alicerçada na supremacia da família matrimonializada, o artigo em comento, além de conter redação difusa e repleta de lacunas, reservava aos companheiros sobreviventes direitos sucessórios no mais das vezes bastante inferiores àqueles garantidos aos cônjuges.

A regra infeliz do art. 1.790 CC nasceu padecendo da "grave doença" da inconstitucionalidade e exigiu da sociedade brasileira, mormente a jurídica, o clamor pela sua revogação. Felizmente, em 10 de maio de 2017, o Supremo Tribunal Federal julgou o tema de Repercussão Geral 809 e fixou a seguinte tese:

Decisão: O Tribunal, apreciando o tema 809 da repercussão geral, por maioria e nos termos do voto do Ministro Relator, deu provimento ao recurso, para reconhecer de forma incidental a inconstitucionalidade do art. 1.790 do CC/2002 e declarar o direito da recorrente a participar da herança de seu companheiro em conformidade com o regime jurídico estabelecido no art. 1.829 do Código Civil de 2002, vencidos os Ministros Dias Toffoli, Marco Aurélio e Ricardo Lewandowski, que votaram negando provimento ao recurso. Em seguida, o Tribunal, vencido o Ministro Marco Aurélio, fixou tese nos seguintes termos: "É inconstitucional a distinção de regimes sucessórios entre cônjuges e companheiros prevista no art. 1.790 do CC/2002, devendo ser aplicado, tanto nas hipóteses de casamento quanto nas de união estável, o regime do art. 1.829 do CC/2002". Ausentes, justificadamente, os Ministros Dias Toffoli e Celso de Mello, que votaram em assentada anterior, e, neste julgamento, o Ministro Luiz Fux, que votou em assentada anterior, e o Ministro Gilmar Mendes. Não votou o Ministro Alexandre de Moraes, sucessor do Ministro Teori Zavascki, que votara em assentada anterior. Presidiu o julgamento a Ministra Cármen Lúcia. Plenário, 10.5.2017. (grifamos)

Como se vê, longa é a travessia para a consolidação dos fundamentos do paradigma existencialista constitucional no Direito Sucessório brasileiro, ainda ancorada em legislação infraconstitucional fortemente influenciada pelas diretrizes do sistema clássico e sua tutela preeminente das relações patrimoniais. As transformações sociais e a verdadeira transfiguração das relações afetivas instam por mudanças no rígido e antiquado regramento sucessório, o que se tornou ainda mais premente com o advento da pandemia da covid-19.

2 Os mares tormentosos da pandemia da covid-19 e seus reflexos no Direito Sucessório

Escrito no espinhoso período em que todos somos assolados por um vírus letal, o presente artigo não pode deixar de levar em consideração a realidade jamais imaginada que atravessamos, a qual impõe inúmeros desafios, obriga à mudança radical de hábitos e impele à reflexão. No momento em que essas linhas são escritas, mais de 450 mil pessoas perderam suas vidas, só em nosso país, em decorrência do inclemente vírus do SARS-CoV-2, usualmente chamado de coronavírus. Por trás de impassíveis números, há nomes e trajetórias. Famílias inteiras sucumbiram em reduzidos lapsos temporais[8] nessa tragédia que invade os lares sem bater às portas, a impelir outras rotinas e a transformar as perspectivas.

O forçoso confinamento transforma o trato social, ditando novas normas de conduta e transfigurando a vida cotidiana. Compelidos a uma convivência diuturna, casais sucumbem ao estresse, num aumentar dos pedidos de divórcio e, pior, dos casos de violência doméstica. Outros, há anos desfeitos, enfrentam as novas vicissitudes impostas pela ordem pandêmica, a fim de adequarem o regime de convivência dos filhos comuns ou fazerem frente às obrigações alimentares em tempos de redução considerável das fontes de renda e do aumento nos índices de desemprego.

Idosos, por sua vez, são tragados para o vórtice da pandemia, vítimas potenciais da covid-19. Isolados e temerosos, perdem o necessário convívio social e sofrem na solidão. Muitos caem em depressão, outro flagelo da vida moderna. Felizmente, em alguns centros, a vacinação tem chegado a tempo de minorar essas consequências tão lesivas e trazer esperança de tempos melhores. Mas não serão os mesmos do período pré-pandêmico, eis que o espectro deixado pela devastação causada pelo coronavírus persistirá por longo período.

Nesse triste cenário avulta a importância do repensar o Direito Sucessório, a fim de buscar soluções mais dinâmicas para os terríveis efeitos decorrentes da pandemia, eis que a complexidade das disposições previstas nos artigos 1.829 e seguintes do Código Civil, no emaranhado de regras e exceções da concorrência sucessória, dificulta a sua apreensão para expressiva parcela da população.

---

[8] "Cinco de seis irmãos morrem de Covid-19 em Santa Catarina. Família perdeu o pai também para a doença; mortes ocorreram em intervalo de 39 dias" (*Folha de S.Paulo*, edição de 13 de maio de 2021, disponível em https://www1.folha.uol.com.br/equilibrioesaude/2021/05/cinco-de-seis-irmaos-morrem-de-covid-19-em-santa-catarina.shtml?origin=folha. Acesso em: 28 maio 2021). "Em 11 dias, pai, mãe e irmãos morrem vítimas de covid na região. Família inteira se contaminou e não resistiu à infecção" (*A Cidade/On Ribeirão Preto/SP*, edição de 26 de março de 2021, disponível em https://www.acidadeon.com/ribeiraopreto/cotidiano/cidades/NOT,0,0,1595615,em+11+dias+pai+mae+e+irmaos+morrem+vitimas+de+covid+na+regiao.aspx. Acesso em: 28 maio 2021). "Internada com Covid, grávida tem bebê prematura e as duas morrem por complicações: 'Tudo interrompido', diz noivo. Natália de Siqueira, de 30 anos, tinha perdido o pai havia cerca de um mês por causa do coronavírus e também contraiu a doença, em Marília (SP). Quando morreu, jovem já estava curada da Covid, e mãe e filha foram enterradas juntas" (*G1 – Bauru e Marília*, edição de 28 de maio de 2021, disponível em: https://g1.globo.com/sp/bauru-marilia/noticia/2021/05/28/apos-ser-internada-com-covid-gravida-tem-bebe-prematura-e-as-duas-morrem-por-complicacoes-foi-tudo-interrompido-diz-noivo.ghtml. Acesso em: 29 maio 2021).

Ademais, a proximidade da morte fez com que as pessoas passassem a pensar em seus efeitos, seja no plano espiritual, seja no prático, o que resultou na procura por respostas para as questões decorrentes da abertura da sucessão. Desde a precaução com os tratamentos e paliativos para a chegada do momento não desejado, a resultar no incremento das Diretivas Antecipadas de Vontade, passando pela expansão do número de disposições de última vontade, até chegar aos mais elaborados planejamentos sucessórios, é fato que a preocupação com o implacável vírus provocou uma considerável onda de novas demandas para o Direito das Sucessões.

Algumas delas obtiveram resposta eficiente, como é o caso, por exemplo, da edição do Provimento nº 100 do Conselho Nacional de Justiça, o qual – considerando a Orientação nº 9, de 13 de março de 2020, da Corregedoria Nacional de Justiça, firmando a necessidade de as Corregedorias-Gerais do Poder Judiciário nacional observarem medidas temporárias de prevenção ao contágio pelo novo coronavírus (covid-19) – "dispõe sobre a prática de atos notariais eletrônicos utilizando o sistema e-Notariado, cria a Matrícula Notarial Eletrônica-MNE e dá outras providências".

Com o advento de referido Provimento, o Conselho Nacional de Justiça propiciou a modernização da prática dos atos notariais, respondendo às demandas da realidade pandêmica, que verdadeiramente arremessou o trato social para o mundo virtual, criando exigências de adequação para as relações jurídicas e administrativas. No que se refere à sucessão, a abertura da via *on-line* para a prática dos atos notariais representou a possibilidade de outorga de testamentos públicos pela via virtual, o que, sem sombra de dúvidas, significa um sopro de atualização nas vetustas formas de testamento previstas pelo Código Civil de 2002.

Contudo, outras demandas voltadas à renovação do Direito Sucessório e à sua adequação aos novos tempos ainda permanecem patentes, clamando por soluções que respondam aos anseios de uma sociedade infinitamente distinta daquela em que o sistema clássico foi idealizado.

3   Em busca do remanso

A turbulenta travessia do Direito Sucessório clama por paragem remansosa, em que se encontrem soluções para os problemas decorrentes do decesso que sejam mais consentâneas com a atual quadra dos acontecimentos e respondam às demandas da contemporaneidade.

A constante transformação do trato social fez surgir novos arranjos familiares, os amores tornaram-se líquidos, como tão bem nos mostrou Bauman,[9] e as relações afetivas ficaram cada vez mais fluidas, estimulando a busca por ajustes patrimoniais diferentes daqueles tipificados em nosso ordenamento.

Já vimos que a participação dos tribunais, fundada em copiosa construção doutrinária, pavimentou caminhos com vistas a ordenar os regimes sucessórios de cônjuges e companheiros, bem como as complexas normas atinentes à concorrência com os descendentes do falecido, trazidos ao ordenamento com o Código Civil de 2002, que não foi promulgado em conexão com o alvorecer do século XXI. Ao contrário, refletiu apenas o perfil oitocentista que já qualificava a legislação anterior (1916), baseada nos arcaicos pilares do patrimonialismo, do individualismo, do voluntarismo e do conservadorismo em sede familiar.

Por esta razão, há ainda muito o que avançar para corrigir o anacronismo da lei e a indisposição do legislador de observar e analisar a mudança do mundo, da vida e das pessoas que compõem a família, a fim de melhor adequar o Direito Sucessório brasileiro à realidade social, razão pela qual os presentes autores expõem a seguir algumas de suas reflexões buscando o seu aprimoramento.

a) Maior autonomia para as disposições de última vontade

A dinâmica mutação das relações sociais e o vertiginoso avanço da tecnologia promoveram colossal transfiguração nos relacionamentos, especialmente os afetivos, bem como na composição patrimonial, antes assentada primordialmente na propriedade imobiliária, para, presentemente, difundir-se em investimentos, aplicações financeiras, valores mobiliários, planos de previdência privada, além do chamado acervo digital, a abranger os dados pessoais presentes nas redes sociais e o contingente de bens armazenados virtualmente, tais como fotografias, mensagens, depoimentos, e-mails, vídeos, contas bancárias etc. Como consequência, aumentou significativamente o número de sujeitos que buscam regulamentar a disposição de seu patrimônio para depois da abertura da sucessão de forma diversa daquela estabelecida pela rígida ordem de vocação hereditária do Código Civil de 2002, a resultar em

---

[9] BAUMAN, Zygmunt. *Amor líquido*: sobre a fragilidade dos laços humanos. Tradução Carlos Alberto de Medeiros. Rio de Janeiro: Zahar, 2004.

considerável evolução dos chamados planejamentos sucessórios, em revigorante exercício da autonomia privada.[10]

No solo profícuo da autonomia privada brotam inúmeros planos sucessórios com vistas a dar vazão às mais distintas pretensões, no exercício do poder de autodeterminação que faz o Direito Civil espaço tão privilegiado no âmbito das relações jurídicas, posto que concessor da faculdade de se estabelecer as próprias regras e criar um ordenamento próprio. Contudo, a liberdade concedida pela ordem jurídica para a autorregulamentação tem amplitude vária, a depender do objeto da relação jurídica, o que faz com que o espaço de liberdade jurígena do Direito das Obrigações seja mais amplo do que no Direito de Família ou no das Sucessões, em que normas de ordem pública incidem com muito mais intensidade.

Isso significa que os atores de um plano sucessório não possuem a mesma autonomia para o exercício de seu poder de autorregulamentação que aqueles sujeitos que estabelecem disposições contratuais pautadas exclusivamente pelo Direito Obrigacional. Essa acepção ilimitada da autonomia privada desconsidera imposições legais de ordem pública imanentes ao Direito de Família e ao Direito das Sucessões, levando a declaração da invalidade dos arranjos formulados com base em uma ideia irrestrita da liberdade para a pactuação sucessória.

De fato, na profusão de planejamentos sucessórios, muitos contêm disposições estabelecendo o afastamento de direitos garantidos pelo Código Civil, especialmente no que se refere à concorrência sucessória dos descendentes para com o cônjuge e, desde maio de 2017, também para com o companheiro do falecido.[11] Partindo de concepção expandida da autonomia privada no Direito das Sucessões, supostamente concessora de um espaço de liberdade ilimitado para as disposições de última vontade, fervilham planos continentes de dispositivos que afastam direitos sucessórios de seus signatários, atentando contra normas cogentes e relegando a estrutura lógica do sistema ordenado pelo Código Civil.

---

[10] "Para além das meras alterações legislativas, [...] o envelhecimento populacional, o prolongamento da expectativa de vida, a queda nas taxas de natalidade, os novos arranjos familiares, a perda crescente de referenciais religiosos e o desejo de blindar as empresas contra disputas entre herdeiros têm-se revelado como fatores determinantes para uma repaginação do Direito Sucessório, cada vez mais aberto à autonomia privada" (RODRIGUES JR., Otavio Luiz. *Direito civil contemporâneo*. Rio de Janeiro: Forense. E-book. Posições 4297 a 4304).

[11] Supremo Tribunal Federal – tema de Repercussão Geral nº 809 (Recurso Extraordinário nº 646.721/RS e Recurso Extraordinário nº 878.694/MG).

Neste diapasão, é importante salientar que a liberdade das disposições de última vontade encontra rigorosos limites no Direito Sucessório, cuja rigidez sistemática ancora-se na imperativa proibição da cessão e da renúncia a direitos hereditários em momento anterior ao da abertura da sucessão. Atos jurídicos que tenham por objeto fraudar essa proibição legal são nulos pela regra do art. 166, inciso VI, do Código Civil. Ademais, também limitam a autonomia da pactuação sobre direitos sucessórios a norma do art. 426, que proíbe a celebração dos pactos sucessórios; o preceito do art. 1.808, proibindo a renúncia sob condição ou a termo; a regra do §1º do art. 1.857, que veda a inclusão em testamento da legítima dos herdeiros necessários; a previsão expressa do inciso I do art. 1.900, estabelecendo a nulidade das disposições que instituam herdeiro ou legatário sob a condição captatória de que este disponha, também por testamento, em benefício do testador, ou de terceiro; a imposição da necessária indicação de justa causa para a aposição de cláusula de inalienabilidade, impenhorabilidade e incomunicabilidade sobre os bens da legítima, do art. 1.848; a proibição do testamento conjuntivo, seja simultâneo, recíproco ou correspectivo, expressa pelo art. 1.863; a disposição dos arts. 1.967 e 1.968 acerca da redução das disposições testamentárias; e, por óbvio, as próprias regras que garantem a legítima dos herdeiros necessários, dos art. 1.789 e 1.845 a 1.849, além daquelas atinentes à colação, dos arts. 2.002 e seguintes.

Como se vê, existe extensa gama de limitações às disposições de última vontade trazidas pelo austero regime sucessório estabelecido pelo Código Civil, e os planos sucessórios esteados em concepção desmedida da autonomia privada, que tenham por objeto a disposição de direitos sucessórios, em especial aqueles que estabelecem a sua renúncia ou o afastamento da concorrência entre descendentes e cônjuges ou companheiros, são inválidos, por nulidade decorrente de fraude à lei imperativa, nos exatos termos do inciso VI do art. 166 do Código Civil, bem como por afronta às regras proibitivas dos arts. 426 e 1.808 de nosso Código Civil.

Contudo, os novos arranjos familiares e as transformações do trato social, de que tratamos no início deste tópico, clamam pela necessária revisão de nosso sistema, a fim de se ampliarem os espaços da autonomia privada no Direito de Família e, também, no Direito das Sucessões.

Essa transformação do Direito Sucessório brasileiro, todavia, deve se dar a partir de reforma legislativa capaz de ampliar os espaços de liberdade no âmbito do Direito de Família e no Direito das Sucessões, a responder às já referidas transformações no trato social e nas relações afetivas, que permita a celebração de pactos ainda em vida pelo autor da herança e que tenham por objeto suas disposições de última vontade, com a necessária alteração das normas proibitivas do art. 426 e do art. 1.808 do Código Civil. Privilegia-se, assim, a autonomia privada, princípio essencial para o desenvolvimento das relações humanas, posto consistir em alicerce básico da convivência social, mas dentro das raias da legalidade e não de uma concepção generalizada de que tudo é possível sob o estandarte da liberdade contratual.

b) Revisão da legítima

No Brasil, a obrigatoriedade da legítima foi incluída no Código Civil de 1916, embora já naquela época houvesse discussões acerca da manutenção ou não do instituto. Clóvis Beviláqua relatou que, na tramitação do projeto daquele Código, a regra da plena liberdade de testar – sem qualquer proteção da legítima – chegou a ser aprovada no Senado, mas foi rejeitada na Câmara dos Deputados. Deve-se pontuar que aquele jurista era contra o fim da legítima, por entender que esse instituto protegia a função social da herança, enquanto instrumento de proteção e perpetuação da família.

Como tão bem todos sabemos, o Direito é vivo e deve acompanhar a evolução das sociedades, tornando indispensável o questionamento constante sobre se o que temos disponível, em termos de categorias jurídicas, ainda faz sentido diante do novo contexto histórico vivenciado. O Direito é fenômeno notadamente tradicional. Mas esta característica possui um lado maléfico, na medida em que gera engessamentos, estagnações e desarmonias. Não há razão para preservar o que se tornou obsoleto. Não deve existir paixão pelas categorias jurídicas por si mesmas: os institutos são valiosos apenas na medida em que resolvem adequadamente os problemas sociais.

Os presentes autores não defendem a simples supressão da legítima, posto entenderem que a sua manutenção se justifica, enquanto instrumento capaz de garantir a tutela prioritária da dignidade humana, a preservação do mínimo existencial a herdeiros em condição de vulnerabilidade.

De fato, os fundamentos da legítima devem estar em consonância com os fundamentos e os objetivos da República Federativa do Brasil, notadamente a tutela da dignidade humana e a construção de uma ordem jurídica justa e solidária, nos exatos termos do art. 1º, inciso III, e do art. 3º, inciso I, de nossa Constituição Federal. Assim, a manutenção da legítima em nosso ordenamento releva-se na importância da função social do Direito, cuja concretização converge para mudanças radicais nas estruturas da sociedade, a impor a reflexão sobre as formas de efetivação dos ditames de uma justiça social em tempos globalizados. Ao Estado não se resguarda apenas o papel de tutor do patrimônio individual e de promotor de meios de circulação de riqueza, impondo-se uma função promocional que visa à garantia de acesso a uma vida digna, e no fomento de condições capazes de permitir o desenvolvimento das relações pessoais.

Neste contexto, a legítima deve atribuir à pessoa natural uma garantia patrimonial que integre sua esfera jurídica, o denominado patrimônio mínimo, na monumental contribuição do ministro Luiz Edson Fachin para o estudo do Direito de Propriedade e de sua função social.[12] Parte-se da premissa de que à pessoa deve ser assegurado o mínimo existencial, através da guarida de uma esfera patrimonial básica hábil a promover condições dignas de subsistência.

Esse patrimônio mínimo, constituído sobre uma base de bens suscetíveis de valoração e que não se esgota nas coisas materiais, está afetado à indispensabilidade do viver digno, princípio estruturante, constitutivo e indicativo das ideias diretivas básicas de toda a ordem constitucional, a impor a implementação de uma hermenêutica crítica e construtiva da codificação civil.

No entendimento dos coautores, esses são os parâmetros para que se promova a revisão da legítima, afastando-se de um rígido e vultoso percentual correspondente a 50% do acervo patrimonial do falecido para uma garantia patrimonial mínima ao herdeiro necessário, que lhe assegure o acesso a uma vida digna, positivado por meio da legitimação da intervenção estatal com vistas a assegurar o mínimo existencial.

c) A condição de herdeiro necessário do cônjuge e do companheiro

De início, cabe ressaltar que ambos os autores entendem que o companheiro integra o rol dos herdeiros necessários, especialmente após o julgamento pelo Supremo Tribunal Federal do tema de Repercussão Geral nº 809 (Recurso Extraordinário nº 646.721/RS e Recurso Extraordinário nº 878.694/MG), em 17 de maio de 2017, em que se fixou a seguinte tese:

> É inconstitucional a distinção de regimes sucessórios entre cônjuges e companheiros prevista no art. 1.790 do CC/2002, devendo ser aplicado,

---

[12] FACHIN, Luiz Edson. *Estatuto Jurídico do Patrimônio Mínimo*. Rio de Janeiro: Renovar, 2001.

tanto nas hipóteses de casamento quanto nas de união estável, o regime do art. 1.829 do CC/2002.

Faça-se a justa ressalva de que a coautora Giselda Hironaka já sustentava a condição de herdeiro necessário do companheiro muito antes da paradigmática decisão do Supremo Tribunal Federal, no que sempre foi seguida por seu discípulo João Aguirre.

No entanto, não obstante a defesa da equiparação do tratamento dado ao cônjuge e ao companheiro no Direito Sucessório, os autores entendem que a condição de herdeiros necessários não mais se justifica na contemporaneidade, em que todos os integrantes da sociedade conjugal ou do núcleo formado pela união estável estão inseridos no mercado de trabalho, possuem a sua autonomia existencial e, no mais das vezes, econômica e não necessitam da excessiva intervenção que se fundamenta em uma proteção a ser necessariamente conferida a determinado consorte ou convivente.

Ademais, a supressão da condição de herdeiro necessário do cônjuge e do companheiro vai ao encontro do pleito por mais autonomia no Direito Sucessório, de que trata o item "a", *supra*, consistindo em elemento solucionador das intrincadas questões decorrentes da imperativa concorrência sucessória com os descendentes. Isso porque, com o cônjuge e o companheiro deixando a posição de herdeiros necessários, basta ao autor da herança afastá-los de sua sucessão por ato de disposição de última vontade, o que, consequentemente, exclui a concorrência sucessória.

d) O apuramento da concorrência sucessória

Como vimos no item 1 do presente artigo, as regras atinentes à concorrência sucessória entre os descendentes e o cônjuge ou o companheiro do falecido,[13] expressas pelo art. 1.829 e seguintes do Código Civil, são objeto de profunda controvérsia, muitas indagações e inúmeras críticas, constituindo o cerne de constante confusão entre leigos e demandando intenso labor da doutrina e da jurisprudência com vistas à solução dos problemas delas decorrentes.

A intrincada teia tecida pelo legislador dificulta sobremaneira o conhecimento por grande parte da população acerca da efetiva

---

[13] A concorrência entre os descendentes do falecido e o companheiro sobrevivente só restou estabelecida em razão da decisão do Supremo Tribunal Federal, em maio de 2017, sobre o tema de Repercussão Geral nº 809, em que julgou inconstitucional a regra do art. 1.790 do Código Civil e equiparou o regime sucessório de cônjuges e companheiros.

conformação da ordem de vocação hereditária. Sob a égide do Código Civil de 1916, o senso comum era o de que a herança caberia aos descendentes do falecido, caso ele os tivesse deixado. Hoje, se o falecido deixou descendentes, também é necessário verificar se era casado ou vivia em união estável; qual regime de bens regulamenta as relações patrimoniais do casal; se existem bens comuns e bens particulares e como os tribunais superiores estão interpretando as regras atinentes à concorrência sucessória entre os descendentes e o cônjuge ou o companheiro sobrevivente.

A consequência desse complexo conjunto de normas que regula a concorrência sucessória entre descendentes e cônjuge ou companheiro sobrevivente reside no fato de que pessoas sem conhecimento do Direito e, mesmo que tenham, sem o auxílio de um profissional especializado, não serão capazes de responder à questão reiteradamente formulada quando da abertura de uma sucessão: para quem irá a herança daquele que não deixou testamento e tem descendentes e cônjuge ou companheiro? Para piorar, em alguns casos o senso comum levará a inevitáveis equívocos, como ocorre, por exemplo, nas hipóteses em que o regime escolhido pelo casal é o de separação total convencional, em que imaginam que os respectivos patrimônios serão exclusivos "em vida e, também, após a morte", quando a Segunda Seção do Superior Tribunal de Justiça já consolidou o entendimento de que, "no regime de separação convencional de bens, o cônjuge sobrevivente concorre com os descendentes do falecido", consoante se infere da decisão proferida, em abril de 2015, nos autos do Recurso Especial nº 1.382.170/SP.

Há de se reconhecer que o legislador não primou pela precisão e nem pela clareza quando da redação do inciso I do art. 1.829 e, tampouco, do art. 1.832, ambos do Código Civil, construindo verdadeiro labirinto para aqueles que não estão afetos às regras do Direito Sucessório, os quais, como Teseu, precisarão do fio de Ariadne para que consigam encontrar a saída para as questões trazidas pela abertura da sucessão.

Melhor seria que essas normas fossem revistas e a concorrência sucessória entre os descendentes do falecido e seu cônjuge ou companheiro fosse simplificada, ou mesmo suprimida, a fim de se atingir o almejado escopo de se corrigir o anacronismo do Código Civil, com a consequente adequação do Direito Sucessório brasileiro à realidade social.

Considerações finais

Na longa travessia rumo à construção de um Direito das Sucessões mais consentâneo com as relações sociais e afetivas características da contemporaneidade, muito já se fez com vistas à superação do antigo sistema clássico, em que ainda se ancoram diversas regras sucessórias do Código Civil de 2002.

Contudo, muito há por fazer, o que leva à busca constante por soluções e pelo consequente aperfeiçoamento de todo o sistema. Não são estas as únicas controvérsias trazidas ao ordenamento jurídico brasileiro pelo Código Civil de 2002, mas representam pontos fulcrais para o desenvolvimento de nosso Direito Sucessório, razão pela qual foram objeto desta reflexão.

Espera-se que o presente artigo venha a instigar a pesquisa e a procura por novos rumos para o Direito Sucessório, em um salutar exercício de reflexão e de ativa participação no erigir de pontes capazes de levar à construção de uma ordem jurídica justa e solidária.

Referências

BAUMAN, Zygmunt. *Amor líquido*: sobre a fragilidade dos laços humanos. Tradução Carlos Alberto de Medeiros. Rio de Janeiro: Zahar, 2004.

BEVILÁQUA, Clóvis. *Direito das sucessões*. Rio de Janeiro: Rio Editora, 1983.

FACHIN, Luiz Edson. *Estatuto Jurídico do Patrimônio Mínimo*. Rio de Janeiro: Renovar, 2001.

FACHIN, Luiz Edson. *Direito civil*: sentidos, transformações e fim. Rio de Janeiro: Renovar, 2015.

GOMES, Orlando. *Sucessões*. 17. ed. rev. e atual. por Mario Roberto Carvalho de Faria. Rio de Janeiro: Forense, 2019.

HIRONAKA, Giselda Maria Fernandes Novaes. *Morrer e suceder*: passado e presente da transmissão sucessória concorrente. São Paulo: Revista dos Tribunais, 2013.

RODRIGUES JR., Otavio Luiz. *Direito civil contemporâneo*. Rio de Janeiro: Forense. E-book. Posições 4297 a 4304.

Informação bibliográfica deste texto, conforme a NBR 6023:2018 da Associação Brasileira de Normas Técnicas (ABNT):

HIRONAKA, Giselda Maria Fernandes Novaes; AGUIRRE, João Ricardo Brandão. O Direito Sucessório brasileiro e o seu navegar (im)preciso. *In*: EHRHARDT JÚNIOR, Marcos (Coord.). *Direito Civil*: Futuros Possíveis. Belo Horizonte: Fórum, 2022. p. 69-85. ISBN 978-65-5518-281-1.

FUTUROS POSSÍVEIS PARA O PLANEJAMENTO SUCESSÓRIO

**ANA CAROLINA BROCHADO TEIXEIRA,
SIMONE TASSINARI FLESCHMANN**

1 Introdução

Em tempos de pandemia causada pela covid-19, muitas barreiras culturais vêm sendo quebradas e verdades, questionadas. Se o tratamento do tema "morte" era algo a ser sempre adiado, a urgência causada pelas incertezas e pelo enorme número de falecimentos pelo coronavírus tornou o planejamento sucessório e a organização patrimonial palavras de ordem do momento. Afinal, mais do que nunca, a finitude foi encarada como "termo e não como condição". Por isso, o planejamento sucessório ganhou tanto fôlego, com questionamentos profundos acerca da estrutura do Direito Sucessório posto.

Os limites dos espaços em que convivem autonomia privada e solidariedade familiar no Direito das Sucessões têm sido objeto de grande reflexão, uma vez que a crescente autonomia despontada no Direito de Família nas duas últimas décadas não recebeu a mesma acolhida pelo Direito Sucessório, em razão de seu conteúdo clássico e rigidez hermenêutica, principalmente das disposições referentes à sucessão legítima.

No entanto, nota-se que há um velho Direito das Sucessões que precisa se adaptar a novos modelos sociais, principalmente em termos de pluralidade das famílias, diversidade do que se entende por comunhão de vida e mobilização do patrimônio. Ademais, notam-se anseios pela expansão da autonomia na seara sucessória para que o titular do patrimônio possa protagonizar, de forma mais ativa, o destino de seus bens. Nessa toada, o objetivo desse texto é investigar, a partir da verificação de algumas realidades contemporâneas, tendências do planejamento sucessório.

2 Diagnóstico do estado da arte do planejamento sucessório: avanços no Direito brasileiro

A fim de se investigar algumas tendências do planejamento sucessório, parte-se de uma análise do *status quo* atual, motivadora das circunstâncias contemporâneas que colocaram o tema em uma pauta importante de debates.

2.1 Superação da dificuldade cultural de tratar a morte como óbice à efetivação do planejamento

A sociedade brasileira é povoada de crenças relacionadas à morte. Os antigos do interior do Brasil afirmavam: "Não se deve falar nela, porque atrai". Obras literárias antigas dão conta da importância dela nas civilizações. Em Antígona, as responsabilidades decorrentes da morte de um familiar são postas à prova. A responsabilidade para com a sociedade da época ou o direito de sepultura impunham-se como dilema de reflexão.

> A morte é aterrorizante para muitos, mas é igualmente carismática para outros, senão para os mesmos que por ela são aterrorizados. (...) O direito das sucessões segue essa imagem; se, por um lado, diz respeito a algo que nos aterroriza – a morte – de alguém das nossas relações, senão a nossa própria morte –, por outro, aponta para certa maneira de vencer a própria morte, e isso é notável: pela sucessão de direitos e obrigações, o morto continua a exercer sua influência (ao menos jurídica) no mundo dos vivos.[1]

Como já mencionado, é inegável que a pandemia decorrente da covid-19 aproximou a realidade da morte de muitos humanos. Famílias que antes seguiriam seu rumo tradicional das vicissitudes cotidianas foram forçadas a conviver com a imanência, com a incerteza e com a

---

[1] HIRONAKA, Giselda Maria Fernandes Novaes. *Morrer e Suceder*, passado e presente da transmissão sucessória concorrente. São Paulo: Revista dos Tribunais, 2014. p. 20.

fragilidade da vida. Preocupações que outrora seriam relegadas ao futuro, presentificaram-se. E a concretude de pensar no destino dos seus próprios bens e as necessidades específicas de cada um dos sucessores deslocaram a atenção de muitos para o planejamento sucessório.[2]

Dados do Colégio Notarial do Brasil apontam o crescimento de 133% no número de testamentos entre abril e julho de 2020, na segunda onda, mais 14% de implemento nos números.[3] Viu-se destacar uma verdadeira corrida ao planejamento sucessório. Relatos apresentam aumento da procura do planejamento não apenas por pessoas com mais de 60 anos, que seriam mais vulneráveis ao coronavírus, mas também de pessoas entre 40 e 50 anos que perceberam que o fato jurídico morte pode efetivamente acontecer a qualquer tempo.[4] Além disso, sabe-se, a partir de dados do IBGE, que cerca de 90% das empresas possuem perfil familiar no Brasil.[5] E a 10ª Pesquisa Global sobre Empresas Familiares – 2021 o último relatório da PwC, na data deste artigo, também apresenta dados sobre a alteração do comportamento empresarial. Segundo a pesquisa, "durante a pandemia, e apesar da

---

[2] MUCILO, Daniela de Carvalho; TEIXEIRA, Daniele Chaves. COVID-19 e planejamento sucessório: não há mais momento para postergar. *In:* NEVARES, Ana Luiza Maia; XAVIER, Marilia Pedroso; MARZAGÃO, Silvia Felipe (Coord.). *Coronavírus:* Impacto no direito de família e de sucessões. Indaiatuba: Foco, 2020, p. 333-350.

[3] "Crescimento de registros de testamentos, entre abril e julho de 2020, foi de 133,6%, de acordo com o Colégio Notarial do Brasil." Disponível em: https://www.cnbsp.org.br/?url_amigavel= 1&url_source= noticias&id_noticia= 20719&filtro= 1&lj= 1920, acesso em: 16 jul. 2021, às 16h20min. Já a segunda onda "os registros de testamentos, por exemplo, aumentaram 14% no segundo semestre de 2020, em comparação ao mesmo período do ano anterior, de acordo com o Colégio Notarial do Brasil, que reúne os cartórios de notas. Foram pouco mais de 19 mil no ano zero da pandemia. Nos primeiros três meses deste ano, cerca de 6 mil testamentos foram feitos, superando a média mensal do segundo semestre de 2020. A maioria nos Estados de São Paulo, Rio Grande do Sul e Maranhão." Disponível em: https://www. notariado.org.br/escrituras-de-doacoes-e-testamentos-sao-destaque-no-valor-economico/, acesso em: 16 jul. 2021, às 16h29min.

[4] "A demanda por planejamento sucessório não está restrita a pessoas acima de 60 anos, grupo de risco para a covid-19. Advogados relatam a procura por jovens. "São pessoas de 40, 50 anos que estavam despreparadas e que trouxeram a percepção de que a morte pode acontecer a qualquer momento", (...) o perfil do cliente mudou com a pandemia. Antes, eram empresários que buscavam estruturar mudanças na empresa familiar no médio e longo prazos. Agora, são pessoas abaixo dos 40 anos de idade que não pretendem se aposentar ou transferir patrimônio, mas que querem ter um plano caso algo aconteça. 'Fazem isso porque a cada dia que abrem o jornal eles tomam o susto. Todos têm histórias de perda no seu círculo social'. Disponível em: https://www.notariado.org.br/escrituras-de-doacoes-e-testamentos-sao-destaque-no-valor-economico. Acesso em: 16 jul. 2021, às 16h35min.

[5] SAMPAIO, Luciano. Empresas familiares e plano de sucessão. Disponível em: Price waterhouse Coopers https://www.pwc.com.br/pt/sala-de-imprensa/artigos/empresas-familiares-e-plano-de-sucessao.html#:~:text= Dados%20do%20Instituto%20Brasileiro%20 de,75%25%20dos%20trabalhadores%20no%20pa%C3%ADs, acesso em: 16 jul. 2021, às 16h41min.

falta de progresso em fomentar procedimentos formais de governança, o percentual de participantes que documentaram o planejamento de sucessão aumentou de 21% para 24% no Brasil e dobrou para 30% no mundo".[6]

Em termos desta pesquisa, poder-se-ia questionar como falar em tendências no planejamento sucessório, uma vez que as pessoas, com o despertar da pandemia, já teriam sido levadas a planejar? Entretanto, esta percepção pode ser apenas parcial e temporária. Afinal, é de se questionar se, finda a pandemia, as pessoas voltarão ao modelo anterior ou tais mudanças serão incorporadas, de forma definitiva, pela cultura brasileira.

Sabe-se que o planejamento sucessório é um processo[7] e não um ato em si. Logo, decisões tomadas em um certo contexto podem não mais fazer sentido se o panorama for alterado. Este é o motivo pelo qual se orienta – em um processo de planejamento – prever datas futuras de revisão. De outro lado, existe uma diferença entre planejar a sucessão em meio à pandemia e pensar nela com mais calma e recursos. Com mais vagar tem-se tempo para as reflexões mais aprofundadas, levantamento das necessidades e até mesmo a preparação de pessoas que tenham que agir em determinadas circunstâncias.

Se é fato que a pandemia trouxe a infelicidade das mortes, também é fato que em algum dia ela será considerada passado. E, findo este tempo, mais valor à vida ainda há de ter. Portanto, quando se fala em planejamento sucessório, não se visa a encontrar a morte, mas sim a vida. A vida dos que ficam, organizada, planejada, pensada, mais calma, em consensos possíveis e compartilhados conjuntamente.

2.2 Mudanças no Direito de Família

Ao lado de uma aparente superação da dificuldade de se tratar a morte – processo bem recente e muito acelerado pela pandemia – têm-se as transformações sociais das famílias, que, já há algum tempo, provocaram grandes mudanças no Direito de Família contemporâneo. Antes, pautava-se em uma realidade monolítica, na qual o Direito de Família clássico reconheceu como *standard* de família aquela constituída

---

[6] PwC | 10ª Pesquisa Global sobre Empresas Familiares, disponível em: https://www.pwc.com.br/pt/estudos/setores-atividades/pcs/2021/08-03-Pesquisa-Empresas-Familiares_2021_VF.pdf, acesso em: 16 jul. 2021, às 16h48min.

[7] TEIXEIRA, Daniele Chaves. *Planejamento Sucessório*: pressupostos e limites. Belo Horizonte: Fórum, 2019.

exclusivamente pelo casamento, numerosa, com filhos diferenciados a partir de sua origem, heterossexual, patriarcal, hierarquizada e monogâmica. Fundada nas ordens do "pai de família", ocupava-se de assegurar a transmissão dos bens às próximas gerações.

As alterações sociais provocaram mudanças profundas no Direito de Família. A saída da mulher para o mercado de trabalho, a redivisão sexual do trabalho, o advento de métodos anticoncepcionais fizeram com que a continuidade dos casamentos só ocorresse se de fato refletisse o desejo dos cônjuges, impulsionando o advento e a facilitação ao divórcio – exemplificados na Lei nº 11.447/2007 e na Emenda Constitucional nº 66 –, de famílias reconstituídas, monoparentais, homoafetivas. Nesse sentido, nas situações em que não há vulnerabilidades, cresce a tendência à expansão da autonomia quando houver simetria entre as partes.[8] Daí os crescentes espaços, na órbita

---

[8] "Recurso Especial. Ação de divórcio consensual c/c partilha de bens. Apresentação de acordo pelos cônjuges, com disposições acerca da intenção de se divorciarem, da partilha de bens, do regime de guarda, de visitas e de alimentos relativos ao filho menor. Retratação unilateral. Impossibilidade apenas em relação aos direitos disponíveis. Recurso especial provido. 1. A controvérsia submetida à análise desta Corte de Justiça está em saber se, em ação de divórcio (em princípio) consensual, após as partes apresentarem acordo, com estipulações acerca do divórcio, da partilha de bens do casal e do regime de guarda, de visitas e de alimentos relativos ao filho menor, devidamente ratificado em audiência específica para esse fim, seria dado ao ex-marido rescindir integralmente os termos acordados em razão de a ex-mulher requerer, antes da homologação, a alteração do regime de guarda e de visitas. 1.1. O tratamento da questão posta há de ser feito separadamente, levando-se em conta, de um lado, as disposições afetas a direitos disponíveis; e, de outro, as disposições alusivas a direitos indisponíveis (de titularidade dos próprios cônjuges e do filho menor), independentemente de o acordo apresentado pelas partes tratar de tais matérias conjuntamente. 2. Especificamente em relação ao pronunciamento dos cônjuges quanto à intenção de se divorciarem, às disposições relacionadas à divisão dos bens e dívidas em comum e, no caso, à renúncia de alimentos entre si, por se encontrarem na esfera de sua estrita disponibilidade, seus termos hão de ser considerados como verdadeira transação, cuja validade e eficácia dependem exclusivamente da higidez da manifestação de vontade das partes apostas no acordo. 2.1 A perfectibilizarão do acordo, nessa parte, demanda, simplesmente, a livre manifestação de vontade das partes, não cabendo ao Juízo, nesse caso, outra providência que não a homologação. Saliente-se, a esse propósito, afigurar-se absolutamente dispensável a designação de audiência destinada à ratificação dos termos já acordados. A rescisão de seus termos somente se afigura possível, se a correlata pretensão for veiculada em ação própria e embasada em algum vício de consentimento (tais como erro, dolo, coação, estado de perigo, lesão ou fraude contra credores), ou de defeito insanável (devidamente especificado no art. 166 do Código Civil), do que, na espécie, em princípio, não se cogita. 3. Já o acordo estabelecido e subscrito pelos cônjuges no tocante ao regime de guarda, de visita e de alimentos em relação ao filho menor do casal assume o viés de mera proposição submetida ao Poder Judiciário, que haverá de sopesar outros interesses, em especial, o preponderante direito da criança, podendo, ao final, homologar ou não os seus termos. Em se tratando, pois, de mera proposição ao Poder Judiciário, qualquer das partes, caso antevaja alguma razão para se afastar das disposições inicialmente postas, pode, unilateralmente, se retratar. Ressalte-se, aliás, que, até mesmo após a homologação judicial acerca do regime de guarda, de visita e de alimentos relativos ao filho menor,

da família, para as escolhas pessoais: o tipo de família, sua duração, planejamento familiar, o par conjugal, etc.

A família passou a ser vista como núcleo democrático, de realização de seus membros e de comunhão plena de vida. A preocupação com as vulnerabilidades tornou-se prioridade no âmbito familiar, de modo que, nessa seara de relações assimétricas se justifica maior proteção veiculada pela tutela estatal. Por isso, as pessoas vulneráveis são as que devem receber proteção patrimonial e existencial mais acentuada, de modo a promover o princípio da igualdade material nas mais diversas relações jurídicas da qual a pessoa participa.

É sob esse prisma que tem se proposto um repensar sobre o alcance do princípio da solidariedade familiar, para que sua abrangência seja, efetivamente, para irradiar deveres jurídicos para proteção mais ampla dos vulneráveis e, por outro lado, permitir que pessoas livres e iguais façam suas escolhas, responsabilizando-se pelas suas consequências.

2.3 Limites impostos pela solidariedade familiar: é hora de repensá-los?

O princípio da solidariedade se justifica pela vida comunitária, na sociedade e na intersubjetividade, como espaços comuns para a construção da personalidade no ambiente familiar, no qual seus membros se corresponsabilizam uns pelos outros, principalmente quando existir algum tipo de vulnerabilidade. Assim, nessa nova arquitetura de famílias, cada pessoa deve ser tutelada em seu universo de necessidades e relações, de modo que o legislador deixou para cada um a possibilidade de escolher os caminhos de sua realização. Contudo, quando as pessoas não estão em posição de igualdade substancial, em virtude da presença de alguma vulnerabilidade, deve haver intervenção do Direito. O princípio da solidariedade impõe uma série de deveres jurídicos de uns em relação a outros que pressupõe o agir responsável, cabendo ao Estado e à sociedade não apenas o respeito pelas escolhas pessoais, mas também a sua promoção e salvaguarda.[9]

De um modo geral, a Constituição Federal determinou tutela qualitativa e quantitativamente diferenciada para as pessoas que têm

---

se uma circunstância superveniente alterar os fatos submetidos ao Juízo, absolutamente possível que seus termos sejam judicialmente alterados por provocação das partes. 4. Recurso especial provido." (STJ, 3ª T., REsp 1.756.100, Rel. Min. Marco Aurélio Bellizze, j. 02.10.2018, DJ 11.10.2018)

[9] TEPEDINO, Gustavo; TEIXEIRA, Ana Carolina Brochado. *Fundamentos de Direito Civil*: Direito de Família. 2. ed. Rio de Janeiro: Forense, 2021, p. 23.

algum tipo de vulnerabilidade. No âmbito familiar, essa proteção diferenciada se dirige para a criança, o adolescente, o jovem, o idoso, a pessoa com deficiência e a mulher. Isso porque nem sempre tais pessoas teriam condições, sozinhas, de exercer sua subjetividade plenamente e de assumirem integralmente as consequências de seus atos de forma responsável.

É por essas razões que se questiona o teor das imposições do princípio da solidariedade familiar no Direito das Sucessões, justificador da sucessão legítima, independente das condições pessoais dos sujeitos sucessórios. Para melhor ilustrar o debate, serão propostas duas pautas de reflexão: faz sentido o cônjuge ser herdeiro necessário e o cônjuge/companheiro, casado no regime da separação total de bens, concorrer com os filhos?

O art. 1.845 do Código Civil atribuiu ao cônjuge a condição de herdeiro necessário.[10] Isso significa que a pessoa casada só pode dispor via testamento de 50% de seu patrimônio, pois o cônjuge supérstite tem a reserva legitimária. Se assim não fosse e o falecido não tivesse ascendentes ou descendentes, não teria a limitação quantitativa à liberdade de testar, potencializando a autonomia do planejador. Colocando em perspectiva, deve-se recordar que as pessoas se divorciam e se casam com muito mais frequência do que na época em que a regra codificada foi idealizada. Segundo o IBGE, o volume de divórcios no Brasil tem sido crescente e tem aumentado significativamente no último ano.[11] Por isso, reflete-se: será que essa regra ainda faz sentido para a sociedade atual?

Em relação à concorrência sucessória do cônjuge com os descendentes, o art. 1.829 CC idealizou um esquema de divisão da herança baseado na meação do cônjuge: grosso modo, nos regimes em que o cônjuge é meeiro, não concorre à herança; nos regimes em que o cônjuge não é meeiro, concorre à herança. Trata-se de justificativa que visa à

---

[10] Existe rica discussão doutrinária e jurisprudencial sobre a condição do companheiro como herdeiro necessário, tendo em vista os Recursos Extraordinários 646721 e 878694, julgados conjuntamente, em que o Supremo Tribunal Federal determinou que as condições da sucessão hereditária do companheiro não devem seguir o art. 1.790 CC, mas o art. 1.829 CC, ou seja, as mesmas do cônjuge, pois onde existe a mesma *ratio* não se pode admitir soluções diversas quando o efeito em discussão se funda no princípio da solidariedade.

[11] "Em números absolutos, os divórcios consensuais passaram de 4.471 em maio para 5.306 em junho de 2020. Houve crescimento em 24 estados brasileiros, especialmente no Amazonas (133%), Piauí (122%), Pernambuco (80%), Maranhão (79%), Acre (71%) Rio de Janeiro (55%) e Bahia (50%)." Disponível em: https://agenciabrasil.ebc.com.br/geral/noticia/2020-07/cartorios-registram-aumento-de-187-nos-divorcios-durante-pandemia#:~:text= Em%20 n%C3%BAmeros%20absolutos%2C%20os%20div%C3%B3rcios,%25)%20e%20Bahia%20 (50%25), acesso em: 26 jul. 2021, às 10h15min.

proteção patrimonial do cônjuge na falta do consorte, a fim de dar um suporte financeiro nas circunstâncias de infortúnio de falecimento daquele que poderia ser o esteio financeiro da família. No entanto, questiona-se a adequação dessa solução à realidade contemporânea de múltiplos casamentos em que, muitas vezes, se pretende a total separação de patrimônios, tanto em vida quanto na morte.

Discute-se, por esse motivo, a validade de cláusula de renúncia à condição de herdeiro necessário e de repúdio da herança via pacto antenupcial,[12] já que se pressupõe que tal avença insere-se no âmbito dos pactos sucessórios, previstos no art. 426 CC. É necessário um repensar sobre essas barreiras à autonomia e, por consequência, ao planejamento sucessório na sociedade contemporânea, a fim de avaliar se elas continuam adequadas ao momento atual ou se é necessário reforma legislativa para atender às novas demandas sociais. Não obstante abalizadas vozes manifestando-se pela validade de tais cláusulas, entende-se pela necessidade – pois de todo cabível e coerente com o momento atual – de reforma legislativa, haja vista que a ideia de solidariedade familiar foi remodelada, como se pode perceber pelos fundamentos e dados estatísticos trazidos à baila.

3 Tendências

3.1 Mobilização dos bens

Ao lado das transformações nas relações familiares, novos bens têm surgido, cuja análise deve estar umbilicalmente atrelada à relação jurídica na qual eles se inserem, à específica função que desempenha na situação jurídica.[13] Além disso, a realidade demonstra a difusão de bens

---

[12] MADALENO, Rolf. Renúncia de herança no pacto antenupcial. *Revista IBDFAM Famílias e Sucessões*, n. 27. Disponível em: https://infographya.com/files/RENUNCIA_DE_HERANCA_NO_PACTO_ANTENUPCIAL.pdf, acesso em: 26 jul. 2021, às 10h20 min. Da mesma forma, a pesquisa empírica realizada: FLEISCHMANN, Simone Tassinari Cardoso; FACHINI, Laura Stefenon. Pato antenupcial na perspectiva dos tabeliães, análise de questões controvertidas sob a ótica da doutrina e da prática notarial. *In: Revista da Faculdade Mineira de Direito – PUC Minas*, Belo Horizonte, edição eletrônica, vol. 23, n. 45, 2020. Disponível em: http://periodicos.pucminas.br/index.php/Direito/article/view/22975, acesso em: 26 jul. 2021, às 10h30min. E ainda sobre o tema da contratualização das relações familiares, por todos, vide TEIXEIRA, Ana Carolina Brochado; RODRIGUES, Renata de Lima. *Contratos, família e sucessões* – diálogos interdisciplinares. 2. ed. Natal: Editora Foco, 2021.

[13] "Para cada bem, portanto, definido com sua específica destinação, finalidade e função, o ordenamento reserva regime jurídico que o singulariza" (TEPEDINO, Gustavo; OLIVA, Milena Donato. *Fundamentos do direito civil*: teoria geral do direito civil. Rio de Janeiro: Forense, 2020. p. 181).

de alto valor econômico, para além dos imóveis, mas também valores mobiliários e participações societárias, com o crescimento das atividades empresariais. Também se expandem os bens digitais, cuja valoração tem crescido substancialmente: moedas virtuais, *e-commerces*, *sites*, são alguns exemplos de bens cujo valor tem aumentado exponencialmente. Essas são realidades que têm desafiado uma função estática da propriedade, para que passe a cumprir a sua função social também no âmbito do Direito Sucessório, que deve se adaptar a essas novas situações jurídicas.

3.1.1 Herança digital

Uma das tendências que devem ser consideradas é a digitalização dos bens, na medida em que cresce exponencialmente a utilização da internet, além da essência do patrimônio e as relações de apropriação, que têm se modificado. Os bens digitais têm desafiado uma visão estática da propriedade, demonstrando que, para muito além da ideia de apropriação, o acesso a tais bens é uma nova modalidade de pertencimento.[14] Os mercados são substituídos pela economia em rede, em que perde valor o patrimônio físico para ganharem valor bens intangíveis, a criatividade e o intelecto. A relação das pessoas com os bens também está se transformando:

> Os consumidores também estão começando a mudar da propriedade para o acesso. Enquanto bens duráveis, baratos continuam a ser comprados e vendidos no mercado, itens mais caros como aparelhos, automóveis e casas serão cada vez mais possuídos por fornecedores e acessados pelos consumidores na forma de leasing, aluguéis, associações e outras condições de serviços.[15]

Vê-se, portanto, que o patrimônio digital é uma realidade, razão pela qual tratar dos seus efeitos é imperativo. A inserção de dados na rede vai criando um enorme volume de bens digitais cuja gestão e destinação são fundamentais, principalmente após o falecimento do seu titular.

---

[14] GUILHERMINO, Everilda Brandão. Acesso e compartilhamento: A nova base econômica e jurídica dos contratos e da propriedade. *Migalhas*. Disponível em: https://www.migalhas.com.br/coluna/migalhas-contratuais/311569/acesso-e-compartilhamento-a-nova-base-economica-e-juridica-dos-contratos-e-da-propriedade. Acesso em: 26 jul. 2021.

[15] RIFKIN, Jeremy. *A era do acesso*: a transição e mercados convencionais para networks e o nascimento de uma nova economia. São Paulo: Makron books, 2001, p. 5.

Por isso, a importância de se pensar sobre o objeto da herança digital, tendo em vista que o ambiente virtual permite diversas qualificações dos bens jurídicos. Sugere-se que eles sejam categorizados em patrimoniais, existenciais e híbridos.[16]

A situação jurídica patrimonial é aquela que desempenha função econômica, passível de conversão em pecúnia, tendo por objeto interesses financeiros e por escopo o lucro. Por isso, sua tutela está diretamente ligada à realização da livre-iniciativa e se fundamenta no art. 170 da Constituição Federal. Quanto aos bens digitais, a situação será patrimonial quando a informação inserida na rede gerar repercussões econômicas imediatas, sendo dotada de economicidade.[17]

Os bens digitais existenciais têm ligação direta e imediata com a realização da dignidade humana, razão pela qual estão presentes de forma predominante no âmbito dos direitos da personalidade, haja vista o grande volume de informações pessoais colocadas na rede que demanda tutela prioritária, haja vista a potencialidade da geração de danos. Muitos desses dados estão sob a tutela da Lei Geral de Proteção de Dados – LGPD. Os dados pessoais em geral que identificam ou podem potencialmente identificar alguém, sejam eles sensíveis ou não, são todos expressões da personalidade e, portanto, guarnecidos pela tutela do direito ao livre desenvolvimento da personalidade e do princípio da dignidade da pessoa humana.

As situações jurídicas dúplices são aquelas que repercutem, simultaneamente, na órbita existencial e patrimonial. Os perfis em redes sociais e canais no Youtube podem ser exemplos que se enquadram em situações existenciais – quando feitos para realização pessoal, registros de memórias familiares etc. – ou dúplices, quando a inserção dos dados pessoais na Internet se presta a objetivos financeiros, como é o caso dos blogueiros, *influencers* e *youtubers*. No âmbito dos bens digitais, destacam-se como situação dúplice hipóteses cujo acesso ao ambiente virtual pressupõe pagamento para que se conheça dados de outras pessoas; não se trata, portanto, de acesso a bens, músicas,

---

[16] Sobre essa classificação, seja consentido remeter a KONDER, Carlos Nelson; TEIXEIRA, Ana Carolina Brochado. Situações jurídicas dúplices: Controvérsias na nebulosa fronteira entre patrimonialidade e extrapatrimonialidade. *In*: RODRIGUES, Renata; TEIXEIRA, Ana Carolina Brochado (Coord.). *Contratos, família e sucessões*: diálogos interdisciplinares. 2. ed. Indaiatuba: Foco, 2021, p. 165-190. Sobre essa classificação aplicada aos bens digitais: KONDER, Carlos Nelson; TEIXEIRA, Ana Carolina Brochado. O enquadramento dos bens digitais sob o perfil funcional das situações jurídicas. *In*: LEAL, Livia Teixeira; TEIXEIRA, Ana Carolina Brochado (Coord.). *Herança digital*: controvérsias e alternativas. Indaiatuba: Foco, 2021, p. 21-40.

[17] LACERDA, Bruno Torquato Zampier. *Bens digitais*. 2. ed. Indaiatuba: Foco, 2021, p. 79.

filmes etc., mas a dados de outrem, que é o que se pretende conhecer. A pessoa disponibiliza os próprios dados no ambiente virtual (imagem, informações sobre idade, gostos e preferências), que são os fatores que irão aproximar ou afastar os que navegam nesses sites com o mesmo propósito.

Diante desse rápido exame a respeito dos bens digitais, os que cumprem função patrimonial e pressupõem a apropriação são, em princípio, transmissíveis e, por isso, presume-se que constituem o conteúdo do que se convencionou chamar herança digital, em razão da identidade, em substância, com o acervo hereditário no âmbito sucessório. Também podem estar incluídos nesse monte os efeitos patrimoniais das situações dúplices. Não há, até o momento, uma definição sobre o objeto da herança digital no Brasil, sendo que, conquanto haja divergência entre a doutrina,[18] a jurisprudência parece apontar no sentido dessas conclusões.[19]

Em face da ausência de lei específica sobre o tema, pelo menos por hora, é urgente e necessário que os bens digitais sejam incluídos nos planejamentos sucessórios, por várias razões, entre elas pode-se citar: (i) definir sobre o destino das situações existenciais, caso seja intenção do titular dos dados franquear o acesso a herdeiros, sendo importante se atentar à privacidade de terceiros que eventualmente estejam envolvidos em conversas e comunicações pessoais; (ii) franquear senhas e dados de localização de criptomoedas;[20] (iii) determinar a forma de gestão dos bens híbridos, administração de canais, perfis, etc.; (iv) nomear administrador dos seus ativos digitais, principalmente enquanto durar

---

[18] No mesmo sentido: LEAL, Livia Teixeira. *Internet e morte do usuário:* Propostas para o tratamento jurídico *post mortem* do conteúdo inserido na rede. 2. ed. Rio de Janeiro: GZ, 2020; BURILLE, Cíntia; HONORATO, Gabriel; LEAL, Livia Teixeira. Danos morais por exclusão de perfil de pessoa falecida? Comentários ao acórdão proferido na Apelação Cível nº 1119688-66.2019.8.26.0100 (TJSP). *Revista Brasileira de Direito Civil – RBDCivil,* Belo Horizonte, v. 28, p. 207-227, abr./jun. 2021. Em sentido contrário: FRITZ, Karina Nunes. A garota de Berlim e a herança digital. *In:* LEAL, Livia Teixeira; TEIXEIRA, Ana Carolina Brochado (Coord.). *Herança digital:* Controvérsias e alternativas. Indaiatuba: Foco, 2021, p. 227-244; MEDON, Filipe; OLIVA, Milena Donato; TERRA, Aline de Miranda Valverde. Acervo digital: controvérsias quanto à sucessão *causa mortis. In:* LEAL, Livia Teixeira; TEIXEIRA, Ana Carolina Brochado (Coord.). *Herança digital:* Controvérsias e alternativas. Indaiatuba: Foco, 2021, p. 55-74.

[19] TJSP, Apelação Cível nº 1119688-66.2019.8.26.0100, 31ª Câmara de Direito Privado. Rel. Des. Francisco Casconi, j: 09.03.2021

[20] A relevância dessa gestão pode ser compreendida com o que ocorreu com o bilionário que faleceu por um acidente sem deixar as senhas de seus criptoativos, deixando "no limbo" sua fortuna. Leia a notícia em: https://economia.uol.com.br/noticias/bbc/2021/07/15/bitcoins-bilionario-que-morreu-afogado-deixa-no-limbo-fortuna-de-r-11-bilhoes-em-criptomoeda. htm. Acesso em: 26 jul. 2021.

o processo de inventário. Além desses motivos, há as demais razões já "tradicionais" para se fazer um planejamento, como a distribuição da herança segundo as aspirações do planejador, bem como o melhor atendimento das necessidades e aptidões dos herdeiros, potencializando a função social dos bens.

3.1.2 Pejotização das famílias e tendência de migração patrimonial para o exterior

O dia a dia dos profissionais que operam no Direito Sucessório tem sido impactado diretamente pelos desejos de famílias em transformar seus bens em sociedades. A realidade dos escritórios de advocacia tem apresentado uma tendência muito significativa dos clientes em procurar a constituição de *holdings* para gerir o patrimônio e até mesmo para realizar operações por meio da pessoa jurídica. Por vezes, sem muito compreender o que significa alinhar família e empresa, pessoas procuram assessoria estimuladas pelos anúncios das vantagens "agudas" decorrentes desta prática, sem, todavia, serem advertidas dos riscos. De outro lado, constituir sociedades empresariais pode atender na busca por reduzir a complexidade administrativa, evitar disputas acirradas quando da necessidade de inventário, além de realizar a transmissão patrimonial de forma mais simplificada.

Independente da razão que leva as famílias a procurar esta estratégia, fato é que há um progressivo número de famílias direcionando-se para esta construção. Pode-se afirmar, então, uma tendência de *pejotização familiar*, com fuga das regras tradicionais referente à transmissão sucessória e migração para as regras do Direito Societário? Talvez.

Dentre as vantagens da *holding*, pode-se indicar a redução da complexidade administrativa, a partir da reunião do patrimônio, a separação dos conflitos familiares dos societários – a ser viabilizado com gestão profissional, a economia tributária que pode ser obtida ao longo dos anos, a migração para as regras do Direito Societário. É fato que o acervo patrimonial – que muitas vezes era somente imobiliário – concentra-se na titularidade da pessoa jurídica e os bens pertencentes à família são móveis – quotas ou ações.

Com relação aos seus riscos, pode-se apontar a grande dificuldade que os titulares de patrimônio têm de separar a esfera societária da familiar, a disponibilidade relativa dos bens, que anteriormente eram completamente disponíveis, a dificuldade referente ao controle societário e decisões que devem levar em conta as finalidades da sociedade e não da família, eventuais direitos relacionados aos minoritários, a manutenção administrativo-burocrática e o planejamento tributário adequado para não aumentar os custos, com relação à pessoa física. O Poder Judiciário está atento a este fato, principalmente porque, dentre as vantagens anunciadas desta modalidade de organização patrimonial, encontra-se a tributária. E, com relação a isso, sabe-se que o Estado não costuma evitar esforços para que as receitas entrem em seus cofres. Além disso, a transformação de grandes fortunas em empresas e sua transmissão não tributada acabam por inverter a lógica do respeito à capacidade contributiva. Quem pode mais acaba contribuindo menos em termos de solidariedade social e quem menos pode acaba tendo uma maior parcela de contribuição.

Recentemente, um enfrentamento do Supremo Tribunal Federal deu conta de reduzir as tradicionais vantagens relacionadas ao processo de pejotização das famílias. No julgado do tema 796 de Repercussão Geral fixou-se a seguinte tese: "a imunidade em relação ao ITBI, prevista no inciso I do §2º do artigo 156 da Constituição Federal, não alcança o valor dos bens que exceder o limite do capital social a ser integralizado".[21]

Segundo esta decisão, a diferença entre o montante integralizado e o valor efetivo do bem passa a ser tributada.[22] Trata-se de uma interpretação que pode aumentar o custo operacional na constituição da *holding*. Há projetos para reforma tributária que pretendem aumentar ainda mais o custo operacional. O Projeto de Lei nº 2.337/2021 pretende alterar a legislação referente ao imposto de renda (IR) e à contribuição social sobre o lucro líquido (CSLL). As grandes alterações previstas seriam o fim da isenção da tributação sobre os dividendos e a previsão de tributação pelo lucro real por certas empresas, inclusive *holdings*, cujo objeto social seja a compra, venda e aluguel de imóveis próprios.

Se este projeto for aprovado da maneira como proposto, haverá um desestímulo à utilização desta modalidade de planejamento sucessório. Sabe, entretanto, que as discussões sobre reforma tributária são bastante antigas e o risco do aumento da carga tributária, inclusive no que tange ao processo de inventário, habitualmente vem referido nestas discussões.[23]

---

[21] Recurso Extraordinário nº 796376.

[22] Sobre integralização dos bens pelo valor declarado na DIRPF, ou valor histórico e valor de mercado, vide artigo 23 da Lei nº 9.249/95.

[23] AZEVEDO, Andreza Louise. A *holding* familiar será viável após a reforma tributária? *Revista Consultor Jurídico*, edição eletrônica, 9 de julho de 2021, disponível em: https://www.conjur.com.br/2021-jul-09/azevedo-holding-familiar-viavel-reforma-tributaria, acesso em: 15 jul. 2021, às 6h23min.

Outra decisão que pode impactar de forma significativa o planejamento sucessório, principalmente no tocante aos bens estabelecidos no exterior, refere-se ao Tema 825. Na decisão do Recurso Extraordinário nº 851.108/SP, o Supremo Tribunal Federal decidiu que os Estados não podem criar leis para tributar as doações e heranças de bens situados no exterior (Imposto sobre a Transmissão *Causa Mortis* e Doação), uma vez que o artigo 155, parágrafo 1º, inciso II, CF, exige lei complementar para isso.

A modulação dos efeitos se deu no sentido de assegurar que as organizações ficam protegidas da cobrança do imposto sobre as doações realizadas a partir da publicação do acórdão, a proteção retroativa das organizações que tinham ações judiciais pendentes de encerramento na data da publicação do acórdão, nas quais se discutia a qual Estado o contribuinte deveria realizar o pagamento, considerando a bitributação; ou a validade da cobrança do tributo – desde que não pago anteriormente, e ainda a vedação da restituição de valores já efetivamente pagos em momento anterior, autorizando-se a cobrança pelos Estados, sobre doações recebidas no prazo não alcançado pela decadência tributária, ou seja, desde 1º de janeiro de 2016. Em que pesem as críticas, a modulação foi realizada e as transmissões *mortis causa* e doações de bens situados no exterior restam isentas do pagamento do ITD até que advenha lei complementar específica para este fim.

Na ausência de lei complementar sobre o tema, certamente as famílias com maior poder aquisitivo destinarão seus recursos ao exterior e lá realizarão as transferências, seja por meio de doação, seja aguardando o evento morte – para a sucessão. Atenta ao princípio da legalidade, a decisão oportuniza o deslocamento de recursos para o exterior, com a realização de atos que no país seriam considerados tributáveis. Infelizmente, não atinge a maior parte da população, sendo destinatários finais desta decisão pessoas que tenham condições culturais e econômicas de implementação de recursos fora do território nacional. Cabe questionar se é este o rumo que se deseja, onde quem pode mais paga menos tributos.

3.2 Expansão da autonomia privada no Direito Sucessório?

Diante dessas tendências, parece haver uma demanda social pela expansão da autonomia no Direito Sucessório, tendo em vista que o fundamento justificador da sucessão legítima parece carecer de remodelamento. Por esse motivo é que se examina, a seguir, a "pedra fundamental" do Direito Sucessório em matéria de solidariedade familiar: a legítima.

3.2.1 Reflexões sobre a legítima

Dentre as regras do Direito Sucessório, uma das maiores garantias de efetivação da solidariedade familiar é a legítima – como já se referiu em parte anterior deste estudo. Se de um lado sofre as mesmas críticas do próprio direito de herança – porque estimula o ócio e o não comprometimento com esforços de labor, de outro, serve de estímulo ao labor das gerações anteriores, que, focados na transmissão patrimonial aos filhos e netos, dirigem seu trabalho à conservação e ao cuidado dos bens.

Há defensores de sua completa extinção, deixando a integralidade do planejamento da sucessão aos titulares dos bens. Entretanto, esta não parece ser uma tendência contemporânea do Direito das Sucessões.

Outras ordens jurídicas também se ocupam da reserva de bens aos parentes mais próximos.[24] A Itália contempla como herdeiros necessários o cônjuge, os filhos legítimos, legitimados ou naturais e os ascendentes legítimos.[25] A legislação civil assegura uma parcela variável a depender

---

[24] Sobre o tema: ANDRADE, Gustavo Henrique Baptista. *O Direito de herança e a liberdade de testar:* um estudo comparado entre os sistemas jurídicos brasileiro e inglês. Belo Horizonte: Forum, 2019.

[25] Art. 536 Legittimari
Le persone a favore delle quali la legge riserva (457, 549) una quota di eredità o altri diritti nella successione sono: il coniuge, i figli legittimi, i figli naturali, gli ascendenti legittimi. Ai figli legittimi sono equiparati i legittimati e gli adottivi.
A favore dei discendenti (77) dei figli legittimi o naturali, i quali vengono alla successione in luogo di questi (467), la legge riserva gli stessi diritti che sono riservati ai figli legittimi o naturali.
Art. 537 Riserva a favore dei figli legittimi e naturali
Salvo quanto disposto dall'art. 542, se il genitore lascia un figlio solo, legittimo o naturale (459, 231, 573), a questi è riservata la metà del patrimonio.
Se i figli sono più, è loro riservata la quota dei due terzi, da dividersi in parti uguali tra tutti i figli, legittimi e naturali.
I figli legittimi possono soddisfare in denaro o in beni immobili ereditari la porzione spettante ai figli naturali che non vi si oppongano. Nel caso di opposizione decide il giudice, valutate le circostanze personali e patrimoniali.
Art. 538 Riserva a favore degli ascendenti legittimi: Se chi muore non lascia figli legittimi né naturali, ma ascendenti legittimi, a favore di questi è riservato un terzo del patrimonio, salvo quanto disposto dall'art. 544. In caso di pluralità di ascendenti, la riserva è ripartita tra i medesimi secondo i criteri previsti dall'art. 569.
Art. 539 (abrogato)
Art. 540 Riserva a favore del coniuge: A favore del coniuge (459) è riservata la metà del patrimonio dell'altro coniuge, salve le disposizioni dell'art. 542 per il caso di concorso con i figli. Al coniuge, anche quando concorra con altri chiamati, sono riservati i diritti di abitazione sulla casa adibita a residenza familiare (144), e di uso sui mobili che la corredano,

de quem concorre entre si e do número de herdeiros do *de cujus*. A legislação civil italiana disciplina seis hipóteses, dentre elas: (1) No caso da concorrência do cônjuge com apenas 1 (um) descendente do *de cujus* é assegurado, como legítima, o percentual de 50% (cinquenta por cento) da herança; (2) Na hipótese da concorrência do cônjuge com dois ou mais descendentes do falecido, o percentual da legítima aumenta para ⅔ da herança, partilhado de modo igualitário entre eles; (3) Permanece o mesmo percentual de ⅔ da herança caso o cônjuge concorra com apenas um único filho do falecido. Neste caso, cada um recebe ⅓ da herança na modalidade de legítima; (4) Na concorrência do cônjuge com dois ou mais filhos, a legítima dele reduz-se a ¼ (um quarto) da herança e a dos filhos resta fixada em 50% (cinquenta por cento) dividida igualmente entre eles; (5) Na hipótese do cônjuge apresentar-se como herdeiro exclusivo, ou concorrer com ascendentes, a legítima será a de 50% (cinquenta por cento) do patrimônio. Aos ascendentes assegura-se ¼ do patrimônio como legítima. Ou seja, reserva-se 25% (vinte e cinco

---

se di proprietà del defunto o comuni. Tali diritti gravano sulla porzione disponibile e, qualora questa non sia sufficiente, per il rimanente sulla quota di riserva del coniuge ed eventualmente sulla quota riservata ai figli.

Art. 541 (abrogato)

Art. 542 Concorso di coniuge e figli: Se chi muore lascia, oltre al coniuge, un solo figlio, legittimo o naturale (459, 231, 258) a quest'ultimo è riservato un terzo del patrimonio ed un altro terzo spetta al coniuge. Quando i figli, legittimi o naturali, sono più di uno, ad essi è complessivamente riservata la metà del patrimonio e al coniuge spetta un quarto del patrimonio del defunto. La divisione tra tutti i figli, legittimi e naturali, è effettuata in parti uguali.

Si applica il terzo comma dell'art. 537.

Art. 543 (abrogato)

Art. 544 Concorso di ascendenti legittimi e coniuge: Quando chi muore non lascia né figli legittimi né figli naturali, ma ascendenti legittimi e il coniuge (459), a quest'ultimo è riservata la metà del patrimonio, ed agli ascendenti un quarto. In caso di pluralità di ascendenti, la quota di riserva ad essi attribuita ai sensi del precedente comma è ripartita tra i medesimi secondo i criteri previsti dall'art. 569.

Art. 545-547 (abrogati)

Art. 548 Riserva a favore del coniuge separato: Il coniuge cui non è stata addebitata la separazione con sentenza passata in giudicato (Cod. Proc. Civ. 324), ai sensi del secondo comma dell'art. 151, ha gli stessi diritti successori del coniuge non separato. Il coniuge cui è stata addebitata la separazione con sentenza passata in giudicato ha diritto soltanto ad un assegno vitalizio se al momento dell'apertura della successione godeva degli alimenti a carico del coniuge deceduto. L'assegno è commisurato alle sostanze ereditarie e alla qualità e al numero degli eredi legittimi, e non è comunque di entità superiore a quella della prestazione alimentare goduta. La medesima disposizione si applica nel caso in cui la separazione sia stata addebitata ad entrambi i coniugi.

Art. 549 Divieto di pesi o condizioni sulla quota dei legittimari: Il testatore non può imporre pesi o condizioni sulla quota spettante ai legittimari, salva l'applicazione delle norme contenute nel titolo IV di questo libro (733 e seguenti). (*Il Codice Civile Italiano*, disponível em: http://www.jus.unitn.it/cardozo/Obiter_Dictum/codciv/Lib2.htm, acesso em: 21 set. 2020).

por cento); (6) Na hipótese dos ascendentes serem os únicos herdeiros, a legítima aumenta para ⅓ (um terço).

Desta arquitetura, concluiu-se que a tutela jurídica italiana em termos de legítima é mais restritiva de autonomia privada do que a lei brasileira, porque apresenta detalhes minuciosos para os aumentos e reduções, a partir do número e da proximidade do vínculo de parentesco. Tem-se na proximidade de parentesco justificativa forte para assegurar transladação patrimonial pelo evento morte. A solidariedade familiar apresenta mais peso do que a autonomia.

A lei civil francesa que disciplina o tema passou por reforma no ano de 2007. Nesta mudança se retiraram os ascendentes do rol dos herdeiros necessários. Há aqui também uma variação legislativa que toma em consideração o número de herdeiros e a concorrência ou não. Segundo a ordem jurídica francesa, é assegurada uma parcela variável da herança, a depender do número de herdeiros e a existência ou não de concorrência sucessória.[26] Diante de um único herdeiro filho, o Código Francês assegura metade do patrimônio a título de legítima. Por outro lado, se dois ou mais filhos concorrerem, a legítima é elevada a dois terços, que deve ser partilhada em quotas iguais entre eles.[27] Entretanto, se tratar-se da hipótese de ser o cônjuge o único herdeiro, a reserva hereditária será de ¾, desde que este não esteja divorciado.[28] Também naquele sistema, tem-se uma legítima mais ampla para assegurar o direito dos herdeiros necessários.

A realidade de algumas famílias brasileiras é inconformar-se com a restrição de 50% do patrimônio. Neste caso, há notícias de verdadeiras artimanhas na tentativa de driblar tamanha restrição. A migração do patrimônio para o exterior, na tentativa de transladar a sucessão sem a incidência das regras jurídicas brasileiras, a constituição societária, com transferências de quotas sociais com efeitos distintos – patrimoniais

---

[26] A partir do artigo 912 do Código Civil Francês.

[27] Dispositivo dell'art. 542 Codice Civile.(1) Se chi muore lascia, oltre al coniuge, un solo figlio (2), a quest'ultimo è riservato un terzo del patrimonio ed un altro terzo spetta al coniuge (3).
Quando i figli (2) sono più di uno, ad essi è complessivamente riservata la metà del patrimonio e al coniuge spetta un quarto del patrimonio del defunto. La divisione tra tutti i figli (2), è effettuata in parti uguali [581]. [Si applica il terzo comma dell'articolo 537.](4)

[28] Artigo 914-1: Les libéralités, par actes entre vifs ou par testament, ne pourront excéder les trois quarts des biens si, à défaut de descendant, le défunt laisse un conjoint survivant, non divorcé. Em tradução livre: As doações, por escritura entre vivos ou por testamento, não podem ultrapassar três quartos dos bens se, na falta de descendente, o falecido deixar cônjuge sobrevivente, não divorciado. Disponível em: https://www.legifrance.gouv.fr/codes/id/LEGISCTA000006150544/2020-09-23/, acesso em: 16 dez. 2020, às 6h14min.

e políticos, na tentativa de equalizar a quantificação da legítima, com qualificação distinta. Implementação de doações a terceiros, enfim, uma série de movimentos para dar mais valor à autonomia privada patrimonial.

Sabe-se que a legítima é regra cogente e qualquer tentativa, dentro da ordem jurídica nacional de ultrapassar suas possibilidades, padece de nulidade absoluta. Entretanto, dentro dos limites estritos da ética e da legalidade, cada vez mais as famílias ocupam-se tentando fugir da necessidade de uso do Poder Judiciário. Dentro desta necessidade, encontra-se a possibilidade jurídica da realização do inventário extra-judicial[29] e, mais recentemente, o inventário eletrônico.[30]

Sem a necessidade de inventário, seria necessário o falecimento – sem bens –, mas ainda atentando ao conteúdo do art. 548 CC, que exige o essencial para a mantença. A hipótese mais tradicional seria a doação dos bens com reserva de usufruto. De outro lado, tem-se a possibilidade de efetivação da transmissão imediata do patrimônio de forma antecipada a partir da partilha em vida, prevista no artigo 2.018 do Código Civil.

Sabe-se que a fuga do Poder Judiciário geralmente relaciona-se a dois fatores fundamentais, o primeiro diz respeito ao prolongamento no tempo e o segundo relaciona-se ao custo. Por estes e outros fatores relacionados à maior facilidade, dentre as opções mais procuradas, está a opção do seguro – que, pela própria natureza jurídica, está excluído do inventário e pode ser usado para efetivar os custos totais de eventual inventário necessário.

Outra hipótese um pouco mais complexa é a criação societária com disciplina da transferência das quotas ou ações ainda em vida – com cláusula de reversão – e reserva de usufruto em favor da primeira geração. Neste caso, ocorrendo o falecimento, já não há bens a inventariar.

O que estes instrumentos têm em comum entre si é a busca por planejar a sucessão a partir de uma maior autonomia, seja para redução de complexidades tradicionais ou mesmo para atender vulnerabilidades específicas de eventuais herdeiros – que hoje são mais difíceis de serem contempladas em uma sucessão comum perante o Poder Judiciário.[31]

---

[29] Lei nº 11.441/2007.

[30] Vide Provimento nº 100/2020, que permite assinatura eletrônica dos atos notariais e registrais.

[31] Imagine-se uma vulnerabilidade específica relacionada à existência de uma deficiência ou mesmo o fato de que uma das filhas (essa realidade geralmente vem acompanhada de uma questão de gênero) tenha abdicado da vida profissional para alcançar cuidados aos pais na velhice ou enfermidade. Há uma vulnerabilidade econômica – com certeza multifatorial –, mas que teve elemento significativo na necessidade de cuidados especiais. Ora, se um dos

Se é fato que a meação e a legítima são garantias essenciais do Direito de Família e das Sucessões, também é fato que certas vulnerabilidades precisam da atenção especial destes dois ramos do Direito Civil.[32] Assim, ao apresentar um certo clamor social por maior autonomia patrimonial dos titulares do patrimônio, deve-se atentar para as vulnerabilidades específicas de cada uma das famílias, porque ainda se tem no Brasil importantes questões atinentes ao desequilíbrio entre os gêneros, que se apresentam como resquícios da sociedade tradicional. De outro lado, atos de autonomia podem e devem ser estimulados, mas atos de arbítrio não.

Liberdade e solidariedade devem integrar o acervo de ocupações dos grupamentos familiares, que, mais do que primar pelos direitos, devem constituir-se na faceta dos deveres e responsabilidades. Assim, eventual planejamento sucessório deve manter-se íntegro com relação à legislação e, mais, deve ser implementado e fiscalizado para superar vulnerabilidades específicas.

4 Conclusão

Ao se pensar sobre os futuros possíveis para o planejamento sucessório, vê-se como o Direito das Sucessões tem reclamado modificações. De uma visão clássica desse ramo do Direito, com clara herança do Direito romano inclusive na redação dos dispositivos codificados, percebe-se o quanto sua oxigenação se faz necessária para atender aos anseios sociais contemporâneos, nos seus principais alicerces: família e propriedade.

Enquanto essa revisão legislativa não acontece, cresce a prática do planejamento sucessório, em clara demonstração do manejo da autonomia privada em seara em que a morte representava uma barreira cultural para tratar do tema. Ante essa superação, acelerada pela pandemia da covid-19, o debate sobre as possibilidades, instrumentos e limites ao planejamento tem crescido.[33]

---

herdeiros atendeu integralmente aos ditames da solidariedade familiar – quando seria necessária a presença de todos –, não há razões para desconsiderar eventual reconhecimento dos pais com relação a isso.

[32] Para uma reflexão da legítima quando se tratar de patrimônio digital: FLEISCHMANN, Simone Tassinari Cardoso; TEDESCO, Letícia Trevisan. Legítima e herança digital: um desafio quase impossível. *In*: LEAL, Livia Teixeira; TEIXEIRA, Ana Carolina Brochado (Coord.). *Herança digital*: controvérsias e alternativas. Indaiatuba: Foco, 2021, p. 155-174.

[33] Elucidam esse debate os dois volumes do livro *Arquitetura do Planejamento Sucessório*, coordenado por Daniele Chaves Teixeira e editado pela Ed. Fórum, que reúne diversos

Ante alguns "incômodos" gerados pela incompatibilidade das regras sucessórias para a sociedade contemporânea, cita-se a qualificação do cônjuge (e do companheiro) como herdeiro necessário e a concorrência sucessória do cônjuge/companheiro com os descendentes, quando casado/unido estavelmente sob a égide do regime da separação total de bens. Esses exemplos demonstram a necessidade de um repensar sobre a razão justificadora desse engessamento: o princípio da solidariedade familiar.

Ao lado dessa realidade, tem-se uma mudança nos bens: da valorização dos bens de raiz passou-se a exaltar os bens móveis, com especial destaque para os bens digitais e as empresas. Já que não se pode mais separar de forma rígida a vida analógica da digital, é necessário que os planejamentos contemplem os ativos digitais do proprietário/usuário, principalmente em razão das controvérsias que pairam sobre a transmissibilidade desses bens ante a lacuna legislativa que trate especificamente do tema.

No mesmo sentido, a formação de empresas familiares para concentração do patrimônio da família parece ser uma tendência, impactada por facilidades tributárias e pela migração das regras de gestão para o Direito Societário. Além dessas, a migração de bens para o exterior. Esses dois fenômenos foram recentemente impactados por julgados importantes do STF. Portanto, a eleição desses instrumentos de planejamento deve ser pensada sob um viés integral, não tendo apenas o parâmetro das regras atuais como dos projetos de leis e tendências jurisprudenciais sobre os temas.

Também em relação a tendências uma reflexão sobre a legítima deve ser feita. Não obstante as críticas que recaem sobre ela, talvez o caminho não seja bani-la do ordenamento brasileiro, mas, sim, remodelá-la para que as restrições à autonomia privada fundadas na solidariedade familiar se justifiquem na proteção daqueles que realmente necessitam, como os que têm alguma vulnerabilidade.

Embora tenham sido apontadas essas tendências de mudança, independente delas, não há dúvidas de que o futuro do planejamento sucessório é bastante promissor, na medida em que as pessoas têm se apropriado da ideia de que ninguém melhor que ela, que conhece seus bens e sua família, para poder determinar, nos limites da legalidade, o destino de seu patrimônio, de forma a: (i) evitar litígios desnecessários e

---

autores para discutir o planejamento sucessório. No mesmo sentido, as três edições do Congresso que leva o mesmo nome.

que os bens pereçam nesse interregno, como respeito a quem construiu o acervo durante toda sua vida e (ii) potencializar ao máximo a utilização dos bens e a sua serventia aos herdeiros, suprindo suas necessidades e reduzindo suas vulnerabilidades.

Referências

ANDRADE, Gustavo Henrique Baptista. *O Direito de herança e a liberdade de testar:* um estudo comparado entre os sistemas jurídicos brasileiro e inglês. Belo Horizonte: Fórum, 2019.

AZEVEDO, Andreza Louise. A *holding* familiar será viável após a reforma tributária? *Revista Consultor Jurídico*, edição eletrônica, 9 de julho de 2021, disponível em https://www.conjur.com.br/2021-jul-09/azevedo-holding-familiar-viavel-reforma-tributaria, acesso em: 15 jul. 2021, às 6h23min.

BURILLE, Cíntia; HONORATO, Gabriel; LEAL, Livia Teixeira. Danos morais por exclusão de perfil de pessoa falecida? Comentários ao acórdão proferido na Apelação Cível nº 1119688-66.2019.8.26.0100 (TJSP). *Revista Brasileira de Direito Civil – RBDCivil*, Belo Horizonte, v. 28, p. 207-227, abr./jun. 2021.

FLEISCHMANN, Simone Tassinari Cardoso; FACHINI, Laura Stefenon. Pato antenupcial na perspectiva dos tabeliães, análise de questões controvertidas sob a ótica da doutrina e da prática notarial. *In: Revista da Faculdade Mineira de Direito – PUC Minas*, Belo Horizonte, edição eletrônica, vol. 23, n. 45, 2020. Disponível em http://periodicos.pucminas.br/index.php/Direito/article/view/22975, acesso em: 26 jul. 2021, às 10h30min.

FLEISCHMANN, Simone Tassinari Cardoso; TEDESCO, Letícia Trevisan. Legítima e herança digital: um desafio quase impossível. *In:* LEAL, Livia Teixeira; TEIXEIRA, Ana Carolina Brochado (Coord.). *Herança digital:* controvérsias e alternativas. Indaiatuba: Foco, 2021, p. 155-174.

FRITZ, Karina Nunes. A garota de Berlim e a herança digital. *In:* LEAL, Livia Teixeira; TEIXEIRA, Ana Carolina Brochado (Coord.). *Herança digital:* Controvérsias e alternativas. Indaiatuba: Foco, 2021, p. 227-244.

GUILHERMINO, Everilda Brandão. Acesso e compartilhamento: A nova base econômica e jurídica dos contratos e da propriedade. *Migalhas*. Disponível em: https://www.migalhas.com.br/coluna/migalhas-contratuais/311569/acesso-e-compartilhamento-a-nova-base-economica-e-juridica-dos-contratos-e-da-propriedade. Acesso em: 26 jul. 2021.

HIRONAKA, Giselda Maria Fernandes Novaes. *Morrer e Suceder*, passado e presente da transmissão sucessória concorrente. São Paulo: Revista dos Tribunais, 2014.

KONDER, Carlos Nelson; TEIXEIRA, Ana Carolina Brochado. Situações jurídicas dúplices: Controvérsias na nebulosa fronteira entre patrimonialidade e extrapatrimonialidade. *In:* RODRIGUES, Renata; TEIXEIRA, Ana Carolina Brochado (Coord.). *Contratos, família e sucessões:* diálogos interdisciplinares. 2. ed. Indaiatuba: Foco, 2021, p. 165-190.

KONDER, Carlos Nelson; TEIXEIRA, Ana Carolina Brochado. O enquadramento dos bens digitais sob o perfil funcional das situações jurídicas. *In:* LEAL, Livia Teixeira; TEIXEIRA, Ana Carolina Brochado (Coord.). *Herança digital:* controvérsias e alternativas. Indaiatuba: Foco, 2021, p. 21-40.

LACERDA, Bruno Torquato Zampier. *Bens digitais*. 2. ed. Indaiatuba: Foco, 2021.

LEAL, Livia Teixeira. *Internet e morte do usuário:* Propostas para o tratamento jurídico *post mortem* do conteúdo inserido na rede. 2. ed. Rio de Janeiro: GZ, 2020.

MADALENO, Rolf. Renúncia de herança no pacto antenupcial. *Revista IBDFAM Famílias e Sucessões*, n. 27. Disponível em: https://infographya.com/files/RENUNCIA_DE_HERANCA_NO_PACTO_ANTENUPCIAL.pdf, acesso em: 26 jul. 2021, às 10h20 min.

MEDON, Filipe; OLIVA, Milena Donato; TERRA, Aline de Miranda Valverde. Acervo digital: controvérsias quanto à sucessão *causa mortis*. *In:* LEAL, Livia Teixeira; TEIXEIRA, Ana Carolina Brochado (Coord.). *Herança digital:* Controvérsias e alternativas. Indaiatuba: Foco, 2021, p. 55-74.

MUCILO, Daniela de Carvalho; TEIXEIRA, Daniele Chaves. COVID-19 e planejamento sucessório: não há mais momento para postergar. *In:* NEVARES, Ana Luiza Maia; XAVIER, Marilia Pedroso; MARZAGÃO, Silvia Felipe (Coord.). *Coronavírus:* Impacto no direito de família e de sucessões. Indaiatuba: Foco, 2020, p. 333-350.

PwC | 10ª Pesquisa Global sobre Empresas Familiares, disponível em: https://www.pwc.com.br/pt/estudos/setores-atividades/pcs/2021/08-03-Pesquisa-Empresas-Familiares_2021_VF.pdf, acesso em: 16 jul. 2021, às 16h48min.

RIFKIN, Jeremy. *A era do acesso:* a transição e mercados convencionais para networks e o nascimento de uma nova economia. São Paulo: Makron books, 2001.

SAMPAIO, Luciano. Empresas familiares e plano de sucessão. Disponível em Price waterhouse Coopers https://www.pwc.com.br/pt/sala-de-imprensa/artigos/empresas-familiares-e-plano-de-sucessao.html#:~:text=Dados%20do%20Instituto%20Brasileiro%20de,75%25%20dos%20trabalhadores%20no%20pa%C3%ADs., acesso em: 16 jul. 2021, às 16h41min.

TEIXEIRA, Daniele Chaves. *Planejamento Sucessório*: pressupostos e limites. Belo Horizonte: Fórum, 2019.

TEIXEIRA, Ana Carolina Brochado; RODRIGUES, Renata de Lima (Coord.). *Contratos, família e sucessões* – diálogos interdisciplinares. 2. ed. Natal: Editora Foco, 2021.

TEPEDINO, Gustavo; TEIXEIRA, Ana Carolina Brochado. *Fundamentos de Direito Civil:* Direito de Família. 2. ed. Rio de Janeiro: Forense, 2021.

TEPEDINO, Gustavo; OLIVA, Milena Donato. *Fundamentos do direito civil*: teoria geral do direito civil. Rio de Janeiro: Forense, 2020.

Informação bibliográfica deste texto, conforme a NBR 6023:2018 da Associação Brasileira de Normas Técnicas (ABNT):

TEIXEIRA, Ana Carolina Brochado; FLESCHMANN, Simone Tassinari. Futuros possíveis para o planejamento sucessório. *In:* EHRHARDT JÚNIOR, Marcos (Coord.). *Direito Civil*: Futuros Possíveis. Belo Horizonte: Fórum, 2022. p. 87-108. ISBN 978-65-5518-281-1.

FRAGMENTOS DE FUTUROS POSSÍVEIS, NÃO NECESSARIAMENTE PROVÁVEIS, DO DIREITO PRIVADO BRASILEIRO

MARCOS CATALAN

Dar livre curso ao desenvolvimento 'espontâneo' não cria as condições da liberdade. A 'mão invisível' acaba por desembocar em um monopólio absoluto ou na guerra de todos contra todos, mas não na harmonia.[1]

Há pouco mais de um quarto de século foram publicadas, na Itália, interessantíssimas reflexões sob o título *Il diritto privato futuro*.[2] O livro, nascido na bricolagem de ideias lapidadas por autores do calado de Francesco Galgano, Pietro Rescigno, Pietro Perlingieri, Nicolò Lipari e Luigi Ferrajoli, ao tangenciar o intangível universo de possibilidades contidas no porvir, explora importantes aspectos imbricados (a) à necessária tutela – o que inclui, perceba-se, seu fomento – da liberdade em sua dimensão positiva e (b) à inegociável proteção da pessoa humana nos Estados Democráticos de Direito, denunciando, ainda, (c) algumas falácias que fragilizam o projeto arquitetônico elaborado pela dogmática jurídica para a autonomia privada.

Tais preocupações, aliás, podem ser encontradas desde as primeiras estrofes grafadas nas páginas que preludiam o tomo, como se pode

---

[1] JAPPE, Anselm. *Crédito à morte*: a decomposição do capitalismo e de suas críticas. Trad. Robson J. F. de Oliveira. São Paulo: Hedra, 2013. p. 218.

[2] SCUOLA di Specializzazione in Diritto Civile dell'Università di Camerino (Org.). *Il diritto privato futuro*. Napoli: ESI, 1993.

perceber na lição elaborada pelo professor Vincenzo Cantelmo com o escopo de apresentar uma obra que, tragicamente, não viu ser publicada.

Il passaggio dal soggetto, come termine astratto di referimento della norma, alla persona, come elemento umano di referimento del diritto, è un transito di cui il giurista deve tener conto perché la produzione legislativa contemporanea è tutta realizzata sulle specificità e sulle contingenze delle persone umane.[3]

Antes que os críticos se manifestem – e, de forma acertada, denunciem a metafísica platônica semanticamente que envolve as últimas palavras grafadas no parágrafo anterior –, é preciso esclarecer que, linhas mais tarde, o professor retoma sua verve crítica para escancarar importante questão impregnada ao processo de produção do Direito ao denunciar que

l'osservatore della produzione giuridica contemporanea, peraltro, non può negare la frattura che si realizza con la realtà pratica in termini di incoerenza del metodo della considerazione del soggetto come elemento generale e astratto di riferimento applicativo delle norme di diritto privato.[4]

Ao fazê-lo, põe na alça de mira a inafastável e inegociável necessidade de tutelar a *pessoa humana* – esse *ser* condenado a ser redesenhado através da eternidade[5] e que, aos olhos do Direito, experimenta a sua humanidade ao perseguir os ideais de "liberdade, igualdade e responsabilidade"[6] – e não abstrações pinçadas em telas envoltas pelas noções de *indivíduo* ou de *sujeito de direitos*.[7]

---

[3] CANTELMO, Vincenzo Ernesto. Introduzione. *In:* Scuola di Specializzazione in Diritto Civile dell'Università di Camerino (Org.). *Il diritto privato futuro*. Napoli: ESI, 1993. p. 11.

[4] CANTELMO, Vincenzo Ernesto. Introduzione. *In:* Scuola di Specializzazione in Diritto Civile dell'Università di Camerino (Org.). *Il diritto privato futuro*. Napoli: ESI, 1993. p. 11.

[5] COSTA. Poliana Emanuela da. Diferença ontológica e técnica moderna em Heidegger. *Saberes*, Natal, v. 1, n. especial, p. 59-69, jan. 2015. p. 61. "O ser, segundo Heidegger é advento consubstancial da própria história e, portanto, essencialmente diferença não apreensível absolutamente por qualquer conceito à margem dos desdobramentos históricos. Assim, o ser acontece no aberto do tempo e que conduz o homem para o ocultamento e desencobrimento de sua própria existência. O que parece um mero jogo de palavras se trata na verdade de enfatizar o aspecto de maior relevância da existência humana, o aspecto radicalmente finito, porém, não acabado".

[6] COELHO, Nuno Manuel Morgadinho dos Santos. A pessoa como tarefa infinita da experiencia jurídica. *In:* BEÇAK, Rubens; VELASCO, Ignácio Maria Poveda (Org.). *O direito e o futuro da pessoa*: estudos em homenagem ao professor Antonio Junqueira de Azevedo. São Paulo: Atlas, 2011. p. 41.

[7] CORTIANO JUNIOR, Eroulths. Para além das coisas (breve ensaio sobre o direito, a pessoa e o patrimônio mínimo). *In:* RAMOS, Carmem Lucia Silveira *et al.* (Org.). *Diálogos sobre direito civil*: construindo a racionalidade contemporânea. Rio de Janeiro: Renovar, 2002.

Fato é que os movimentos de sua pena deixaram marcas profundas ao sulcarem páginas que até então só conheciam alvo silêncio. Eles escancararam o fato de que o mesmo Estado ao qual se impõe o dever constitucional de garantir vidas dignas e o exercício material da cidadania a todos os que o habitam, logo, a obrigação, normativamente exigível, de abrigar e proteger o ser humano, de toda forma de exploração e miséria, segue arrogando para si o papel de única fonte de produção do Direito, revelando-se, neste contexto, ser incapaz de abandonar o instrumental criado na Modernidade para tutelar interesses inegavelmente burgueses.

Outro importantíssimo catedrático italiano ajuda a delinear o espaço no qual algumas poucas notas prenhes de incerteza serão semeadas em breve. Guido Alpa assevera que o Direito Privado é um importante campo do Direito que como os demais está sujeito aos humores de *Chronos*. Ele lembra que suas molduras, suas cercanias, hodiernamente, envolvem questões – muitas das quais estão impregnadas de inconteste fundamentalidade – acerca da *pessoa*, da família, da propriedade, do contrato e do seu relevante papel na distribuição de recursos, da responsabilidade civil e do *mercado*, instituições e institutos que devem ser percebidos como *"términos evocativos, criterios ordenantes, aglutinantes, de concepciones de la vida y de la sociedad, de la economía y de los intercambios, de las necesidades de los individuos y de las colectividades"*.[8]

Eis aí a arena sobre a qual alguns dos futuros reservados ao Direito Privado alcançarão o presente ao assumirem formas que fluirão através dos sentidos humanos e, eventualmente, virão a ser, hermeneuticamente, compartilhados. Eventos que assumirão configurações que quiçá revelem o total desacerto das projeções ora formuladas com a mesma esperança que leva um náufrago a escrever mensagens e as lançar dentro de garrafas.[9] Sobre tal cenário, envoltas por densa bruma, incomensuráveis são as possibilidades prospectáveis em alguns dos possíveis futuros reservados ao Direito Privado. Infelizmente, é preciso antecipar, nenhuma das situações antevistas será acompanhada por cânticos que celebram a vida e enaltecem ações heroicas ou por hinos compostos na tentativa de notabilizar histórias marcadas por inconteste bravura ou de valorizar vidas dedicadas ao outro.

Aliás, se a obra que inaugura este opúsculo afirmava que o intangível universo de possibilidades abrigado pelo porvir precisaria ser colorido com tons comunicando a tutela do viés positivo da liberdade

---

[8] ALPA, Guido. *¿Que és el derecho privado?* Trad. César Moreno More. Lima: Zela, 2017. p. 72.

[9] ADORNO, Theodor. Mensagens numa garrafa. *In*: ŽIŽEK, Slavoj (Org.). *Um mapa da ideologia*. Trad. Vera Ribeiro. Rio de Janeiro: Contraponto, 2010.

humana, a superação de mitos e ficções estereotipados na dogmática negocial e, ainda, a inegociável proteção do ser humano,[10] atualmente, tais lições seguem sendo dignas de nota e também por isso são aqui revisitadas.

A fundamentalidade de boa parte dos direitos em pauta, por si só, parece suficiente para estimular a normatividade imantada à prevenção e à precaução no tratamento dos dilemas que informam três sombrios cenários que este ensaio projetou no porvir:

(a) do primeiro, ecoa o crescente avanço da exclusão social, da miséria e da fome, logo, da negação da cidadania enquanto objeto de um direito que, urgentemente, precisa ser compreendido como um direito de acessos,

(b) sobre o segundo atuarão alguns dos incomensuráveis problemas afetos à disrupção tecnológica, ladeados, é preciso reconhecer, das muitas benesses, igualmente, imantadas aos recentes avanços da técnica,

(c) no terceiro, reinam o solipsismo e a perversão do Direito e, ainda, o pantagruélico, embora nem sempre percebido apetite de predadores como a Moral e a Economia.

Em maior ou menor medida, sobre estes três palcos será encenada relevante parte das situações em um futuro que não pode ser percebido senão enquanto um dentre os muitos futuros possíveis. E isso deve ocorrer porque se optou por antever o futuro tendo por lastro o que se observa no presente e, a partir daí, antecipar alegrias, dramas e tragédias cotidianas.

Expectadas virtualmente, encobertas por mantos que obnubilam tentativas de evidenciação do porvir, protegidas do contato com os sentidos humanos – através dos quais hão de fluir os nutrientes necessários ao desabrochar hermenêutico de qualquer resposta a ser ofertada pelo Direito Privado –, incomensuráveis são as situações no limiar de serem decodificadas como fatos, atos, atos-fatos e negócios jurídicos por seus intérpretes e(ou), quiçá, pelos intérpretes destes intérpretes.

Ocorre que nada garante que tais fatos sejam percebidos em sua mais lídima e helênica nudez, pois, ao atravessarem os sentidos de seres

---

[10] SCUOLA di Specializzazione in Diritto Civile dell'Università di Camerino (Org.). *Il diritto privato futuro*. Napoli: ESI, 1993.

demasiadamente humanos,[11] poderão ser pudicamente envoltos por vestes tecidas em tons melancólicos pelos teares da moral,[12] cobertos por roupas urdidas pela Economia,[13] tendo como modelo[14] um ser que bem pouco tem de humano, o *Homo Economicus*[15] – ou, ainda, enrolados em andrajos tramados por sofisticados algoritmos.

Em tal contexto ulula perceber que o controle das dinâmicas e das intromissões dos predadores no Direito,[16] atualmente imperioso, seguirá sendo imperativo quando se prospecta o porvir por impor o enfrentamento da discricionariedade e da perversão[17] de um direito que

---

[11] NIETZSCHE, Friedrich Wilhelm. *Ecce homo*: de como a gente se torna o que a gente é. Trad. Marcelo Backes. Porto Alegre: L&PM, 2009.

[12] ARNT RAMOS, André Luiz. *Segurança jurídica e enunciados normativos deliberadamente indeterminados*: o caso da função social do contrato. Tese (Doutorado) – Universidade Federal do Paraná, 2019. Orientação: Prof. Dr. Eroulths Cortiano Junior, 222fl.

[13] DARDOT, Pierre; LAVAL, Christian. *A nova razão do mundo*: ensaio sobre a sociedade neoliberal. Trad. Mariana Echalar. São Paulo: Boitempo, 2016.

[14] Advirta-se, em especial, o leitor neófito que este não é o único modelo esboçado pela economia. Sobre o assunto, mormente por conta da bibliografia utilizada, v. ARNT, André; CATALAN, Marcos. A interpretação dos contratos à luz da Lei da Liberdade Econômica: por ora, Hermes nada de novo tem a dizer. *Civilistica.com*, Rio de Janeiro, v. 10, p. 1-22, 2021.

[15] A preocupação se agiganta ao perceber-se que textos escritos por pesquisadores sérios e deveras bem-intencionados, seduzidos pelo canto das muitas sereias da *Law & Economics*, um a um, ao eclodirem, fissuram a integridade do Direito, corroendo os limites delineadores de sua autonomia, fato que ocorre mesmo quando enfrentam aspectos deveras pontuais no universo jurídico. A título de exemplo, v. COULON, Fabiano Koff. Critérios de quantificação dos danos extrapatrimoniais adotados pelos tribunais brasileiros e análise econômica do direito. *In*: TIMM, Luciano (Org.). *Direito & Economia*. 2. ed. Porto Alegre: LAEL, 2008. p. 175-191.

[16] STRECK, Lenio. Aplicar a "letra da lei" é uma atitude positivista? *Novos Estudos Jurídicos*, Itajaí, v. 15, n. 1, p. 158-173, jan./abr. 2010. p. 164. "Dito de outro modo, o direito do Estado Democrático de Direito está sob constante ameaça. Isso porque, de um lado, corre o risco de perder a autonomia (duramente conquistada) em virtude dos ataques dos predadores externos (da política, do discurso corretivo advindo da moral e da análise econômica do direito) e, de outro, torna-se cada vez mais da frágil em suas bases internas, em face da discricionariedade/arbitrariedade das decisões judiciais e do consequente decisionismo que disso exsurge inexoravelmente."

[17] RODRIGUEZ, José Rodrigo. As figuras da perversão do direito: para um modelo crítico de pesquisa jurídica empírica. *Revista Prolegómenos Derechos y Valores*, Nueva Granada v. 19, n. 37, p. 99-124, 2016. Há de se prestar especial atenção àquilo que o autor denomina falsa legalidade. "Chamo de falsa legalidade a produção de normas aparentemente universais, mas que são efetivamente postas a serviço de interesses parciais, por exemplo, atingir apenas a determinados grupos sociais e não outros. [...]. O conceito de falsa legalidade é especialmente útil para evidenciar espaços de arbítrio no interior do estado de direito, espaços que passariam despercebidos se nos ativéssemos apenas ao texto das leis sem prestar atenção em sua aplicação e em seus efeitos sobre a sociedade". *Id*. p. 104-105.

poderá revelar-se mais "autocrático" que o hodiernamente praticado, quando se-lhe-impõe, sem abertura para barganhas, ser "democrático".[18]

Este ensaio permitiu antecipar também alguns dos incomensuráveis dilemas artificialmente gestados em úteros tecnológicos, questões dentre as quais números desconhecidos – mesmo quando expectados com a força e magnitude de enxurradas – hão de verter através de quedas d'água disruptivas, sem que se possa dizer se o que os aguarda é um aprazível e refrescante mergulho ou o choque com incisivas rochas pontiagudas camufladas sob acolhedor espelho azul-turquesa.

Sem desejar enfrentar a discussão que busca concluir se uma tecnologia pode ser ontologicamente adjetivada como boa ou má, tampouco refutar a percepção de que a dualidade que habita *Janus* se espraia pelos domínios da técnica,[19] as notas aqui grafadas se limitam a prospectar alguns dos assuntos que exigirão – nos exatos limites delineados no título e nas estrofes que abrem este ensaio – a atenção do direito privado.

As ideias adiante alinhavadas circunscrevem-se, portanto, a enunciar situações que, com algum grau de plausibilidade, estarão na ordem do dia e clamarão pela intervenção – legitimadora e (ou) sancionadora – do Direito Privado ao assumirem a forma de acontecimentos que hão de abarcar (a) a compreensão dos limites e possibilidades imantados à crioconservação de corpos humanos e (b) a multiforme problemática afeta aos contratos biotecnológicos[20] e suas inegáveis conexões com temas que transitam pela eugenia, pelo uso de seres humanos em experimentos científicos – o que incluiu o desenvolvimento e produção de vacinas e medicamentos –, espraiam-se sobre a criação de clones, ciborgues e robôs contendo partes orgânicas, enfrentam a difícil questão que procura saber o destino a ser dado aos embriões esquecidos nos porões da Sibéria *high-tech*[21] e se estes poderão ser melhorados por

---

[18] RODRIGUEZ, José Rodrigo. Perversão do direito (e da democracia): seis casos. *Direito & Práxis*, Rio de Janeiro, v. 7, n. 4, p. 261-294, 2016. p. 266.

[19] *v.* CATALAN, Marcos. Inteligências artificialmente moldadas e a necessária proteção do consumidor no direito brasileiro: singelas rubricas inspiradas em Janus. *In:* CATALAN, Marcos, ROCHA, Mariângela Guerreiro Milhoranza da; PEREIRA, Gustavo Oliveira de Lima (Org.). *O caos no discurso jurídico*: uma homenagem a Ricardo Aronne. Londrina: Thoth, 2021.

[20] HARTMANN, Ricardo Marchioro. As aporias de um *Blade Runner* e os contratos envolvendo biotecnologia humana. *In:* CATALAN, Marcos, ROCHA, Mariângela Guerreiro Milhoranza da; PEREIRA, Gustavo Oliveira de Lima (Org.). *O caos no discurso jurídico*: uma homenagem a Ricardo Aronne. Londrina: Thoth, 2021.

[21] FROENER, Carla; CATALAN, Marcos. *A reprodução humana assistida na Sociedade de Consumo.* Indaiatuba: Foco, 2020.

meio da engenharia genética, perpassam a nem sempre transparente angústia que ladeia questões sanitárias que não recomendam a fertilização caseira, esbarram na dúvida sobre a possibilidade de remuneração de serviços gestacionais ou da gestação de humanos em úteros artificiais e, transbordam na ausência de informação adequada acerca destas e de muitas outras possibilidades não visualizadas por esse cérebro míope.

O horizonte esconde, ainda, preocupações crescentes (c) com a tutela de dados sensíveis[22] – mormente quando o presente revela, ao menos no Brasil, quase inconsequente descaso[23] na condução de um tema que tem muito mais relação com a tutela da personalidade do que com a proteção do patrimônio[24] –, (d) com a nem sempre perceptível discriminação promovida por algoritmos[25] que o *Mercado* busca personificar[26] ao recorrer a estratégias que vão muito além do uso de metonímias para suavizar sua aceitação popular, (e) com a exclusão social e a privação de liberdades afetas a sofisticadas técnicas

---

[22] BUSATTA, Eduardo Luiz. Do dever de prevenção em matéria de proteção de dados pessoais. *In*: EHRHARDT JÚNIOR, Marcos; CATALAN, Marcos; MALHEIROS, Pablo (Coord.). *Direito civil e tecnologia*. Belo Horizonte: Fórum, 2020.

[23] VILELA, Luiza. *Só 21% das empresas têm cibersegurança como prioridade no orçamento*. Consumidor Moderno, 2021. Disponível em https://www.consumidormoderno.com. br/2021/06/01/empresas-ciberseguranca-prioridade/?utm_campaign=news_cm_020621&utm_medium= email&utm_source= RD+Station. Acesso em: 04.06.2021.

[24] RODOTÀ, Stefano. *A vida na sociedade da vigilância*: a privacidade hoje. Trad. Danilo Doneda e Luciana Cabral, Rio de Janeiro: Renovar, 2008. p. 19. "Isto significa que certas categorias de dados, especialmente os de natureza médica e genética, não podem ser utilizados para fins negociais".

[25] *v.* SÁNCHEZ, Raúl Lafuente. El reglamento sobre bloqueo geográfico injustificado y la aplicación de las normas de derecho internacional privado a los contratos de consumo concluidos por vía electrónica. *In*: AMAYUELAS, Esther Arroyo; LAPUENTE, Sergio Cámara (Dir.). *El derecho privado en el nuevo paradigma digital*. Madrid: Marcial Pons, 2020 e, ainda, GONZAGA ADOLFO, Luiz; WESCHENFELDER, Lucas Reckziegel. Discriminação algorítmica e os direitos de personalidade na sociedade da informação. *In*: CATALAN, Marcos, ROCHA, Mariângela Guerreiro Milhoranza da; PEREIRA, Gustavo Oliveira de Lima (Org.). *O caos no discurso jurídico*: uma homenagem a Ricardo Aronne. Londrina: Thoth, 2021.

[26] SANT'ANA, Larissa. *Da agilidade ao encantamento: o papel dos chatbots na experiência*. Consumidor Moderno, 2021. Disponível em https://digital.consumidormoderno.com.br/da-agilidade-ao-encantamento-o-papel-dos-chatbots-na-experiencia-ed263/?utm_campaign= news_cm_teste_b_270521&utm_medium= email&utm_source= RD+Station. Acesso em: 04.06.2021. "Para além de agilizar processos e melhorar experiências, algumas características dos robôs possuem a capacidade de encantamento, geralmente encontradas nos formatos de assistente virtual. Além de manter um diálogo humanizado do início ao fim, a ferramenta pode, inclusive, ter respostas mais pessoais e empáticas. Esse é o caso da Iana, inteligência artificial da Havaianas desenvolvida em parceria com a TSC, empresa do Sitel Group. Carioca, a Iana tem data de nascimento, banda favorita e uma personalidade bem-definida. O usuário pode fazer perguntas pessoais que ela terá uma resposta. Recentemente, a IA tornou-se uma *personal shopper*, auxiliando na escolha de produtos e até presentes a partir de informações de personalidade do usuário".

de monitoramento[27] – incluídos, aqui, o reconhecimento facial, o *data tracking*, a implantação de *microchips* subcutâneos,[28] quiçá, de *nanochips* – e (f) com processos de identificação cada vez mais digitais[29] a promover inclusões excludentes. O futuro verá, ainda, (g) o incremento dos muitos problemas conhecidos na seara da videovigilância,[30] na medida em que câmeras com maior *zoom* serão conectadas a máquinas com

---

[27] *v.* REQUIÃO, Maurício; DIAS, Fernanda Rêgo Oliveira. Novas formas contratuais estabelecidas a partir do monitoramento digital. *In:* EHRHARDT JÚNIOR, Marcos; CATALAN, Marcos; MALHEIROS, Pablo (Coord.). *Direito civil e tecnologia*. Belo Horizonte: Fórum, 2020 e, ainda, CATALAN, Marcos. Inteligências artificialmente moldadas e a necessária proteção do consumidor no direito brasileiro: singelas rubricas inspiradas em Janus. *In:* CATALAN, Marcos, ROCHA, Mariângela Guerreiro Milhoranza da; PEREIRA, Gustavo Oliveira de Lima (Org.). *O caos no discurso jurídico*: uma homenagem a Ricardo Aronne. Londrina: Thoth, 2021.

[28] *EMPRESA vende microchips que você pode instalar no próprio corpo em casa*. Hypeness, 2021. Disponível em https://www.hypeness.com.br/2021/03/empresa-vende-microchips-que-voce-pode-instalar-no-proprio-corpo-em-casa/. Acesso em: 7 jun. 2021. "Os *microchips* instalados em nossos corpos não somente são uma realidade, como uma empresa estadunidense oferece a possibilidade de ser implantado por nós mesmos. Utilizando uma seringa simples ou uma agulha de 5 mm inserida na pele, o chip da *Dangerous Things* promete uma série de facilitações e melhorias em nossa interação com as tecnologias do dia a dia. Basicamente, para quem cria que em um futuro distante estaríamos com chips secretamente instalados em nossos corpos, esse futuro já chegou, mas a implantação não é secreta como pensavam os lunáticos da conspiração – mas sim, por nossa própria escolha, e aplicado em casa por nós mesmos – e nos tornarmos um pouco mais ciborgues. Sediada na cidade de Seattle, ao noroeste dos EUA, a empresa *Dangerous Things* oferece 9 tipos de *chip* em seu *site*, com diferentes especificidades e funcionalidades para cada um: segundo consta, a tecnologia permite a abertura de portas eletrônicas, verificações e memorizações de senhas, monitoração de temperatura do corpo, armazenamento de informações e arquivos, e até mesmo utilização para pagamentos *online*".

[29] DAGILIENĖ, Lina; ASTROMSKIS, Paulius. Regulation of electronic identification in financial services: digital identity and financial inclusion dimensions. *In:* AMAYUELAS, Esther Arroyo; LAPUENTE, Sergio Cámara (Dir.). *El derecho privado en el nuevo paradigma digital*. Madrid: Marcial Pons, 2020. p. 477. "*Therefore, current remote identification services offer a combination of ever-more-accurate facial recognition, document verification, and a growing variety of verifiable identity sources, increasingly powered by machine learning and artificial intelligence. Main elements of digital identity and document verification services are genuine presence assurance, establishing that the entity is a real person and not synthetic, corroboration and risk mitigation through the validation of captured images, faces and documents, secure capture of the trusted document that is being presented to a service provider, verification that this document is not a fake and has not been tampered with, and coordinating of the workflow that manages the processes and ties all the disparate technologies and data sources together. As a result, service providers are adopting these solutions in ever-increasing numbers. However, all these currently offered remote identification solutions require the possession of government-issued documents in at least one step of the identification procey ss. Accordingly, the still centralized identity system has no viable way of solving problems related undocumented participants in the financial markets, who could otherwise use the potential of decentralized digital identity*".

[30] CATALAN, Marcos. A difusão de sistemas de videovigilância na urbe contemporânea: um estudo inspirado em Argos Panoptes, cérebros eletrônicos e suas conexões com a liberdade e a igualdade. *Revista da Faculdade de Direito da Universidade Federal de Minas Gerais*, Belo Horizonte, v. 75, p. 303-321, 2019.

maior capacidade de armazenamento e processamento de dados e a um *software* programado para atuar de forma preditiva nem sempre sob controle humano.

O direito privado abrigado no porvir, muito provavelmente, terá que lidar ademais (h) com tecnologias que ameaçam desnudar ainda mais a privacidade,[31] por meio da exposição de corpos, de genes e, quiçá, de pensamentos, bem como (i) com técnicas desenvolvidas com o escopo de moldar, modular, manipular condutas humanas de forma cada vez mais sutil,[32] o que não implicará, necessariamente, menor violência.

Entremeio as suas sístoles e diástoles estarão também (j) a expansão da robótica[33] a alimentar-se de empregos e dignidade prometida a todos pela Constituição de 1988, sob o argumento da eficiência e, sem dúvida alguma, (k) a adolescência – esse tempo tão difícil – daquilo que se convencionou denominar inteligência artificial.[34]

O futuro igualmente reserva ao Direito Privado questões que dizem respeito (l) aos veículos autônomos[35] – carros, navios, aviões,

---

[31] Ver RUDA, Albert. Las nuevas tecnologías ante la sextimidad: la responsabilidad civil y penal por el sexting. *In*: EHRHARDT JÚNIOR, Marcos; CATALAN, Marcos; MALHEIROS, Pablo (Coord.). *Direito civil e tecnologia*. Belo Horizonte: Fórum, 2020 e, ainda, PEREIRA JÚNIOR, Antonio Jorge; MORAU, Caio. O uso de drones no jornalismo e a tutela da privacidade. *In*: EHRHARDT JÚNIOR, Marcos; CATALAN, Marcos; MALHEIROS, Pablo (Coord.). *Direito civil e tecnologia*. Belo Horizonte: Fórum, 2020. p. 97-98. "No sentido mais amplo, *privacy* admite conceitos como: (a) ver-se livre de fiscalização, ainda que decorrente de determinação da lei ou de agentes nacionais de segurança, espreitadores, *paparazzi* ou *voyeurs*; (b) ver-se livre da intrusão física no próprio corpo, por meio de variados tipos de pesquisas ou procedimentos para testes de drogas; (c) controle da própria identidade; e (d) proteção das informações pessoais".

[32] SCHMIDT NETO, André Perin. *O livre-arbítrio na era do Big Data*. São Paulo: Tirant lo Blanch, 2021. SOUZA. Joyce; AVELINO, Rodolfo; SILVEIRA, Sérgio Amadeu da (Org.). *A sociedade do controle*: manipulação e modulação nas redes digitais. São Paulo: Hedra, 2018.

[33] NALIN, Paulo; NOGAROLI, Rafaella. Cirurgias assistidas por robôs e análise diagnóstica com inteligência artificial: novos desafios sobre os princípios contratuais e o equacionamento da responsabilidade civil médica. *In*: EHRHARDT JÚNIOR, Marcos; CATALAN, Marcos; MALHEIROS, Pablo (Coord.). *Direito civil e tecnologia*. Belo Horizonte: Fórum, 2020.

[34] SILVA, Alexandre Barbosa da. LGPD e a teoria do caos: reflexões a partir do pensamento vivo de Ricardo Aronne. *In*: CATALAN, Marcos, ROCHA, Mariângela Guerreiro Milhoranza da; PEREIRA, Gustavo Oliveira de Lima (Org.). *O caos no discurso jurídico*: uma homenagem a Ricardo Aronne. Londrina: Thoth, 2021. p. 27. "Por mais que a lei pretenda ser completa, a complexidade do tecido social e do mercado, bem como as incertezas próprias do desconhecimento sobre as consequências dos usos tecnológicos, tornam a lei incompleta pela impossibilidade, sequer, de mínima previsibilidade do porvir. Exemplo disso é a impossibilidade de conhecer-se as consequências do uso de tecnologias de inteligência artificial, na exata medida em que a programação do robô não permite saber se ele obedecerá sempre ao comando do humano que o programou ou se em algum momento a própria máquina terá postura independente, contrária à programação inicial".

[35] NAVARRO-MICHEL, Mónica. La aplicación de la normativa sobre accidentes de tráfico a los causados por vehículos automatizados y autónomos. *In*: AMAYUELAS, Esther Arroyo;

drones etc. – e aos correlatos acidentes afetos a falhas na programação, falta de manutenção ou a ataques *hackers*, importa menos agora, (m) a cirurgias robóticas e problemas a ela correlatos, muitos dos quais são bastante similares aos já apontados, (n) aos efeitos colaterais atados ao consumo de fármacos e outras drogas que venham a ser legalizadas e, por que não, (o) à dependência provocada por jogos eletrônicos cada vez mais sofisticados, interativos e viciantes.[36]

Quiçá, para além de lidar com (p) mentiras cada vez mais críveis no contexto das *deep fake news*, o Direito prospectado entremeio a estas poucas páginas venha ainda lidar com o avanço de processos (q) aptos a promoverem a vivificação humana – o que faria o mito de *Frankenstein* renascer sem as muitas marcas cosidas em seu corpo em *Hollywood* ou que, (r) na iminência da morte, transfiram as memórias, o sistema cognitivo de alguém para um *hardware* que o acolha sem *bugs*,[37] tema explorado no transumanismo e igualmente retratado pela Sétima Arte.[38]

Enfim, dentre as questões, dentre os dilemas que precisarão ser enfrentados pelo Direito Privado contido pela linha do horizonte, o aumento da pobreza e da fome emerge, sem dúvida, dentre os que têm mais chance de se materializarem no Brasil. A constatação é deveras preocupante. Mais que isso, ela é marcada por inconteste crueldade, registre-se, embora, nem por isso, deva ser ocultada. São diversos os indícios a anunciá-la:

> A palavra fome voltou a assombrar os brasileiros mais pobres. Além do recrudescimento da pandemia e do impacto com as quase 4 mil mortes diárias pela Covid-19, há uma tempestade perfeita nesse caos que coloca em risco também sua segurança alimentar: inflação alta, desemprego e ausência do auxílio emergencial – ao menos num nível que permita a compra de uma cesta básica. O Brasil deixou o chamado Mapa da Fome em 2014 com o amplo alcance do programa Bolsa Família – estudo do Instituto de Pesquisa Econômica Aplicada baseado em dados de 2001 a

---

LAPUENTE, Sergio Cámara (Dir.). *El derecho privado en el nuevo paradigma digital*. Madrid: Marcial Pons, 2020.

[36] *v.* VIDAL, María Remedios Guilabert. Menores y videojuegos: protección jurídica actual y responsabilidad civil frente a las conductas adictivas. *Revista de Derecho Privado*, Madrid, n. 1, p. 85-118, 2021 e, ainda, CONSALTER, Zilda Mara; DOS ANJOS, Alexsandro. Apontamentos jurídicos acerca das contas de jogos eletrônicos online. *Revista Eletrônica Direito e Sociedade*, Canoas, v. 6, n. 1, p. 319-337, maio 2018.

[37] MARY SHELLEY'S FRANKENSTEIN. Dir. Kenneth Branagh. Prod. Francis Ford Coppola. United States: TriStar Pictures, 1994. DVD.

[38] VANILLA SKY. Dir. Cameron Crowe. Prod. Cameron Crowe; Tom Cruise; Paula Wagner. United States: Paramount Pictures, 2001. DVD.

2017 mostrou que, no decorrer de 15 anos, o programa reduziu a pobreza em 15% e a extrema pobreza em 25%. No entanto, o país deve voltar a figurar na geopolítica da miséria no balanço referente a 2020. O Mapa da Fome é um levantamento feito e publicado pela Organização das Nações Unidas sobre a situação global de carência alimentar. Um país entra nesse levantamento quando a subalimentação afeta 5% ou mais de sua população. Venezuela, México, Índia, Afeganistão e praticamente todas as nações africanas apareceram no mapa referente a 2019. O Brasil tem ficado fora, embora dados do Instituto Brasileiro de Geografia e Estatística mostrassem que, já em 2018, após anos de turbulências políticas e crescimento econômico pífio, a fome voltava a se alastrar. Agora, com a eclosão da pandemia e suas consequências econômicas e sanitárias, vai ser difícil escapar.[39]

Um ano antes do referido relato, outra sombria notícia antecipava referida predição, prenunciando o galopar acelerado de um corcel negro que traz em seu dorso um dos quatro Cavaleiros do Apocalipse.

Em 2017-2018, dos 68,9 milhões de domicílios no Brasil, 36,7% (o equivalente a 25,3 milhões) estavam com algum grau de Insegurança Alimentar (IA): IA leve (24,0%, ou 16,4 milhões), IA moderada (8,1%, ou 5,6 milhões) ou IA grave (4,6%, ou 3,1 milhões). Na população residente, estimada em 207,1 milhões de habitantes, 122,2 milhões eram moradores em domicílios com SA, enquanto 84,9 milhões habitavam aqueles com alguma IA, assim distribuídos: 56,0 milhões em domicílios com IA leve, 18,6 milhões em domicílios com IA moderada e 10,3 milhões em domicílios com IA grave. Como retrataram três suplementos da antiga PNAD, a prevalência nacional de Segurança Alimentar (SA) era de 65,1% dos domicílios do país, em 2004, cresceu para 69,8%, em 2009, e para 77,4%, em 2013. Mas a POF 2017-2018, que investiga esse fenômeno com a mesma metodologia, mostra que essa prevalência caiu para 63,3% dos domicílios, abaixo do observado em 2004. A IA leve teve aumento de 33,3% frente a 2004 e 62,2% em relação a 2013. Já a IA moderada aumentou 76,1% em relação a 2013 e a IA grave, 43,7%. As prevalências de SA no Norte (43,0%) e Nordeste (49,7%) indicam que menos da metade dos domicílios dessas regiões tinham acesso pleno e regular aos alimentos. Os percentuais eram melhores no Centro-Oeste (64,8%), Sudeste (68,8%) e Sul (79,3%). A rede geral de esgotos está presente em menos da metade dos domicílios em IA moderada (47,8%) e IA grave (43,4%). Em ambos os casos, a existência de fossa não ligada a rede é

---

[39] LIMA, Mário Sérgio. *Inflação e pandemia podem empurrar Brasil de volta ao Mapa da Fome*. CNN Brasil, 2021. Disponível em https://www.cnnbrasil.com.br/nacional/2021/04/01/inflacao-e-pandemia-podem-empurrar-brasil-de-volta-ao-mapa-da-fome. Acesso em: 24 maio 2021.

bastante relevante (43%). O uso de lenha ou carvão na preparação dos alimentos foi mais frequente nos domicílios com IA moderada (30%) e IA grave (33,4%). Já o uso de energia elétrica foi mais frequente (60,9%) nos domicílios em SA e menos (33,5%) nos domicílios com IA grave. Nos domicílios em condição de segurança alimentar, predominam os homens como pessoa de referência (61,4%). Essa prevalência vai se invertendo conforme aumenta o grau de insegurança alimentar, até chegar a 51,9% de mulheres como pessoa de referência nos domicílios com IA grave. Entre as despesas totais de consumo, a parcela dedicada à Habitação apresentou a maior participação percentual, independente da situação de SA ou IA existente no domicílio. Nos domicílios com SA, o grupo Transporte apresentou a segunda maior participação percentual, enquanto a Alimentação assumiu esta posição para os domicílios em IA. A participação do rendimento do trabalho representou 57,5% rendimento total e variação patrimonial média mensal das famílias para os domicílios em SA, contra 45,2% para os classificados em IA grave. Já as transferências representaram 25,7% para as famílias em IA grave, e o rendimento não monetário, 25,2%, portanto somando 50,9% do rendimento total e variação patrimonial média mensal dessas famílias. Essas informações fazem parte da Pesquisa de Orçamentos Familiares 2017-2018: Análise da Segurança Alimentar no Brasil. Essa é a primeira vez que a POF traz as prevalências de segurança alimentar, segundo a Escala Brasileira de Insegurança Alimentar – EBIA. As investigações anteriores do tema foram feitas nas edições de 2004, 2009 e 2013 da Pesquisa Nacional por Amostra de Domicílios – PNAD, com o uso da mesma metodologia, o que permite a comparação dos indicadores.[40]

A tarefa, sem dúvida, é digna dos esforços de *Sísifo*, o que exige que seja posta em movimento não apenas por aqueles que hão de escrever o Direito Privado no futuro, mas por quem tenha que fazê-lo no presente, especialmente porque "entre a falta de indícios de algum porvir e a demolição da própria história, aqui se a primeira [é] passível de ser preenchida como todo vazio, a segunda é o próprio abismo".[41]

Mãos à obra então!

---

[40] *POF 2017-2018*: proporção de domicílios com segurança alimentar fica abaixo do resultado de 2004, Agência IBGE notícias, 2020. Disponível em https://agenciadenoticias.ibge.gov.br/agencia-sala-de-imprensa/2013-agencia-de-noticias/releases/28896-pof-2017-2018-proporcao-de-domicilios-com-seguranca-alimentar-fica-abaixo-do-resultado-de-2004. Acesso em: 24.05.2021.

[41] FACHIN, Luiz Edson. Autonomia pessoal, destino, julgamentos e instituições no Brasil: notas sobre uma pergunta e algumas respostas. *Revista Brasileira de Políticas Públicas*, Brasília, v. 10, n. 2, p. 21-39, ago. 2020. p. 35.

Referida empreitada pressupõe, entretanto, cooperação e alteridade na construção de futuros que possam albergar cada ser humano, futuros que venham a ser percebidos como ambientes acolhedores e que, ao promoverem a vertente substancial da igualdade, saibam lidar com as diferenças, como aliás imaginara Pietro Rescigno, ao afirmar que *"dovremmo renderci conto che, al di là dell'eguaglianza formale e dell'eguaglianza sostanziale, si pone il problema di necessarie differenziazioni, tese non al ripristino di un diritto diseguale ma alla creazione di un diritto rispettoso delle diversità"*,[42] futuros que, infelizmente, parecem cada vez menos prováveis em um Brasil moribundo que sangra em verde-amarelo.

Enfim, que as soluções para os problemas delineados ao longo deste ensaio identifiquem que o desprezo à "inexistência de perenidade e incolumidade" de um sistema jurídico "armado sob a decadência do voluntarismo jurídico" ajuda a alimentar "o divórcio abissal [existente] entre o direito e o não direito". Que as respostas lapidadas em possíveis futuros entendam que o direito privado "deve, com efeito, ser concebido como serviço da vida a partir de sua raiz antropocêntrica, não para repor em cena o individualismo do século XVIII, nem para retomar a biografia do sujeito jurídico da Revolução Francesa, mas sim para se afastar do tecnicismo e do neutralismo"[43] ainda hoje utilizados para caracterizá-lo.

Referências

ADORNO, Theodor. Mensagens numa garrafa. *In:* ŽIŽEK, Slavoj (Org.). *Um mapa da ideologia*. Trad. Vera Ribeiro. Rio de Janeiro: Contraponto, 2010.

ALPA, Guido. *¿Que és el derecho privado?* Trad. César Moreno More. Lima: Zela, 2017.

ARNT RAMOS, André Luiz. *Segurança jurídica e enunciados normativos deliberadamente indeterminados*: o caso da função social do contrato. Tese (Doutorado) – Universidade Federal do Paraná, 2019. Orientação: Prof. Dr. Eroulths Cortiano Junior, 222fl.

ARNT, André; CATALAN, Marcos. A interpretação dos contratos à luz da Lei da Liberdade Econômica: por ora, Hermes nada de novo tem a dizer. *Civilistica.com*, Rio de Janeiro, v. 10, p. 1-22, 2021.

BUSATTA, Eduardo Luiz. Do dever de prevenção em matéria de proteção de dados pessoais. *In:* EHRHARDT JÚNIOR, Marcos; CATALAN, Marcos; MALHEIROS, Pablo (Coord.). *Direito civil e tecnologia*. Belo Horizonte: Fórum, 2020.

---

[42] RESCIGNO, Pietro. Diritto privato futuro. *In:* Scuola di Specializzazione in Diritto Civile dell´Università di Camerino (Org.). *Il diritto privato futuro*. Napoli: ESI, 1993. p. 41-42.

[43] FACHIN, Luiz Edson. Limites e possibilidades da nova teoria geral do direito civil. *Revista da Faculdade de Direito*. Curitiba, ano 27, n. 27, p. 49-60, 1992/1993, p. 51-58.

CANTELMO, Vincenzo Ernesto. Introduzione. *In:* Scuola di Specializzazione in Diritto Civile dell'Università di Camerino (Org.). *Il diritto privato futuro.* Napoli: ESI, 1993.

CATALAN, Marcos. A difusão de sistemas de videovigilância na urbe contemporânea: um estudo inspirado em Argos Panoptes, cérebros eletrônicos e suas conexões com a liberdade e a igualdade. *Revista da Faculdade de Direito da Universidade Federal de Minas Gerais,* Belo Horizonte, v. 75, p. 303-321, 2019.

CATALAN, Marcos. Inteligências artificialmente moldadas e a necessária proteção do consumidor no direito brasileiro: singelas rubricas inspiradas em Janus. *In:* CATALAN, Marcos, ROCHA, Mariângela Guerreira Milhoranza da; PEREIRA, Gustavo Oliveira de Lima (Org.). *O caos no discurso jurídico:* uma homenagem a Ricardo Aronne. Londrina: Thoth, 2021.

FROENER, Carla; CATALAN, Marcos. *A reprodução humana assistida na sociedade de consumo.* Indaiatuba: Foco, 2020.

COELHO, Nuno Manuel Morgadinho dos Santos. A pessoa como tarefa infinita da experiencia jurídica. *In:* BEÇAK, Rubens; VELASCO, Ignácio Maria Poveda (Org.). *O direito e o futuro da pessoa:* estudos em homenagem ao professor Antonio Junqueira de Azevedo. São Paulo: Atlas, 2011.

CONSALTER, Zilda Mara; DOS ANJOS, Alexsandro. Apontamentos jurídicos acerca das contas de jogos eletrônicos online. *Revista Eletrônica Direito e Sociedade,* Canoas, v. 6, n. 1, p. 319-337, maio 2018.

CORTIANO JUNIOR, Eroulths. Para além das coisas (breve ensaio sobre o direito, a pessoa e o patrimônio mínimo). *In:* RAMOS, Carmem Lucia Silveira *et al.* (Org.). *Diálogos sobre direito civil:* construindo a racionalidade contemporânea. Rio de Janeiro: Renovar, 2002.

COSTA, Poliana Emanuela da. Diferença ontológica e técnica moderna em Heidegger. *Saberes,* Natal, v. 1, n. especial, p. 59-69, jan. 2015.

COULON, Fabiano Koff. Critérios de quantificação dos danos extrapatrimoniais adotados pelos tribunais brasileiros e análise econômica do direito. *In:* TIMM, Luciano (Org.). *Direito & Economia.* 2. ed. Porto Alegre: LAEL, 2008.

DAGILIENĖ, Lina; ASTROMSKIS, Paulius. Regulation of electronic identification in financial services: digital identity and financial inclusion dimensions. *In:* AMAYUELAS, Esther Arroyo; LAPUENTE, Sergio Cámara (Dir.). *El derecho privado en el nuevo paradigma digital.* Madrid: Marcial Pons, 2020.

DARDOT, Pierre; LAVAL, Christian. *A nova razão do mundo:* ensaio sobre a sociedade neoliberal. Trad. Mariana Echalar. São Paulo: Boitempo, 2016.

EMPRESA vende microchips que você pode instalar no próprio corpo em casa. Hypeness, 2021. Disponível em https://www.hypeness.com.br/2021/03/empresa-vende-microchips-que-voce-pode-instalar-no-proprio-corpo-em-casa/. Acesso em: 7 jun. 2021.

FACHIN, Luiz Edson. Autonomia pessoal, destino, julgamentos e instituições no Brasil: notas sobre uma pergunta e algumas respostas. *Revista Brasileira de Políticas Públicas,* Brasília, v. 10, n. 2, p. 21-39, ago. 2020.

FACHIN, Luiz Edson. Limites e possibilidades da nova teoria geral do direito civil. *Revista da Faculdade de Direito,* Curitiba, ano 27, n. 27, p. 49-60, 1992/1993.

GONZAGA ADOLFO, Luiz; WESCHENFELDER, Lucas Reckziegel. Discriminação algorítmica e os direitos de personalidade na sociedade da informação. *In:* CATALAN, Marcos, ROCHA, Mariângela Guerreira Milhoranza da; PEREIRA, Gustavo Oliveira de Lima (Org.). *O caos no discurso jurídico:* uma homenagem a Ricardo Aronne. Londrina: Thoth, 2021.

HARTMANN, Ricardo Marchioro. As aporias de um *Blade Runner* e os contratos envolvendo biotecnologia humana. *In:* CATALAN, Marcos, ROCHA, Mariângela Guerreiro Milhoranza da; PEREIRA, Gustavo Oliveira de Lima (Org.). *O caos no discurso jurídico*: uma homenagem a Ricardo Aronne. Londrina: Thoth, 2021.

JAPPE, Anselm. *Crédito à morte*: a decomposição do capitalismo e de suas críticas. Trad. Robson J. F. de Oliveira. São Paulo: Hedra, 2013.

LIMA, Mário Sérgio. *Inflação e pandemia podem empurrar Brasil de volta ao Mapa da Fome*. CNN Brasil, 2021. Disponível em https://www.cnnbrasil.com.br/nacional/2021/04/01/inflacao-e-pandemia-podem-empurrar-brasil-de-volta-ao-mapa-da-fome. Acesso em: 24 maio 2021.

MARY SHELLEY'S FRANKENSTEIN. Dir. Kenneth Branagh. Prod. Francis Ford Coppola. United States: TriStar Pictures, 1994. DVD.

NALIN, Paulo; NOGAROLI, Rafaella. Cirurgias assistidas por robôs e análise diagnóstica com inteligência artificial: novos desafios sobre os princípios contratuais e o equacionamento da responsabilidade civil médica. *In:* EHRHARDT JÚNIOR, Marcos; CATALAN, Marcos; MALHEIROS, Pablo (Coord.). *Direito civil e tecnologia*. Belo Horizonte: Fórum, 2020.

NAVARRO-MICHEL, Mónica. La aplicación de la normativa sobre accidentes de tráfico a los causados por vehículos automatizados y autónomos. *In:* AMAYUELAS, Esther Arroyo; LAPUENTE, Sergio Cámara (Dir.). *El derecho privado en el nuevo paradigma digital*. Madrid: Marcial Pons, 2020.

NIETZSCHE, Friedrich Wilhelm. *Ecce homo*: de como a gente se torna o que a gente é. Trad. Marcelo Backes. Porto Alegre: L&PM, 2009.

PEREIRA JÚNIOR, Antonio Jorge; MORAU, Caio. O uso de drones no jornalismo e a tutela da privacidade. *In:* EHRHARDT JÚNIOR, Marcos; CATALAN, Marcos; MALHEIROS, Pablo (Coord.). *Direito civil e tecnologia*. Belo Horizonte: Fórum, 2020.

POF 2017-2018: proporção de domicílios com segurança alimentar fica abaixo do resultado de 2004, Agência IBGE notícias, 2020. Disponível em https://agenciadenoticias.ibge.gov.br/agencia-sala-de-imprensa/2013-agencia-de-noticias/releases/28896-pof-2017-2018-proporcao-de-domicilios-com-seguranca-alimentar-fica-abaixo-do-resultado-de-2004. Acesso em: 24 maio 2021.

REQUIÃO, Maurício; DIAS, Fernanda Rêgo Oliveira. Novas formas contratuais estabelecidas a partir do monitoramento digital. *In:* EHRHARDT JÚNIOR, Marcos; CATALAN, Marcos; MALHEIROS, Pablo (Coord.). *Direito civil e tecnologia*. Belo Horizonte: Fórum, 2020.

RESCIGNO, Pietro. Diritto privato futuro. *In:* Scuola di Specializzazione in Diritto Civile dell'Università di Camerino (Org.). *Il diritto privato futuro*. Napoli: ESI, 1993.

RODOTÀ, Stefano. *A vida na sociedade da vigilância*: a privacidade hoje. Trad. Danilo Doneda e Luciana Cabral. Rio de Janeiro: Renovar, 2008.

RODRIGUEZ, José Rodrigo. As figuras da perversão do direito: para um modelo crítico de pesquisa jurídica empírica. *Revista Prolegómenos Derechos y Valores*, Nueva Granada v. 19, n. 37, p. 99-124, 2016.

RODRIGUEZ, José Rodrigo. Perversão do direito (e da democracia): seis casos. *Direito & Práxis*, Rio de Janeiro, v. 7, n. 4, p. 261-294, 2016.

RUDA, Albert. Las nuevas tecnologías ante la sextimidad: la responsabilidad civil y penal por el sexting. *In*: EHRHARDT JÚNIOR, Marcos; CATALAN, Marcos; MALHEIROS, Pablo (Coord.). *Direito civil e tecnologia*. Belo Horizonte: Fórum, 2020.

SÁNCHEZ, Raúl Lafuente. El reglamento sobre bloqueo geográfico injustificado y la aplicación de las normas de derecho internacional privado a los contratos de consumo concluidos por vía electrónica. *In*: AMAYUELAS, Esther Arroyo; LAPUENTE, Sergio Cámara (Dir.). *El derecho privado en el nuevo paradigma digital*. Madrid: Marcial Pons, 2020.

SANT'ANA, Larissa. *Da agilidade ao encantamento: o papel dos chatbots na experiência*. Consumidor Moderno, 2021. Disponível em https://digital.consumidormoderno.com. br/da-agilidade-ao-encantamento-o-papel-dos-chatbots-na-experiencia-ed263/?utm_campaign= news_cm_teste_b_270521&utm_medium= email&utm_source= RD+Station. Acesso em: 4 jun. 2021.

SCHMIDT NETO, André Perin. *O livre-arbítrio na era do Big Data*. São Paulo: Tirant lo Blanch, 2021.

SOUZA. Joyce; AVELINO, Rodolfo; SILVEIRA, Sérgio Amadeu da (Org.). *A sociedade do controle*: manipulação e modulação nas redes digitais. São Paulo: Hedra, 2018.

SCUOLA di Specializzazione in Diritto Civile dell'Università di Camerino (Org.). *Il diritto privato futuro*. Napoli: ESI, 1993.

SILVA, Alexandre Barbosa da. LGPD e a teoria do caos: reflexões a partir do pensamento vivo de Ricardo Aronne. *In*: CATALAN, Marcos, ROCHA, Mariângela Guerreiro Milhoranza da; PEREIRA, Gustavo Oliveira de Lima (Org.). *O caos no discurso jurídico*: uma homenagem a Ricardo Aronne. Londrina: Thoth, 2021.

STRECK, Lenio. Aplicar a "letra da lei" é uma atitude positivista? *Novos Estudos Jurídicos*, Itajaí, v. 15, n. 1, p. 158-173, jan./abr. 2010.

VANILLA SKY. Dir. Cameron Crowe. Prod. Cameron Crowe; Tom Cruise; Paula Wagner. United States: Paramount Pictures, 2001. DVD.

VIDAL, María Remedios Guilabert. Menores y videojuegos: protección jurídica actual y responsabilidad civil frente a las conductas adictivas. *Revista de Derecho Privado*, Madrid, n. 1, p. 85-118, 2021.

VILELA, Luiza. *Só 21% das empresas têm cibersegurança como prioridade no orçamento*. Consumidor Moderno, 2021. Disponível em https://www.consumidormoderno. com.br/2021/06/01/empresas-ciberseguranca-prioridade/?utm_campaign= news_cm_020621&utm_medium= email&utm_source= RD+Station. Acesso em: 4 jun. 2021.

Informação bibliográfica deste texto, conforme a NBR 6023:2018 da Associação Brasileira de Normas Técnicas (ABNT):

CATALAN, Marcos Fragmentos de futuros possíveis, não necessariamente prováveis, do Direito Privado brasileiro. *In*: EHRHARDT JÚNIOR, Marcos (Coord.). *Direito Civil*: Futuros Possíveis. Belo Horizonte: Fórum, 2022. p. 109-124. ISBN 978-65-5518-281-1.

A DUPLA FACE DOS DIREITOS E DOS DEVERES: UMA REVISÃO CONCEITUAL

MARCOS BERNARDES DE MELLO

I Introdução

I.1 O conteúdo eficacial básico da relação jurídica, segundo a doutrina tradicional

Desde que se consolidaram as concepções sobre relação jurídica, a doutrina que admite sua existência entende que as de direito material[1] teriam estrutura bimembre constituída por um polo ativo e um polo passivo (princípio da intersubjetividade) relacionados entre si em razão de um objeto (princípio da essencialidade do objeto), cujos titulares, denominados, respectivamente:

(i) sujeito ativo, ao qual caberiam, exclusivamente, direitos que se poderiam potencializar em pretensões e ações, tornando-se exigíveis do devedor, até mesmo impositivamente (= princípio da coextensão de direito, pretensão e ação[2]), e situações de exceptuados; e

---

[1] A relação jurídica de direito processual em sua forma mais complexa tem estrutura *triádica*, sendo seus termos: juiz, autor e réu. Pode ser bimembre, somente autor e juiz ou réu e juiz. Sobre isso, Mello, Marcos Bernardes de. *Teoria do fato jurídico*: plano da eficácia, 1ª parte, 11ª ed., §44, 2.1, cit.

[2] Esse princípio era enunciado no art. 75 do Código Civil de 1916, mas não se referia à pretensão. Dentre os quatro princípios regentes da relação jurídica é o único não essencial, uma vez que sofre exceções; há direitos sem pretensão, como pretensão sem ação, e ação sem direito ou pretensão. PONTES DE MIRANDA, *Tratado de direito privado*, tomo IV, §640. *Vide*, também, exemplos em MELLO, Marcos Bernardes de. *Teoria do fato jurídico*: plano da eficácia, §36, 2, (*i*), e nota nº 380.

(ii) sujeito passivo, a quem competiriam, também de modo exclusivo, apenas deveres que se transformariam em obrigações, situações de acionado e exceções (princípio da correspectividade de direitos e deveres), que o tornam submisso a adimplir as prestações, comissivas ou omissivas devidas ao sujeito ativo.

De conformidade com essa concepção a realização dos direitos e deveres na prática jurídica, considerando-se uma relação jurídica de direito relativo (= de crédito, *e.g.*),[3] seria assim realizada:

(i) o sujeito ativo (credor) teria direito ao adimplemento da dívida e, correlatamente, ao sujeito passivo (devedor) concerniria o dever de adimpli-la no tempo, forma e lugar pactuados, ou conforme prescrito em lei. Nessa fase haveria apenas um crédito e uma dívida, ambos sem exigibilidade (= direito e dever se caracterizariam por existirem *in potentia*, portanto, inexigíveis);

(ii) ao vencimento da dívida, o direito do credor se transmuda em pretensão e o correspectivo dever do sujeito passivo em obrigação, revestindo-se de exigibilidade. Desde aí, como titular da pretensão, o credor pode exigir o adimplemento da obrigação, estando o devedor sujeito a efetivá-lo;

(iii) caso o sujeito passivo não cumpra a obrigação nas condições pactuadas, viola a pretensão do sujeito ativo e, em consequência, nasce a ação (de direito material[4]) que atribui impositividade à pretensão, permitindo, inclusive, a expropriação de bens do devedor para adimpli-la.

Isso é o que de ordinário acontece.

---

[3] Em qualquer espécie de relação jurídica é o que ocorre. As diferenças existem em razão da natureza do dever. Se a relação jurídica é de direito absoluto (= de direito real, de direito fundamental, *e.g.*) o dever que toca a todos (= *alter*), consiste em *abster-se de violar o direito do sujeito ativo*. São deveres de não fazer. Nessas relações jurídicas o direito já nasce revestido de pretensão e o dever de obrigação (= exigíveis). Em essência.

[4] Sobre a ação de direito material *vide* MELLO, Marcos Bernardes de. *Teoria do fato jurídico*: plano da eficácia, §37, 1, e MELLO, Marcos Bernardes de. Da ação como objeto litigioso no processo civil. *In*: COSTA, Eduardo José da Fonseca; MOURÃO Luiz Eduardo Ribeiro; NOGUEIRA, Pedro Henrique Pedrosa (Coord.). *Teoria quinária da ação*: Estudos em homenagem a Pontes de Miranda nos 30 anos do seu falecimento. Salvador: Juspodivm, 2010. p. 367404 e NOGUEIRA, Pedro Henrique Pedrosa. *Teoria da ação de direito material*. Salvador: Juspodivm, 2008.

I.2 Necessidade de uma revisão dessa concepção

No desenvolvimento de nossas pesquisas sobre eficácia jurídica, porém, chegamos à evidência de que essa é uma visão míope da realidade e, por isso, carece de consistência científica. É que os conteúdos eficaciais tradicionalmente reconhecidos aos direitos e aos deveres não incluem espécies que, apesar de, em geral, não serem visíveis a olho nu, digamos, os integram, em caráter essencial.

Com efeito,

(a) o conteúdo dos direitos não se limita a permissões para o exercício das faculdades e poderes jurídicos que lhe são atribuídos. Além delas, há deveres que se impõem ao sujeito ativo em razão, exclusivamente, dessa sua situação jurídica (= titularidade do direito). A vida desses deveres depende, umbilicalmente, da existência do direito no qual é ínsito, por força de sua inerência a ele. Não são autônomos: somente existem enquanto houver o direito (*e.g.* o dever que tem o credor de não recusar injustamente a prestação do devedor, nem criar obstáculos a que o devedor cumpra regularmente a prestação devida: dever de cooperação);

(b) o conteúdo do dever também não se restringe a sujeições a efetivar adimplementos de prestações positivas ou negativas. Nele há direitos que cabem ao sujeito passivo, exclusivamente, em razão de sua titularidade do dever. Têm as mesmas características dos direitos mencionados na alínea "a", só que inversamente: são inerentes aos deveres, integrando sua essência; também não têm autonomia existencial: só existem enquanto vivo o dever a que são inerentes (*e.g.* o direito do devedor ao regular adimplemento).

Em razão da singularidade de suas características os denominei (*a*) *deveres ínsitos nos direitos* e (*b*) *direitos ínsitos nos deveres* ou, simplesmente, *deveres* e *direitos ínsitos*.

Daí resultou a constatação de que o conteúdo eficacial que toca:

(i) ao sujeito ativo consiste em um *direito primário*, que define as permissões para o exercício das faculdades e poderes jurídicos que enchem seu conteúdo eficacial, e dá nome à relação jurídica em que é gerado (= direito de propriedade, direito hereditário, direito de crédito, direito possessório, por exemplo) e um *dever secundário,* que decorre do *direito primário* (= dever ínsito no direito);

(ii) ao sujeito passivo, é composto por um *dever primário,* consistente na sujeição ao adimplemento da prestação, comissiva ou omissiva, devida em razão do *direito primário* do credor de que seja correlato, e de um *direito secundário* – aquele ínsito no *dever primário.*

(A nomenclatura adotada busca, com o emprego dos adjetivos *primário* e *secundário,* destacar a predominância da categoria no conteúdo da relação jurídica).

A partir disso, mostrou-se evidente que os conteúdos eficaciais dos direitos e dos deveres têm uma (*a*) face ativa e outra (*b*) face passiva, como, licenciosamente, me permiti denominar. *In abstracto,* (*i*) no direito, a face ativa, que é predominante, compõe-se do *direito primário* e a face passiva pelo *dever secundário* (*deveres ínsitos*); inversamente, (*ii*) nos deveres a face passiva, que é prevalecente, constitui-se do *dever primário,* e sua face ativa formada pelos *direitos secundários* (= *direitos* ínsitos).

Disso resulta que em qualquer relação jurídica não há um sujeito ativo, que somente tenha direitos, e um sujeito passivo, que somente tenha deveres; ambos são, simultaneamente, titulares de direitos e deveres (primários e secundários) e, portanto, são, concomitantemente, sujeitos ativos e passivos, sem que essa cumulação eficacial resulte de sinalagma.[5]

Procurarei demonstrar, a seguir, a pertinência e consistência das conclusões anteriormente expostas, considerando que a concepção sobre o conteúdo dos direitos e dos deveres aqui apresentada, ao que nos é dado conhecer, não encontra similitude em qualquer doutrina, nacional ou estrangeira.

II Análise do conteúdo da face ativa dos direitos

II.1 Considerações preliminares

A literatura jurídica, em regra, se limita a referir-se a faculdades e poderes como conteúdo de direitos e, nas poucas vezes que o faz,

---

[5] Por isso, as qualificações *ativo* e *passivo* são adequadas como indicativos da prevalência, na carga eficacial que cabe a cada um, do *direito primário* ou do *dever primário,* mas nunca para significar que o sujeito só tem direito ou só tem deveres, sem levar em conta os *secundários* que deles resultam (= *direitos* e *deveres* ínsitos).

sem a preocupação com a necessária precisão conceitual. O vocábulo faculdade, por exemplo, em geral é empregado no sentido vulgar de permissão, de possibilidade, de autorização, enfim, de liberdade para exercer o direito.[6] Note-se, por exemplo, que, tradicionalmente, em doutrina o direito subjetivo e a pretensão que o torna exigível são denominados, respectivamente, *facultas agendi* (faculdade de agir) e *facultas exigendi* (faculdade de exigir). O termo faculdade com esse mesmo sentido é encontradiço, também, em decisões judiciais e na legislação, notadamente quando se cuida do direito de propriedade. Em Direito nacional já a Consolidação das Leis Civis de Teixeira de Freitas enunciava: "Art. 884. Consiste o domínio na livre *faculdade* de usar e dispor, das cousas, e de as-demandar por acções reaes". O Código Civil de 1916 não o empregou; referiu-se, porém, a poder quando dispôs no art. 524 assegurar ao proprietário o direito de usar, gozar e dispor de seus bens e de reavê-los do *poder* de quem injustamente os possua.[7] Finalmente, o Código de 2002, retornando à linguagem da Consolidação das Leis Civis, foi explícito em aludir à faculdade de usar, gozar e dispor da coisa e ao *direito*[8] de reavê-la do *poder* de quem quer que injustamente a possua ou detenha.

Acrescente-se que, mesmo dentre os poucos doutrinadores que se referem a poderes e faculdades não parece haver interesse em formular uma conceituação, *in abstracto*, dessas espécies que enchem a face ativa do conteúdo de um direito; basta considerar que, na maioria das vezes, são tratadas com indistinção.[9] Finalmente, tanto a doutrina como a jurisprudência e a legislação, em sua absoluta totalidade, ignoram a

---

[6] Como exemplo dessa visão, Pontes de Miranda (*Tratado de direito privado*, t. V, §564, 2): "... o direito subjetivo *contém* a faculdade. Porque o direito subjetivo é o poder jurídico de ter a faculdade. A faculdade é fáctica, é meio fáctico para satisfação de interesses humanos; o direito subjetivo é jurídico, é meio jurídico para satisfação desses interesses".

[7] Textualmente: "Art. 524. A lei assegura ao proprietário o direito de usar, gozar e dispor de seus bens, e de reavê-los do poder de quem quer que injustamente os possua".

[8] A referência a direito, aqui, implica absoluta inadequação terminológica, uma vez que *direito* não pode ser conteúdo de *direito*.

[9] Essas divergências estão presentes também nas legislações civis do ocidente e se refletem na falta de uniformidade como a matéria é tratada, mesmo nas mais evoluídas. Veja-se, por exemplo, como alguns códigos definem o que constitui o conteúdo do direito de propriedade (um dos mais complexos na ordem civil): (*i*) o BGB, §903, o novo CC e Com. da Nação Argentina, art. 1.941. e o CC Paraguaio, arts. 1.954 e 1.964, referem-se, apenas, a *faculdades*; (*ii*) o CC do Peru, art. 923º, alude somente a *poder jurídico*; (*iii*) os Códigos Civis da Suíça, art. 641, do Uruguai, art. 486, da Itália, art. 832, da Colômbia, art. 669, da Espanha, art. 348, da França, art. 544, do Chile, art. 582, de Portugal, art. 1305º, da Bélgica, art. 544, e de Québec, 947, não fazem menção nem a *faculdade* nem a *poder*; (*iv*) o CC Brasileiro, art. 1.228, refere-se a *faculdade* e a *direito*, não fazendo menção a *poder*.

existência das categorias *deveres ínsitos nos direitos* e *direitos ínsitos nos deveres*.[10]

Por isso, há necessidade de que sejam precisados os conceitos dessas categorias eficaciais relacionadas ao direito: poder e faculdade e dever ínsito no direito.

II.2 A face ativa dos direitos. O conteúdo do direito primário: as permissões (faculdades e poderes), precisões conceituais

Já mencionamos que a essência do direito-eficácia consiste, em última análise, em permissões para o exercício do seu conteúdo formado por faculdades e/ou poderes. Não encerra em si imposição de exercício. O titular o exerce ou não, segundo sua vontade.[11] Por isso, certos direitos, como os patrimoniais, *e.g.*, estão sujeitos à prescrição ou à caducidade (= decadência) se não forem exercidos no lapso de tempo previsto em lei. Mas é necessário ainda, para a satisfação do direito, que o devedor adimpla a prestação, positiva ou negativa, a que está sujeito. No entanto, somente há duas maneiras possíveis de exercício satisfativo das faculdades e/ou poderes:

(*i*) direito cuja satisfação depende, necessariamente, do adimplemento de prestação comissiva exigível de um devedor determinado ou, ao menos, determinável;

(*ii*) direito que o titular por si próprio o exerce, satisfativamente, sem que dependa de adimplemento de prestação comissiva por um devedor determinado ou, ao menos, determinável. Com efeito,

(*a*) na espécie (*i*) a pretensão do credor recai sobre uma obrigação do devedor determinado ou determinável, ao menos, que tenha por objeto uma prestação positiva a ser adimplida, voluntária ou forçadamente, por ele ou por terceiro em seu nome. Por isso, a satisfação do direito depende, em caráter necessário, de que haja o adimplemento. Nesses casos, é absoluta a impossibilidade de que o credor possa satisfazer por

---

[10] Sem dúvida encontram-se referências doutrinárias a direitos-deveres e deveres-direitos, de que é exemplo o direito fundamental ao voto, que, em direito nacional, acarreta o dever de votar, punível em caso de inadimplemento. Mas o sentido é outro diferente desse a que aqui nos referimos.

[11] A voluntariedade que caracteriza o direito-eficácia existe aí quanto ao exercício, não quanto ao *querer os efeitos dos negócios jurídicos*, como o definiu Bernard Windscheid: *um poder (potestade) ou senhoria da vontade outorgado pelo ordenamento jurídico*, refletindo, claramente, sua concepção voluntarista de negócio jurídico como *uma declaração privada de vontade que visa a produzir um efeito jurídico* (*Diritto delle pandette*, v. I, §69).

si mesmo a pretensão. A cooperação do devedor (ou de alguém por ele) adimplindo a prestação devida é, portanto, indispensável à satisfação do direito. Em face dessa característica (indispensabilidade da cooperação para a satisfação do direito) torna-se essencial que a pretensão (que torna o direito exigível) seja sempre exercida em face do devedor. Por isso, quando não há adimplemento voluntário, o credor precisa exigir a prestação extrajudicialmente ou por via judicial, nesse caso até com expropriação de bens do devedor, quando possível e imprescindível, conforme a espécie.[12] A essencialidade de que haja o adimplemento da prestação para que o direito seja satisfeito resulta evidente quando a prestação se torna impossível sem culpa do devedor, hipótese em que se extinguem, simplesmente, o dever e a obrigação de prestar e, por consequência, o direito e a pretensão que lhes são correlatos (Código Civil, art. 234).[13] Situações dessa natureza são encontráveis na quase totalidade dos direitos, notadamente nos relativos, uma vez que esses implicam, em geral, submissão do devedor a adimplir uma prestação comissiva em face do credor. Tem-se, aqui, um poder;

(*iii*) na outra situação, o titular obtém a satisfação do seu direito exercendo a pretensão só por si, sem que dependa, em hipótese alguma, de que sujeito passivo determinado, ou determinável, ou alguém por ele, adimpla, voluntária ou forçadamente, uma prestação a que esteja obrigado por potencialização do dever correlato do direito. Essa absoluta desnecessidade de que um sujeito passivo cumpra uma prestação, qualquer que seja, evidencia que o exercício satisfativo do direito por seu titular independe de conduta de terceiro (= cooperação). Nessas espécies não há por que falar em exigibilidade, tampouco em impositividade do direito, simplesmente por não haver uma prestação a ser adimplida que seja essencial à satisfação do direito.[14] O ser possível exercer o direito por exclusiva vontade e atuação do titular, independentemente

---

[12] Em regra, desde que o Estado proibiu a autotutela dos direitos (= justiça de mão própria) e assumiu o monopólio da distribuição da justiça, ficou vedado às pessoas imporem, por suas próprias forças, as suas pretensões desatendidas pelo devedor; pouquíssimas são as hipóteses em que é permitido ao indivíduo o exercício da ação (de direito material), impondo a pretensão violada. São exemplos dessas exceções o desforço pessoal imediato do possuidor em casos de violação de sua posse, a legítima defesa própria e de terceiro, o ato praticado em estado de necessidade e no exercício do estrito dever legal, a alienação em leilão do bem imóvel hipotecado em financiamento do SFH e do móvel penhorado à Caixa Econômica em casos de inadimplemento das prestações.

[13] O mesmo não ocorre se a impossibilidade da prestação resultar de culpa do devedor, caso em que se transmuda em obrigação de ressarcir perdas e danos, sem que o conteúdo do direito resultante perca suas características originais.

[14] Exclua-se a hipótese de violação do direito, o que somente pode ocorrer por conduta de terceiro estranho à relação jurídica de que o direito seja conteúdo. Um ato de violação dessa

do adimplemento de uma prestação por alguém obrigado, é o que particulariza essas situações. Tem-se, aqui, uma faculdade.

Em ambas as espécies, como já referido, essas características são únicas, exclusivas e invariáveis de cada uma delas. Por isso, satisfazem a exigência científica de haver *differencia specifica* que as distingue no gênero[15] e permite conceituá-las:

(i) constitui poder o conteúdo da face ativa de um direito cujo exercício satisfativo dependa, necessariamente, do adimplemento, voluntário ou forçado, de uma prestação comissiva por sujeito passivo determinado, ou determinável;

(ii) há faculdade sempre que o titular de um direito pode, satisfativamente, exercê-lo por suas exclusivas vontade e atuação, independentemente, sempre, de que sujeito passivo determinado, ou determinável, tenha de adimplir uma prestação comissiva de que seja devedor por correlação com aquele direito.

II.3 Aplicação desses conceitos para comprovar sua correção

Faculdades e poderes *são categorias universais*. Podem existir, isoladamente, como conteúdo único de um direito, como ocorre no poder contido no direito do credor de constituir em mora o devedor inadimplente, ou na faculdade que integra o direito de derrelinquir, ou coexistirem compondo um mesmo direito, de que é exemplo o direito de propriedade que tem por conteúdo (a) as faculdades de usar, gozar e dispor do bem que seja seu objeto, assim como (b) o poder para reavê-lo de quem quer que o esteja injustamente detendo (Código Civil, art. 1.228).

Por que o usar, gozar e dispor do bem constituem faculdades e a reivindicabilidade configura um poder?

Porque,

(*a*) o proprietário usa, goza e dispõe do bem por sua exclusiva vontade e atuação, portanto, só por si; nunca depende da conduta de

---

natureza caracterizará um ato ilícito absoluto que criará outra relação jurídica, com outro conteúdo específico.

[15] Pontes de Miranda (*Tratado de direito privado*, §565, 4, t. V, p. 236), embora não faça essa distinção, aponta exemplos de faculdades – *plantar no terreno, colher-lhe os frutos, permitir ou proibir que o cavalo de outrem entre nele, vendê-lo, doá-lo, trocá-lo* – cujas características confirmam nosso ponto de vista.

alguém (= devedor ou terceiro) que adimpla uma prestação comissiva que seja indispensável para que o exerça satisfativamente. Não há situação que constitua exceção a essa regra. Por isso, são faculdades;

(b) diferentemente, se o bem objeto do direito de propriedade estiver sendo, injustamente, detido por terceiro, o proprietário, para reavê-lo, necessita exercer seu poder de reivindicação em face do ilícito detentor para lhe impor a sua restituição. O proprietário, à evidência, não pode reivindicar o bem senão, necessariamente, sem qualquer exceção, em face do injusto detentor. Em rigor, a detenção injusta do bem constitui um ato ilícito de violação do direito de propriedade, por isso gera uma relação jurídica de direito relativo e pessoal[16] entre o proprietário, como sujeito ativo titular do direito (pretensão) à devolução, e o detentor, como sujeito passivo titular do dever (obrigação) de devolver o bem, tendo por objeto a conduta de devolução do bem. É indiscutível, assim, que a reivindicação da propriedade do bem depende, em caráter de necessidade, de ser imposta ao detentor para que, espontânea ou forçadamente, restitua o bem (= prestação comissiva). Em hipótese alguma, portanto, há a possibilidade de o proprietário exercer, satisfativamente, seu direito sem a conduta de alguém (= o detentor ou a autoridade judicial) que realize a restituição do bem. Por isso a reivindicação constitui, sem dúvida, um poder e nunca uma faculdade.

Poder-se-ia argumentar, para refutar a adequação desses exemplos, que existiria sempre a possibilidade de que ocorram eventuais violações do direito materializadas em atos de terceiros que impeçam o gozo de uma faculdade (*v.g.*, quando alguém se opõe, exclui ou perturba, injustamente, as faculdades do proprietário de usar, gozar e fruir do bem), obrigando o proprietário, para exercer satisfativamente seu direito, a fazê-lo, inexoravelmente, em face de alguém, o autor do ato ilícito, qualquer que seja o meio que empregue: diretamente, em desforço pessoal imediato, *e.g.*, ou exercendo sua pretensão à tutela jurisdicional. Essa circunstância, poder-se-á dizer, seria bastante para negar o elemento caracterizador da faculdade: a desnecessidade de exigir de alguém uma conduta para que o proprietário exerça seu direito.

Tal objeção, porém, seria sem fundamento porque estariam sendo encambulhadas duas situações jurídicas totalmente distintas em essência e conteúdo: (*a*) uma resultante de fato jurídico lícito (= a relação jurídica de direito de propriedade) e (*b*) outra decorrente de fato jurídico ilícito

---

[16] A relação jurídica de direito de propriedade é de direito absoluto e real, de modo que o sujeito passivo é indeterminado, o *alter*, e o objeto o bem. A gerada pelo ato ilícito da injusta detenção é de direito relativo, com as características mencionadas.

(violação do direito de propriedade), conforme já observado. (*a*) A primeira é de direito real,[17] pois tem por objeto um bem, e, também, de direito absoluto, em razão de ter como sujeito passivo o *alter*, de quem não se exige uma prestação comissiva, mas, sim, negativa (= abstenção). (*b*) Diferentemente, a relação jurídica gerada pelo ato ilícito de violação do direito de propriedade é de direito pessoal e direito relativo, donde vincular sujeitos determinados: a vítima (= o proprietário) no polo ativo e o autor do ilícito no polo passivo, sendo seu objeto não o bem, mas o ato humano de restituí-lo com reparação dos danos causados (prestação positiva). Em decorrência, os conteúdos eficaciais dos direitos e deveres primários que compõem cada uma dessas relações jurídicas são diferentes, a saber: (a) na de direito de propriedade, no polo ativo o direito primário é de usar, gozar e dispor do bem e reavê-lo de quem injustamente o detenha; no polo passivo, o dever primário de todos se absterem de infringir esse direito; (b) na do ato ilícito, no polo ativo o direito primário da vítima ao restabelecimento do respeito à propriedade e reparação de danos, e no polo passivo, os deveres primários do autor do ilícito de devolver o bem (= restaurar o respeito ao direito de propriedade) e de reparar as consequências danosas. Isso, *in abstracto*. Na hipótese do ato ilícito dado como exemplo, o conteúdo eficacial da face ativa do direito primário da vítima consiste na permissão para exigir e impor ao detentor a devolução do bem e reparação dos danos causados pela detenção injusta; enche a face passiva do dever primário do ilícito detentor a sujeição a devolver o bem e reparar os danos que causou. Daí resulta a imprescindibilidade da imposição ao devedor de uma conduta comissiva para que o titular do direito de propriedade violado possa exercê-lo, satisfativamente. Portanto, se não há como ser exercido, satisfativamente, o direito a reaver o bem senão impondo sua devolução a quem o esteja detendo, injustamente, a prerrogativa que o Código Civil defere ao proprietário de reaver a coisa, sem dúvida alguma, a permissão de imposição de um poder.

Ademais, sempre que houver necessidade de provocação da jurisdição estatal para sanar violação ao direito de propriedade (ou qualquer outro), ao propor o remédio jurídico processual (= *ação de direito processual*) o proprietário, em rigor, não estará exercendo seu direito de propriedade, mas, sim, outro direito, o direito à tutela jurisdicional (CF, art. 5º, XXV), que se potencializa em pretensão à tutela

---

[17] Sobre relação jurídica e sua classificação, MELLO, Marcos Bernardes de. *Teoria do fato jurídico*: plano da eficácia, 1ª parte, §§34 e ss.

jurídica; gera-se daí uma relação jurídica em tudo diferente daquelas duas acima referidas: (a) pelo conteúdo do direito primário que, aqui, configura um poder exercível perante o Estado; (b) por sua estrutura triádica, composta por autor, juiz e réu; (c) por ser uma relação jurídica de direito pessoal cujo objeto consiste na promessa de ato do Estado-juiz de prestar a tutela jurisdicional, proferindo o provimento (= sentença) sobre a *res in iudicio deducta* (= a ação de direito material, no exemplo, visando à devolução do bem, a indenização dos danos e a garantia do exercício por si, livremente, sem a necessidade de cooperação de terceiro, das faculdades violadas de usar e gozar do bem[18]). Ressalte-se que a necessidade da imposição ao infrator, pelo Estado-juiz, da obrigação de abster-se de violar o direito de propriedade, não *altera* em nada a essência das faculdades que tem o proprietário, as quais continuam exercíveis independentemente de exigência de uma prestação positiva de alguém determinado; tampouco modifica a substância de poder da reivindicação porque, ambos decorrem de direito conteúdo de outra relação jurídica, a de propriedade.

Ainda mais duas observações críticas precisam ser feitas à terminologia empregada pelo Legislador Civil no art. 1.228:

(a) o Código Civil, ao usar a expressão direito de reavê-la para denominar o poder de reivindicar comete grave impropriedade, pois um direito não pode ser conteúdo de outro direito, conforme já anotado antes. Cada direito é um ser em si, com individualidade própria, inconfundível com os demais. No caso do art. 1.228, o poder de reivindicar é inerente ao direito de propriedade, do qual constitui conteúdo essencial. Isso demonstra a inadequação da terminologia do Código que deve ser lido (para o ser, corretamente)... *e o poder de reavê-la de quem quer que injustamente a possua ou detenha*;

(b) o vocábulo poder, como usado no Código na expressão poder de quem quer que injustamente a possua ou detenha, não deve ser entendido na acepção jurídica própria que designa uma categoria eficacial, isso porque, em verdade, alude, simplesmente, à situação fáctica de apoderamento de um bem

---

[18] Sobre a relação jurídica de direito processual, *vide* MELLO, Marcos Bernardes de. *Teoria do fato jurídico*: plano da eficácia, 1ª Parte, §44, 2, 2.1) e, sobre a ação de direito material como o objeto litigioso, MELLO, Marcos Bernardes. Da ação como objeto litigioso no processo civil. *In*: COSTA, Eduardo José da Fonseca; MOURÃO Luiz Eduardo Ribeiro; NOGUEIRA, Pedro Henrique Pedrosa (Coord.). *Teoria quinária da ação*: Estudos em homenagem a Pontes de Miranda nos 30 anos de seu falecimento. p 367-404.

por alguém. Portanto, poder no texto legal tem o significado comum, dentre dezenas de outros, de alguém ter um bem sob sua dominação, poderio, arbítrio e nunca o de elemento integrante de conteúdo de direito.

Nunca é demais lembrar que à Ciência não importa o nome que se dê a um instituto jurídico. O que o caracteriza é o suporte fáctico que constitui o fato jurídico. Se o suporte fáctico concretizado é do negócio jurídico de empréstimo (= mútuo), por exemplo, denominá-lo comodato não *altera* em nada sua natureza: ter-se-á sempre um mútuo.

III Análise do conteúdo da face passiva dos direitos: os deveres ínsitos nos direitos

O dever secundário que compõe a face passiva de um direito é constituído por *deveres ínsitos* (= sujeições, encargos e/ou onerações) que existem exclusivamente em razão da natureza dos poderes e faculdades que enchem sua face ativa.

Vejamos, como exemplos, algumas espécies:

(*a*) Nas relações jurídicas de crédito, a *face ativa* do direito do credor consiste no *direito primário* ao adimplemento regular da obrigação pelo devedor. Integra sua *face passiva* os *deveres secundários* (= deveres ínsitos em seu direito) de aceitar a prestação, quando regular, de não criar obstáculo ao adimplemento pelo devedor e de praticar os atos necessários ao adimplemento que lhe couberem, bem assim de dar quitação (= *princípio da cooperação*).

Correspectivamente compete ao devedor o *dever primário* de adimplir, regularmente, a obrigação (= *face passiva*) e o *direito secundário* de adimplir regularmente a obrigação (= *direito ínsito*). Por isso, quando o credor, injustamente, recusa a prestação, cria obstáculo a que seja efetuada ou não pratica os atos que lhe couberem necessários ao adimplemento, ou se nega a dar a quitação, incide em mora, por descumprir seus *deveres ínsitos*, implicando violação do *direito ínsito* do devedor. Como consequência, o devedor pode impor seu direito ínsito de adimplir (= tem ação de direito material) pela via processual da "*ação*" de consignação em pagamento (Código Civil, art. 335, I, e CPC, art. 539), recebendo a devida quitação.[19] O dever (secundário) do credor

---

[19] O direito a adimplir é que fundamenta a essencialidade da aquiescência do devedor à eficácia da remissão da dívida pelo credor (Código Civil, art. 385).

de receber a dívida e o direito (secundário) do devedor a adimpli-la, é evidente, não são autônomos; só existem como integrantes do *direito primário* ao adimplemento e do correlato *dever primário* de adimplir. Por isso, extintos o *direito primário* e o *dever primário*, extinguem-se *ipso facto* o *dever ínsito* do credor e o *direito ínsito* do devedor.

(*b*) No Direito de Família, a maneira minuciosa e exaustiva como a legislação regula as relações jurídicas que são geradas em seu âmbito de incidência, praticamente, esgota a enunciação dos direitos e deveres primários e também daqueles que, em essência e por natureza, lhes são ínsitos. Por exemplo, no conteúdo dos direitos primários dos pais que enchem o chamado poder familiar relacionados no art. 1.634 do Código Civil, há os *deveres ínsitos* de exercê-los comedidamente e sempre em benefício dos filhos. Esses deveres, porém, já estão positivados no Código Civil, art. 1.638. Do mesmo modo, correspectivo desses *deveres ínsitos* têm os pais o direito, também ínsito em essência, de serem tratados pelos filhos com respeito e obediência, já positivado no Código Civil, art.1.634, VII. Poderia, por isso, parecer que seria autônomo. A nosso ver, apesar da explicitação em norma de direito positivo, os *deveres* e *direitos ínsitos* em essência não deixam de ter esse caráter.

(*c*) No âmbito do Direito das Coisas,[20] o conteúdo típico do direito de propriedade, já referido acima, como definido no art. 1.228 do Código Civil, consistiria nas faculdades de usar, gozar e dispor do bem e no poder de reivindicá-lo de quem injustamente o possua ou detenha. Esse poder e essas faculdades dirigir-se-iam, não a um sujeito determinado ou determinável, como ocorre com os direitos relativos de crédito e de família, mas, por terem natureza de direito absoluto, dirigem-se a sujeitos passivos totais (= o *alter*), com eficácia *erga omnes*, portanto. O *direito primário* que integra a face ativa do direito de propriedade teria, assim, como correlato o *dever primário* de todos (= o *alter*) de se absterem de violá-lo (= sujeição). Essa concepção dominante em doutrina, sem dúvida, é correta apenas em parte, uma vez que, por não considerar os *deveres ínsitos* que cabem ao proprietário e os correlatos *direitos ínsitos* que competem aos sujeitos passivos totais que, em decorrência da titularidade dos *direitos ínsitos*, passam a ser sujeitos ativos totais (= *alter*),[21] é insuficiente para definir em sua integralidade o conteúdo do direito de propriedade.

---

[20]   PONTES DE MIRANDA (*Tratado de direito privado*, t. XI, p. 9).

[21]   Pontes de Miranda (*Comentários à Constituição de 1967, com a Emenda n. 1 de 1969*. 3. ed. t. V, p. 395, Rio de Janeiro: Forense, 1987), sem, evidentemente, empregar a terminologia *direitos* e *deveres ínsitos* (porque de nossa autoria), citando obra de J. Biermann (*Privatrecht*

Em verdade, além daqueles deveres mencionados por Pontes de Miranda na nota n° 21 (vide adiante), há outros, bem mais expressivos, como os que vinculam o proprietário a exercer as faculdades que integram o *direito primário* (= uso e gozo), segundo a sua função social e a sua finalidade econômica, bem como os de respeito aos direitos de vizinhança relacionados à segurança, ao sossego e à saúde dos vizinhos. Esses deveres são, por natureza, ínsitos no conteúdo do direito de propriedade, embora, por sua importância social, muitos deles já sejam explicitados em normas constitucionais e legais.

Correspectivo desses *deveres ínsitos*, que têm caráter absoluto por sua origem, há o direito ínsito do *alter* (= sujeitos ativos totais) a que o uso da propriedade atenda à sua função social e sua finalidade econômica. São deveres que somente os tem quem se encontra na situação jurídica de proprietário e/ou possuidor.

(*d*) Nos direitos fundamentais há *deveres ínsitos*. O direito à vida, *e.g.*, tem como dever ínsito da pessoa o de preservá-la. Considerando o caráter de direito absoluto do direito à vida, o dever de preservação da própria vida constitui um dever a sujeitos ativos totais, vale dizer um dever perante todos (= *alter*).[22] Denominá-lo, como se costuma fazer, *dever consigo mesmo* é desconsiderar a intrínseca natureza relacional do direito (= princípio da intersubjetividade que rege as relações jurídicas).[23]

Os direitos de personalidade ao nome, à honra, à intimidade, à incolumidade da saúde, ao próprio corpo e suas partes, por exemplo, implicam os *deveres ínsitos* de seus titulares de preservá-los agindo honradamente, resguardando sua intimidade e sua saúde. O mesmo ocorre com os demais direitos fundamentais, em essência. Neles, como em qualquer outro direito, há *deveres ínsitos* de seus titulares que, em razão de sua origem, são também deveres fundamentais. Veja-se.

Do princípio da dignidade dos seres humanos, por exemplo, resulta o direito fundamental da pessoa de ser tratada dignamente, no qual está ínsito o dever de respeitar a própria dignidade e a dos demais indivíduos. O direito à liberdade impõe o dever ínsito de não atentar contra a liberdade dos outros. O direito à isonomia tem ínsito o dever de

---

und Polizei), mencionou deveres que, no direito de propriedade imobiliária, têm esse caráter (= ínsitos) quando escreveu: *(c) Às vezes, o proprietário ou o titular de outro direito real está sujeito a deveres e obrigações de atos positivos, e.g., os de conservar o terreno de acordo com as leis de polícia sanitária, de derrubar, segundo as posturas, edifícios em ruína, de limpar calhas, esgotos e pousadas ou alojamentos de animais.*

[22] PONTES DE MIRANDA, *Tratado de direito privado*, t.V. §509.2.

[23] Ninguém pode dever a si próprio, nem dever a ninguém, nem ser credor de si próprio ou de ninguém, mas sempre a outrem, mesmo indeterminado.

tratar a todos com igualdade. Ínsito no direito à tutela jurisdicional (CF, art. 5º, XXXV), mal nominado *direito de ação*, existe o dever de somente invocar a jurisdição estatal quando lhe seja necessária e conveniente (= tenha interesse de agir).[24] O direito à livre manifestação do pensamento implica o dever ínsito de não fazê-la anonimamente (neste caso o dever está explícito na cláusula constitucional da vedação do anonimato), bem como de não atingir ilicitamente a honra, a intimidade dos outros, *e.g.*, sob pena, aqui, de responsabilidade penal e civil por danos que causar.

É verdade que, em grande parte dos direitos, a violação dos deveres a eles relacionados implica uma sanção que, no mínimo, consiste no surgimento de ação de direito material que atribui ao seu titular o poder de impor a pretensão, em regra, por meio da jurisdição estatal. Dentre esses *deveres ínsitos*, porém, especialmente alguns inerentes a certos direitos fundamentais, há deles em que o seu descumprimento não é diretamente sancionado, nem afeta a eficácia do direito em que é ínsito, de modo que não se pode negar ao titular inadimplente o direito que o contém. São deveres cujo inadimplemento não acarreta sanção (enfatize-se: sanção não constitui característica essencial do Direito). Exemplos: aquele que atenta contra a própria vida não perde o direito à vida; a quem não cuida da própria saúde não se pode negar o direito à saúde; quem não preserva sua honra não perde o direito à honra.

IV Conclusões

Em conclusão, diferentemente do que, tradicionalmente, em doutrina se afirma, os direitos têm uma face ativa, que é predominante, composta pelos direitos primários, cujo conteúdo se compõe de poderes e faculdades, e uma face passiva integrada por deveres secundários, os *deveres ínsitos*. O mesmo ocorre com os correspectivos deveres, só que nesses predomina a face passiva constituída por deveres primários composta por sujeições, onerações e vinculações, e a face ativa se compõe por direitos secundários, os *direitos ínsitos*. Diante disso, nas relações jurídicas, não existe um sujeito ativo que seja somente titular de poderes e faculdades, porque lhe cabem os *deveres ínsitos*, nem um sujeito passivo que somente tenha deveres, isso em razão da titularidade de *direitos ínsitos*. A distinção entre *poderes* e *faculdades* que compõem a face ativa dos direitos consiste no modo como se pode exercer, satisfatoriamente,

---

[24] Daí se justificar a penalização da litigância de má-fé e também da lide temerária, porque constituem, intrinsecamente, violações desse dever ínsito no direito à tutela jurisdicional.

o direito: se depende em caráter de necessidade de que um sujeito passivo adimpla uma prestação para que o exercício do direito seja satisfativo, tem-se poder; de modo diferente, se o titular do direito pode exercê-lo, satisfativamente, por si só, independentemente de que seja indispensável o adimplemento de uma prestação positiva por sujeito passivo, determinado ou determinável, há uma faculdade.

Referências

MELLO, Marcos Bernardes de. *Teoria do fato jurídico*: plano da eficácia, 1ª parte. 11. ed. São Paulo: Saraiva, 2019.

MELLO, Marcos Bernardes de. Da ação como objeto litigioso no processo civil. *In*: COSTA, Eduardo José da Fonseca; MOURÃO Luiz Eduardo Ribeiro; NOGUEIRA, Pedro Henrique Pedrosa (Coord.). *Teoria quinária da ação*: Estudos em homenagem a Pontes de Miranda nos 30 anos do seu falecimento. Salvador: Juspodivm, 2010. p. 367404.

NOGUEIRA, Pedro Henrique Pedrosa. *Teoria da ação de direito material*. Salvador: Juspodivm, 2008.

PONTES DE MIRANDA, Francisco Cavalcanti. *Tratado de direito privado*, tomos IV, V, XI, atualizados por diversos autores. São Paulo: Revista dos Tribunais, 2013.

PONTES DE MIRANDA, Francisco Cavalcanti. *Comentários à Constituição de 1967, com a Emenda n. 1 de 1969*. 3. ed. t. V. Rio de Janeiro: Forense, 1987.

WINDSCHEID, Bernard. *Diritto delle Pandette*. Trad. Fadda e Bensa. Torino: UTET, 1902.

Informação bibliográfica deste texto, conforme a NBR 6023:2018 da Associação Brasileira de Normas Técnicas (ABNT):

MELLO, Marcos Bernardes de. A dupla face dos direitos e dos deveres: uma revisão conceitual. *In*: EHRHARDT JÚNIOR, Marcos (Coord.). *Direito Civil*: Futuros Possíveis. Belo Horizonte: Fórum, 2022. p. 125-140. ISBN 978-65-5518-281-1.

DECLARAÇÃO DE DIREITOS DE LIBERDADE ECONÔMICA E DESAFIOS AO PRINCÍPIO DA FUNÇÃO SOCIAL DO CONTRATO

LUCAS ABREU BARROSO,
PABLO MALHEIROS DA CUNHA FROTA,
DANIELLA GONÇALVES STEFANELLI

1 O Código Civil de 2002 e os princípios sociais dos contratos: a função social

É perceptível a opção do Código Civil brasileiro de 2002 pelos *princípios*,[1] o que, por óbvio, inclui o direito dos contratos. Paulo Lôbo classifica os princípios contratuais em *individuais* e *sociais*.[2] Os individuais, baseados no "modelo de contrato que se desenhou durante a hegemonia do individualismo liberal, corporificando nas codificações a concepção iluminista da autodeterminação individual",[3] a saber: autonomia privada negocial, força obrigatória e relatividade dos efeitos do contrato. Os sociais, "correspondentes ao modelo do constitucionalismo social",[4] são: função social, boa-fé objetiva e equivalência material.

Cumpre, desde logo, esclarecer como os autores compreendem os princípios jurídicos. A partir da tese da *descontinuidade*,[5] para além

---

[1] LÔBO, Paulo. *Direito civil*: contratos. 4. ed. São Paulo: Saraiva, 2018. p. 54.

[2] LÔBO, Paulo. *Direito civil*: contratos. 4. ed. São Paulo: Saraiva, 2018. p. 55.

[3] LÔBO, Paulo. *Direito civil*: contratos. 4. ed. São Paulo: Saraiva, 2018. p. 55.

[4] LÔBO, Paulo. *Direito civil*: contratos. 4. ed. São Paulo: Saraiva, 2018. p. 55.

[5] Segundo ela propõe, os princípios constitucionais (princípios pragmático-problemáticos) superaram o significado de princípios gerais do Direito enquanto conceito de princípio. *Vide* STRECK, Lenio Luiz. *Verdade e consenso*. 6. ed. São Paulo: Saraiva, 2017. p. 93-95.

de seu deslocamento dos códigos de inspiração oitocentista para as constituições da tradição do segundo pós-guerra e do reconhecimento de sua normatividade, "os princípios jurídico-constitucionais se caracterizam por instituir o mundo prático no Direito".[6]

Tal institucionalização impõe ao juiz o dever de decidir "de forma adequada".[7] Assim, "a normatividade assumida pelos princípios possibilita um 'fechamento interpretativo' próprio da blindagem hermenêutica contra discricionarismos judiciais".[8] Ainda, a normatividade "retira seu conteúdo normativo de uma convivência intersubjetiva que emana dos vínculos existentes na moralidade política da comunidade".[9]

Assim, os princípios "são vivenciados ('faticizados') por aqueles que participam da comum-unidade política e que determinam a formação de uma sociedade".[10] Daí exsurge a sua constitucionalidade. E, por isso, os princípios são deontológicos: "um padrão decisório que se constrói historicamente e que gera um dever de obediência nos momentos posteriores".[11]

Com efeito, os princípios "não podem ser criados *ad hoc*, sem vínculos históricos, pois não são passíveis de um controle intersubjetivo de seus sentidos juridicamente possíveis".[12] Dessa forma, devem refletir "um sentido constitucional reconhecido em nossa comunidade de modo vinculante, ainda que passível de exceções".[13]

---

[6] STRECK, Lenio Luiz. *Dicionário de hermenêutica*. 2. ed. Belo Horizonte: Letramento; Casa do Direito, 2020. p. 374.

[7] STRECK, Lenio Luiz. *Dicionário de hermenêutica*. 2. ed. Belo Horizonte: Letramento; Casa do Direito, 2020. p. 374.

[8] STRECK, Lenio Luiz. *Dicionário de hermenêutica*. 2. ed. Belo Horizonte: Letramento; Casa do Direito, 2020. p. 374.

[9] STRECK, Lenio Luiz. *Dicionário de hermenêutica*. 2. ed. Belo Horizonte: Letramento; Casa do Direito, 2020. p. 374.

[10] STRECK, Lenio Luiz. *Verdade e consenso*. 6. ed. São Paulo: Saraiva, 2017. p. 94-95.

[11] STRECK, Lenio Luiz. Entrevista concedida a Pedro Canário: "Direito não pode ser corrigido por valores morais". *Conjur*, São Paulo, 2012. Disponível em: https://www.conjur.com.br/2012-abr-02/valores-morais-nao-podem-nortear-principios-juridicos-lenio-streck. Acesso em: 21 nov. 2020. Complementa: "Isto é, os princípios funcionam pelo código lícito-ilícito. Nessa perspectiva, princípios são normas *stricto sensu*. São um 'dever ser'. Não são meramente conselhos ou mandados de otimização. Ou seja, princípios não são valores. Dizendo de outro modo: tratar princípios teleologicamente é submeter direitos e garantias a um cálculo de custo e benefício, dispensando a sua obrigatoriedade e condicionando-os a pontos de vista parciais".

[12] STRECK, Lenio Luiz. *Dicionário de hermenêutica*. 2. ed. Belo Horizonte: Letramento; Casa do Direito, 2020. p. 374.

[13] STRECK, Lenio Luiz. *Dicionário de hermenêutica*. 2. ed. Belo Horizonte: Letramento; Casa do Direito, 2020. p. 374.

Uma destacada característica dos princípios é a transcendência ("atravessamento da porosidade das regras").[14] Um princípio é um princípio "em face daquilo que ele enuncia".[15] Perceber o princípio faz com que ele "seja o elemento que termina desvelando-se e, ao mesmo tempo, ocultando-se na própria regra".[16] Disso decorre que uma regra será sempre interpretada "em face do seu princípio instituidor".[17]

O recurso aos princípios pelo Código Civil brasileiro de 2002 demonstrou a utilização de técnica legislativa avançada, embora se tenha deixado acorrentar pela concepção axiológica – concernente ao paradigma Estado Social de Direito.[18] Dele resultaram os princípios informadores da vigente codificação civil: *eticidade, socialidade* e *operabilidade*.

A socialidade busca transpor o viés individualista e patrimonialista proposto pelo Código Civil brasileiro de 1916, por meio da prevalência dos interesses sociais em detrimento de interesses meramente individuais.[19] A previsão da função social do contrato (art. 421), da boa-fé objetiva (art. 422) e da equivalência material (arts. 423 e 424, entre outros) pelo Código Civil torna inequívoca a consagração da socialidade na contratualidade nacional.[20]

Paulo Lôbo[21] ensina que "a compreensão que se tem hoje dos princípios sociais do contrato não é mais de antagonismo radical aos

---

[14] STRECK, Lenio Luiz. *Dicionário de hermenêutica*. 2. ed. Belo Horizonte: Letramento; Casa do Direito, 2020. p. 375.

[15] STRECK, Lenio Luiz. *Dicionário de hermenêutica*. 2. ed. Belo Horizonte: Letramento; Casa do Direito, 2020. p. 375.

[16] STRECK, Lenio Luiz. *Dicionário de hermenêutica*. 2. ed. Belo Horizonte: Letramento; Casa do Direito, 2020. p. 375.

[17] STRECK, Lenio Luiz. *Dicionário de hermenêutica*. 2. ed. Belo Horizonte: Letramento; Casa do Direito, 2020. p. 375.

[18] SOARES, Mário Lúcio Quintão; BARROSO, Lucas Abreu, Os princípios informadores do novo código civil e os princípios constitucionais fundamentais: lineamentos de um conflito hermenêutico no ordenamento jurídico brasileiro. *Revista de Direito Privado*, São Paulo, v. 14, p. 49-54, abr./2003. Versão digital; LÔBO, Paulo. *Direito civil*: contratos. 4. ed. São Paulo: Saraiva, 2018. p. 64: "O firme propósito de trazer o CC/2002 ao contexto e à ideologia do Estado social foi destacado pelos autores do projeto, nomeadamente por Miguel Reale, quando se refere à diretriz de 'socialidade', que o teria informado".

[19] SOARES, Mário Lúcio Quintão; BARROSO, Lucas Abreu. Os princípios informadores do novo código civil e os princípios constitucionais fundamentais: lineamentos de um conflito hermenêutico no ordenamento jurídico brasileiro. *Revista de Direito Privado*, São Paulo, v. 14, p. 49-54, abr. 2003. Versão digital: "Metodologicamente, a nuança conservadora de Miguel Reale subjaz no novo Código Civil, entronizando, na perspectiva da eticidade e da socialidade, os bens culturais reconhecidos e aceitos pela comunidade em geral".

[20] BARROSO, Lucas Abreu. *A realização do direito civil*: entre normas jurídicas e práticas sociais. Curitiba: Juruá, 2011. p. 19.

[21] LÔBO, Paulo. *Direito civil*: contratos. 4. ed. São Paulo: Saraiva, 2018. p. 65.

princípios individuais, pois estes como aqueles refletiram etapas da evolução do direito contratual e do próprio Estado moderno. No Estado social os princípios individuais são compatíveis quando estão orientados pelos princípios sociais, cuja prevalência se dá quando não são harmonizáveis, depois de tentada a interpretação conforme".

Fernando Noronha esclarece que a função social não é uma descoberta do Código Civil, tampouco privativa dos contratos: "todo direito tem uma função social, que dispensa referência expressa".[22] No século XX, a função social dos direitos foi enunciada pelas constituições, com destaque para a propriedade. Nas palavras de Miguel Reale, supervisor da comissão elaboradora e revisora do Código Civil, "o reconhecimento da função social do contrato é mero corolário dos imperativos constitucionais relativos à função social da propriedade e à justiça que deve presidir a ordem econômica".[23]

A função social, buscando harmonizar os postulados jurídicos e as relações econômicas e sociais, extrapolou o direito de propriedade e chegou aos contratos, imprimindo-lhes uma nova compreensão, condicionadora do livre exercício da autonomia privada e da plena liberdade contratual em proveito dos interesses sociais:[24] "Não obstante a função social do contrato (aspecto dinâmico da atividade econômica) esteja constitucionalmente inserida na previsão geral da função social da propriedade (aspecto estático da atividade econômica) enquanto princípio-base da ordem econômica (art. 170, II, da CF), torna-se impreterível a observância de todos os aspectos que aquela contempla, tendo em vista garantir a dignidade dos contratantes, conforme os ditames da justiça social".[25]

O art. 5º da Lei de Introdução às Normas do Direito Brasileiro (Decreto-Lei nº 4.657/1942) dispõe: "Na aplicação da lei, o juiz atenderá aos fins sociais a que ela se dirige e às exigências do bem comum". Portanto, quaisquer direitos, mesmo aqueles de *finalidade egoística*,

---

[22] NORONHA, Fernando. *O direito dos contratos e seus princípios fundamentais*: autonomia privada, boa-fé, justiça contratual. São Paulo: Saraiva, 1994. p. 83.

[23] REALE, Miguel. *O projeto de código civil*: situação atual e seus problemas fundamentais. São Paulo: Saraiva, 1986. p. 32.

[24] BARROSO, Lucas Abreu; MORRIS, Amanda Zoe. *Direito dos contratos*. São Paulo: Revista dos Tribunais, 2008. p. 43.

[25] BARROSO, Lucas Abreu; MORRIS, Amanda Zoe. *Direito dos contratos*. São Paulo: Revista dos Tribunais, 2008. p. 44.

"como são todos os direitos de crédito (entre os quais se inserem os resultantes de contratos)",[26] devem obediência à função social.

O exercício de um direito de crédito (contratual), de modo contrário à realização de fins sociais, caracteriza *abuso de direito*, na conformidade do art. 187 do Código Civil e, destarte, um ato antijurídico: "Também comete ato ilícito o titular de um direito que, ao exercê-lo, excede manifestamente os limites impostos pelo seu fim econômico ou social, pela boa-fé ou pelos bons costumes".

Todo esse pensamento encontra-se sintetizado na redação original do art. 421 do Código Civil: "A liberdade de contratar será exercida em razão e nos limites da função social do contrato".[27]

2 A inovação e a inquietação provocada pelo princípio da função social do contrato

O tratamento conferido pelo legislador à função social no âmbito dos contratos foi recebido com grande euforia por considerável parcela dos civilistas brasileiros, que viram no art. 421 do Código Civil "uma nova e interessante extensão do conceito"[28] de função social, o qual, segundo Salomão Filho, passou "de uma limitação a uma situação estática de propriedade para um instrumento de controle das relações sociais"[29] mais abrangente.

A proposição normativa do art. 421 do Código Civil tem sido fundamental no gradativo processo de superação do individualismo patrimonialista impregnado na tradição da contratualidade nacional. Trata-se, na verdade, de um fenômeno iniciado com a Constituição Federal de 1988, quando instituiu uma ordem jurídica voltada "à consolidação e à garantia dos direitos humano-fundamentais".[30]

---

[26] NORONHA, Fernando. *O direito dos contratos e seus princípios fundamentais*: autonomia privada, boa-fé, justiça contratual. São Paulo: Saraiva, 1994. p. 83.

[27] BARROSO, Lucas Abreu; MORRIS, Amanda Zoe. *Direito dos contratos*. São Paulo: Revista dos Tribunais, 2008. p. 45: Vale ressaltar "o equívoco cometido pelo legislador – ao invés de liberdade de contratar (dimensão subjetiva da vontade: celebrar o contrato ou não) está nitidamente se referindo à liberdade contratual (dimensão objetiva da vontade: poder de estabelecer o conteúdo do contrato)".

[28] SALOMÃO FILHO, Calixto. Função social do contrato: primeiras anotações. *Revista dos Tribunais*, São Paulo, ano 93, v. 823, p. 67, maio 2004.

[29] SALOMÃO FILHO, Calixto. Função social do contrato: primeiras anotações. *Revista dos Tribunais*, São Paulo, ano 93, v. 823, p. 69, maio 2004.

[30] HOFFMAM, Fernando; CAVALHEIRO, Larissa Nunes; NASCIMENTO, Valéria Ribas do. O constitucionalismo principiológico como condição de possibilidade para a concretização

Outra relevante contribuição do art. 421 do Código Civil é o reconhecimento de que os efeitos dos contratos não ficam restritos às partes que o celebraram. A ideia de contrato como "vínculo bilateral que une indivíduos isolados, cujos interesses são contrapostos"[31] estava em desacordo com o paradigma jurídico adotado pelo Código Civil de 2002, o que demandou uma leitura constitucional do contrato. Este é conceituado hoje por Paulo Nalin como uma "relação jurídica subjetiva, nucleada na solidariedade constitucional, destinada à produção de efeitos jurídicos existenciais e patrimoniais, não só entre os titulares subjetivos da relação como também perante terceiros",[32] explicitando a percepção dos vínculos contratuais como fatos sociais.[33]

Claudio Godoy, ao cindir os planos dos efeitos dos contratos em *intra partes* e *ultra partes*, afirmou que a função social tem em ambos igual projeção. Contudo, incide primeiro nos contratantes, para, em seguida, recair no corpo social.[34] Quis o autor esclarecer que a função social implica, ao menos teoricamente, a tutela interna e a tutela externa do direito de crédito (contratual).

Indiscutível que a positivação do princípio da função social do contrato pela vigente codificação civil brasileira modificou não apenas a conformação como também a finalidade e o regime desse instituto jurídico,[35] impondo aos contratantes "o dever de perseguir não apenas os seus interesses particulares, mas também a realização e a promoção de valores constitucionais, atendendo-se a interesses extracontratuais relevantes do ponto de vista social, a fim de justificar uma tutela jurídica pelo ordenamento".[36]

---

dos direitos humano-fundamentais. *Revista Eletrônica Direito e Política*, Itajaí, v. 6, n. 1, p. 101-119, abr. 2011. p. 110.

[31] MARTINS-COSTA, Judith. Reflexões sobre o princípio da função social dos contratos. *Revista Direito GV*, São Paulo, v. 1, n. 1, p. 54, maio 2005.

[32] NALIN, Paulo. *Do contrato:* conceito pós-moderno – Em busca de sua formulação na perspectiva civil-constitucional. 2. ed. Curitiba: Juruá, 2006. p. 253.

[33] MARTINS-COSTA, Judith. Reflexões sobre o princípio da função social dos contratos. *Revista Direito GV*, São Paulo, v. 1, n. 1, p. 54, maio 2005.

[34] GODOY, Claudio Luiz Bueno de. *Função social do contrato:* de acordo com o novo código civil. 2. ed. São Paulo: Saraiva, 2007. p. 134.

[35] RAMOS, André Luiz Arnt. *Segurança jurídica e enunciados normativos deliberadamente indeterminados:* o caso da função social do contrato. Tese (Doutorado) - Curso de Direito das Relações Sociais, Setor de Ciências Jurídicas, Programa de Pós-Graduação em Direito, Universidade Federal do Paraná, Curitiba, 2019. p. 155.

[36] NEVES, Thiago Ferreira Cardoso. O princípio da função social dos contratos nos 15 anos de vigência do código civil: análise crítica de sua aplicação pela doutrina e jurisprudência. *Revista Científica da Academia Brasileira de Direito Civil*, Juiz de Fora, v. 3, n. 2, p. 8, 2018.

Entretanto, passadas quase duas décadas da edição do Código Civil de 2002, a festejada inovação legislativa ainda não alcançou a plena efetividade, nem mesmo a ampla operabilidade, que aquela considerável parcela dos civilistas brasileiros esperava de um princípio social incidente sobre todo o Direito dos Contratos.

Com o passar do tempo, a euforia inicial foi aos poucos substituída por certo inconformismo diante da postura do legislador infraconstitucional. Apoiado em suposta ausência de sentido lógico no seu texto normativo,[37] propôs, ainda no período da *vacatio legis* (11.01.2002 a 10.01.2003), o Projeto de Lei nº 6.960/2002, atribuindo nova redação ao art. 421 do Código Civil: "A liberdade contratual será exercida nos limites da função social do contrato".

A *justificação* do autor do projeto de lei para a alteração redacional objetivava a substituição da expressão "liberdade de contratar" por "liberdade contratual", opção com a qual coautor deste estudo já concordou.[38] Também buscava a supressão da expressão "em razão", pois, de acordo com o Deputado Ricardo Fiuza: "A liberdade contratual está limitada pela função social do contrato, mas não é a sua razão de ser".[39] Divergiu neste ponto o coautor deste estudo em publicação anterior.[40]

Embora o Projeto de Lei nº 6.960/2002 tenha sido arquivado, sua proposição foi suficiente para evidenciar que a inquietação provocada pelo art. 421 do Código Civil decorre precipuamente da amplitude atribuída ao princípio da função social do contrato. Talvez influenciadas por ele, a doutrina e a jurisprudência pátrias não chegaram a um acordo, ainda que mínimo, em torno da *applicatio* do art. 421 do Código Civil.[41]

Tanto assim que o Superior Tribunal de Justiça, corte responsável por uniformizar a interpretação da lei federal no Brasil, até o momento não alcançou unidade de entendimento sobre o tema, sendo corriqueiro

---

[37] TARTUCE, Flávio. *Função social dos contratos*: do código de defesa do consumidor ao código civil de 2002. São Paulo: Método, 2007. p. 241.

[38] BARROSO, Lucas Abreu; MORRIS, Amanda Zoe. *Direito dos contratos*. São Paulo: Revista dos Tribunais, 2008. p. 45.

[39] Disponível em: https://www.camara.leg.br/proposicoesWeb/prop_mostrarintegra;jsessionid=0FCD182C5E077F3D 0A8E 687EBBD7F1CD.proposicoesWebExterno2?codteor=50233&filename= PL+6960/2002.

[40] BARROSO, Lucas Abreu. Causa e função social: a ordem pública e o interesse coletivo nas relações contratuais. *In*: CUNHA, Leonardo Carneiro da Cunha *et al.* (Org.). *Relações e influências recíprocas entre direito material e direito processual*: estudos em homenagem ao Prof. Torquato Castro. Salvador: Juspodivm, 2017. p. 229-234.

[41] A propósito, ver: BERALDO, Leonardo de Faria. *Função social do contrato*: contributo para a construção de uma nova teoria. Belo Horizonte: Del Rey, 2011. p. 49-114.

utilizar a função social do contrato como argumento retórico "para afastar a força obrigatória dos contratos, [como, também, a sua relatividade,] a fim de livrar o contratante da obrigação por ele assumida quando da celebração do negócio",[42] mesmo em casos não relacionados ao seu conteúdo, o que ocasiona seu esvaziamento e retira sua importância.[43]

Por outro lado, é notório que "a função social dos contratos tem sido empregada tanto como mecanismo de proteção dos vulneráveis e de promoção da justiça social quanto para proteção de grandes empresários, em prol de interesses exclusivamente patrimoniais, sendo, portanto, verdadeiramente contraditória a sua aplicação",[44] o que, inevitavelmente, contribui para a perda de sua força normativa.

André Ramos traz dados alarmantes sobre a utilização do princípio da função social do contrato pelo Tribunal de Justiça do Estado do Rio de Janeiro, o que indica que os problemas envoltos na inadequada interpretação/aplicação do princípio tendem a ser igualmente de ordem institucional: em "68% das decisões que invocaram a função social do contrato, seu uso se restringiu a 'mera menção na fundamentação', bem assim que em 16% dos casos, a referência ao sintagma consta apenas da ementa do julgado. É dizer que: em 84% dos casos analisados fez-se tudo menos aplicar a função social como normativa – o que é dado alarmante, mesmo se comparado aos demais princípios do Direito dos Contratos".[45]

A parte mais conservadora da comunidade jurídico-política brasileira viu-se legitimada para insurgir-se contra a função social do contrato a partir da eleição do Presidente Jair Bolsonaro, acompanhada da composição do Congresso Nacional com o maior número de militares, policiais, religiosos e ruralistas desde o ano do Golpe Militar que instaurou a ditadura no País (1964).

---

[42] NEVES, Thiago Ferreira Cardoso. O princípio da função social dos contratos nos 15 anos de vigência do código civil: análise crítica de sua aplicação pela doutrina e jurisprudência. *Revista Científica da Academia Brasileira de Direito Civil*, Juiz de Fora, v. 3, n. 2, p. 3, 2018.

[43] NEVES, Thiago Ferreira Cardoso. O princípio da função social dos contratos nos 15 anos de vigência do código civil: análise crítica de sua aplicação pela doutrina e jurisprudência. *Revista Científica da Academia Brasileira de Direito Civil*, Juiz de Fora, v. 3, n. 2, p. 14, 2018.

[44] NEVES, Thiago Ferreira Cardoso. O princípio da função social dos contratos nos 15 anos de vigência do código civil: análise crítica de sua aplicação pela doutrina e jurisprudência. *Revista Científica da Academia Brasileira de Direito Civil*, Juiz de Fora, v. 3, n. 2, p. 3, 2018.

[45] RAMOS, André Luiz Arnt. *Segurança jurídica e enunciados normativos deliberadamente indeterminados*: o caso da função social do contrato. Tese (Doutorado) – Curso de Direito das Relações Sociais, Setor de Ciências Jurídicas, programa de pós-graduação em Direito, Universidade Federal do Paraná, Curitiba, 2019. p. 164-165.

No mesmo ano da posse presidencial e parlamentar (2019) foi editada a Declaração de Direitos de Liberdade Econômica, por meio da Lei nº 13.874, de 20 de setembro, alterando o art. 421 do Código Civil muito além do proposto pelo Projeto de Lei nº 6.960/2002 e impondo grandes desafios ao princípio da função social do contrato.

3 Declaração de Direitos de Liberdade Econômica e desafios ao princípio da função social do contrato

A função social do contrato sofreu profunda alteração legislativa, tendo em vista a redação que lhe foi conferida pela Declaração de Direitos de Liberdade Econômica (Lei nº 13.874/2019), *in verbis*:

> Art. 421. A liberdade de contratar será exercida em razão e nos limites da função social do contrato. (redação original)
> Art. 421. A liberdade contratual será exercida nos limites da função social do contrato. (Redação dada pela Lei nº 13.874, de 2019)
> Parágrafo único. Nas relações contratuais privadas, prevalecerão o princípio da intervenção mínima e a excepcionalidade da revisão contratual. (Incluído pela Lei nº 13.874, de 2019).

Percebe-se que foi substituída no *caput* do art. 421 do Código Civil a "liberdade de contratar" por "liberdade contratual". Além disso, excluiu-se a expressão "em razão" (causa),[46] mantendo-se "nos limites", a demonstrar que o contrato *tem*, ou *pode ter*, função social, mas que não *é* dotado de função social.[47]

A interpretação adequada do sentido de função social do contrato, na redação original e na atual redação do comando legal, demanda ir além do enunciado normativo do art. 421 do Código Civil e estabelecer um diálogo com os direitos fundamentais, já que os significantes *função social* remetem, ao menos, a três concepções: "interesses difusos de natureza não patrimonial, como dirigida a interesses existenciais de

---

[46] BARROSO, Lucas Abreu. Causa e função social: a ordem pública e o interesse coletivo nas relações contratuais. *In*: CUNHA, Leonardo Carneiro da Cunha *et al.* (Org.). *Relações e influências recíprocas entre direito material e direito processual*: estudos em homenagem ao Prof. Torquato Castro. Salvador: Juspodivm, 2017.

[47] Sobre nem todos os contratos terem função social: RUZYK, Carlos Eduardo Pianovski. *Institutos fundamentais do direito civil e liberdade(s)*. Rio de Janeiro: GZ, 2011. p. 269-313.

natureza jusfundamental ou, mesmo, como pertinente à promoção de eficiência no mercado sem restringir tal interpretação".[48]

A ideia de função, seja qual for o seu conteúdo, é entendida como um contributo (a que serve e a quem serve) que o instituto jurídico "deve trazer para determinados entes – sejam eles indivíduos determinados, grupos de indivíduos ou a sociedade de modo difuso".[49] A função, por conseguinte, não limita, mas atua como algo que o instituto jurídico deve realizar em favor de alguém.[50]

Compreende-se o social como a transcensão concreta das posições jurídicas individuais e não individuais em cada caso, sem que haja aprioristicamente a prevalência de uma posição jurídica sobre a outra. Somente na impossibilidade de efetiva harmonização, o exercício de uma posição jurídica poderá ser considerada legítima e a outra ilegítima (Código Civil, art. 187), o que permitirá compreender a ideia de função social de maneira adequada à Constituição (texto e contexto) e ao Direito Civil contemporâneo.

Para Carlos Eduardo Pianovski Ruzyk, a função social do contrato vincula-se "ao atendimento de necessidades concretas dos contratantes no que tange ao acesso a bens fundamentais. [...] o contrato não apenas seria um instrumento de livre atuação do particular na realização de escolhas, mas, também, seria fonte reprodutiva de liberdade".[51]

Assim, compreende-se que a autonomia privada pode ser a efetiva realização da liberdade formal e substancial de quem a exerce, "desde que esse exercício não importe redução radical daquela mesma liberdade substancial que permitiu reputar a materialização da autonomia privada como sendo um verdadeiro 'funcionamento'", por exemplo, em contratos paritários.[52]

A rigor, poder-se-ia ter mantido a expressão "em razão", uma vez que:

---

[48] RUZYK, Carlos Eduardo Pianovski. *Institutos fundamentais do direito civil e liberdade(s)*. Rio de Janeiro: GZ, 2011. p. 269. O autor prossegue tecendo crítica a essas três concepções de função social.

[49] RUZYK, Carlos Eduardo Pianovski. *Institutos fundamentais do direito civil e liberdade(s)*. Rio de Janeiro: GZ, 2011. p. 144-150.

[50] RUZYK, Carlos Eduardo Pianovski; BÜRGER, Marcelo L. F. de Macedo. A tutela externa da obrigação e sua (des)vinculação à função social do contrato. *Civilistica.com*, Rio de Janeiro, ano 6, n. 2, 2017. Disponível em: http://civilistica.com/a-tutela-externa-da-obrigacao/. Acesso em: 28 nov. 2020.

[51] RUZYK, Carlos Eduardo Pianovski. *Institutos fundamentais do direito civil e liberdade(s)*. Rio de Janeiro: GZ, 2011. p. 290-291.

[52] RUZYK, Carlos Eduardo Pianovski. *Institutos fundamentais do direito civil e liberdade(s)*. Rio de Janeiro: GZ, 2011. p. 307.

a) o exercício de liberdade a que se refere a norma não esgota os perfis de liberdade, o que significa que não se está a afirmar que o exercício da liberdade formalmente assegurada no contrato tem por fundamento apenas essa mesma liberdade formal; b) a ponderação entre liberdades pode fazer com que haja a prevalência concreta de um perfil sobre o outro implicando um direcionamento do exercício da liberdade formalmente assegurada para o incremento de outras liberdades, sobretudo como liberdade substancial; c) não se trata de exercício em razão apenas do fundamento normativo do exercício (autonomia privada), mas em razão de contributos que o exercício pode ensejar, o que permite afirmar que a liberdade atua em dois momentos, ou seja, no momento de fundamentação do direito como princípio e no momento de seu exercício como função.[53]

Por conseguinte, demonstra-se inadequada a segunda alteração promovida pela Declaração de Direitos de Liberdade Econômica (Lei nº 13.874/2019) no *caput* do art. 421 do Código Civil.

A seu turno, a inclusão do parágrafo único no art. 421 do Código Civil provocou duas polêmicas: a prevalência do princípio da intervenção mínima e a excepcionalidade da revisão contratual. Quanto à excepcionalidade da revisão contratual, apesar de sua previsão normativa, a alteração é inútil, visto que a revisão do contrato civil sempre foi exceção, muito por conta do acolhimento da teoria da imprevisão pelos arts. 317 e 478 do Código Civil.

A polêmica que ainda vai render muito debate acadêmico e na jurisprudência é o "princípio da intervenção mínima". Desde logo questiona-se se a intervenção mínima é princípio ou se seria efeito dos princípios contratuais individuais, como a autonomia privada negocial e a força obrigatória dos contratos. Os autores entendem que a intervenção mínima não configura princípio, mas efeito dos princípios contratuais individuais.

Outro problema é densificar o sentido de intervenção mínima, pois se intervenção mínima for nenhuma intervenção, a liberdade (sem limites) resultará em opressão. Noutro extremo, deturpando seu sentido, se a intervenção mínima atingir elevado grau de dirigismo, afastará por completo a liberdade.

Desse modo, a correta intervenção estatal na relação contratual é aquela que concilia a vulnerabilidade genética (exemplos: relações de consumo, de trabalho, contratos por adesão às condições gerais)

---

[53] RUZYK, Carlos Eduardo Pianovski. *Institutos fundamentais do direito civil e liberdade(s)*. Rio de Janeiro: GZ, 2011. p. 312-313.

ou concreta e episódica (exemplos: vulnerabilidades em contratos civis, empresariais, administrativos etc.) em cada caso e as posições jurídicas individuais e não individuais das partes contratantes. A intervenção estatal se dará em menor medida nos contratos paritários, independentemente da disciplina jurídica que os tutele.[54]

A intervenção estatal deve ser criteriosa e concretamente adequada a cada contrato e não afirmar de forma antecipada que prevalecerá a intervenção mínima sobre qualquer outra norma principiológica, como sugere o parágrafo único do art. 421 do Código Civil, mesmo porque não existe conflito entre princípios, mas sim exercício ilegítimo (Código Civil, art. 187) de posição jurídica em cada caso.[55]

Como visto, as alterações e inclusões na redação do art. 421 do Código Civil tendem a esvaziar o conteúdo normativo do princípio da função social do contrato, impondo à doutrina e aos tribunais o desafio de exercer o devido constrangimento epistemológico, a fim de reagir ao retrocesso trazido quanto ao tema pela denominada Declaração de Direitos de Liberdade Econômica (Lei nº 13.874/2019).

Referências

BARROSO, Lucas Abreu. *A realização do direito civil*: entre normas jurídicas e práticas sociais. Curitiba: Juruá, 2011.

BARROSO, Lucas Abreu; MORRIS, Amanda Zoe. *Direito dos contratos*. São Paulo: Revista dos Tribunais, 2008.

BARROSO, Lucas Abreu. Causa e função social: a ordem pública e o interesse coletivo nas relações contratuais. *In*: CUNHA, Leonardo Carneiro da Cunha *et al.* (Org.). *Relações e influências recíprocas entre direito material e direito processual*: estudos em homenagem ao Prof. Torquato Castro. Salvador: Juspodivm, 2017.

BERALDO, Leonardo de Faria. *Função social do contrato*: contributo para a construção de uma nova teoria. Belo Horizonte: Del Rey, 2011.

GODOY, Claudio Luiz Bueno de. *Função social do contrato*: de acordo com o novo código civil. 2. ed. São Paulo: Saraiva, 2007.

HOFFMAM, Fernando; CAVALHEIRO, Larissa Nunes; NASCIMENTO, Valéria Ribas do. O constitucionalismo principiológico como condição de possibilidade para a concretização dos direitos humano-fundamentais. *Revista Eletrônica Direito e Política*, Itajaí, v. 6, n. 1, p. 101-119, abr. 2011.

---

[54] TARTUCE, Flávio. *Direito civil*: teoria geral dos contratos e contratos em espécie. 15. ed. Rio de Janeiro: Forense, 2020. p. 80.

[55] Sobre o tema, ver: STRECK, Lenio Luiz. *Dicionário de hermenêutica*. 2. ed. Belo Horizonte: Letramento; Casa do Direito, 2020. Verbete 35 (Ponderação).

LÔBO, Paulo. *Direito civil*: contratos. 4. ed. São Paulo: Saraiva, 2018.

MARTINS-COSTA, Judith. Reflexões sobre o princípio da função social dos contratos. *Revista Direito GV*, São Paulo, v. 1, n. 1, maio 2005.

NALIN, Paulo. *Do contrato:* conceito pós-moderno – Em busca de sua formulação na perspectiva civil-constitucional. 2. ed. Curitiba: Juruá, 2006.

NEVES, Thiago Ferreira Cardoso. O princípio da função social dos contratos nos 15 anos de vigência do código civil: análise crítica de sua aplicação pela doutrina e jurisprudência. *Revista Científica da Academia Brasileira de Direito Civil*, Juiz de Fora, v. 3, n. 2, 2018.

NORONHA, Fernando. *O direito dos contratos e seus princípios fundamentais*: autonomia privada, boa-fé, justiça contratual. São Paulo: Saraiva, 1994.

RAMOS, André Luiz Arnt. *Segurança jurídica e enunciados normativos deliberadamente indeterminados:* o caso da função social do contrato. Tese (Doutorado) – Curso de Direito das Relações Sociais, Setor de Ciências Jurídicas, programa de pós-graduação em Direito, Universidade Federal do Paraná, Curitiba, 2019.

REALE, Miguel. *O projeto de código civil*: situação atual e seus problemas fundamentais. São Paulo: Saraiva, 1986.

RUZYK, Carlos Eduardo Pianovski. *Institutos fundamentais do direito civil e liberdade(s)*. Rio de Janeiro: GZ, 2011.

RUZYK, Carlos Eduardo Pianovski; BÜRGER, Marcelo L. F. de Macedo. A tutela externa da obrigação e sua (des)vinculação à função social do contrato. *Civilistica.com*, Rio de Janeiro, a. 6, n. 2, 2017. Disponível em: http://civilistica.com/a-tutela-externa-da-obrigacao/. Acesso em: 28 nov. 2020.

SALOMÃO FILHO, Calixto. Função social do contrato: primeiras anotações. *Revista dos Tribunais*, São Paulo, ano 93, v. 823, maio 2004.

SOARES, Mário Lúcio Quintão; BARROSO, Lucas Abreu. Os princípios informadores do novo código civil e os princípios constitucionais fundamentais: lineamentos de um conflito hermenêutico no ordenamento jurídico brasileiro. *Revista de Direito Privado*, São Paulo, v. 14, p. 49-54, abr. 2003. Versão digital.

STRECK, Lenio Luiz. *Dicionário de hermenêutica*. 2. ed. Belo Horizonte: Letramento; Casa do Direito, 2020.

STRECK, Lenio Luiz. Entrevista concedida a Pedro Canário: "Direito não pode ser corrigido por valores morais". *Conjur*, São Paulo, 2012. Disponível em: https://www. conjur.com. br/2012-abr-02/valores-morais-nao-podem-nortear-principios-juridicos-lenio-streck. Acesso em: 21 nov. 2020.

STRECK, Lenio Luiz. *Verdade e consenso*. 6. ed. São Paulo: Saraiva, 2017.

TARTUCE, Flávio. *Função social dos contratos*: do código de defesa do consumidor ao código civil de 2002. São Paulo: Método, 2007.

TARTUCE, Flávio. *Direito civil*: teoria geral dos contratos e contratos em espécie. 15. ed. Rio de Janeiro: Forense, 2020.

Informação bibliográfica deste texto, conforme a NBR 6023:2018 da Associação Brasileira de Normas Técnicas (ABNT):

BARROSO, Lucas Abreu; FROTA, Pablo Malheiros da Cunha; STEFANELLI, Daniella Gonçalves. Declaração de direitos de liberdade econômica e desafios ao princípio da função social do contrato. *In*: EHRHARDT JÚNIOR, Marcos (Coord.). *Direito Civil*: Futuros Possíveis. Belo Horizonte: Fórum, 2022. p. 141-154. ISBN 978-65-5518-281-1.

REVISÃO JUDICIAL DOS CONTRATOS EM PERSPECTIVA

PAULO LÔBO

1 Quando a revisão judicial dos contratos se impõe

Vários são os instrumentos de intervenção judicial para a revisão dos contratos de que o Direito contemporâneo lança mão: nulidade total, nulidade parcial, redução de encargos desproporcionais, conservação do contrato, conversão do contrato nulo, interpretação do contrato em conformidade com os princípios fundamentais, integração dos deveres gerais de conduta. Esses mesmos instrumentos podem ser utilizados na arbitragem quando a revisão contratual estiver contemplada em cláusula compromissória que preveja a aplicação do Direito brasileiro pelo árbitro, nessa circunstância.

No CC/2002 ampliou-se, consideravelmente, o poder do juiz para revisar o contrato, de modo que este não seja instrumento de iniquidade. Ao juiz é dada a moldura normativa, mas o conteúdo deve ser preenchido na decisão de cada caso concreto, motivadamente, inclusive se valendo dos princípios jurídicos e de conceitos indeterminados integrados ao sistema jurídico. Destaquem-se, nessa dimensão, os arts. 157 (lesão), 317 (correção do valor de prestação desproporcional), parágrafo único do art. 404 (concessão de indenização complementar, na ausência de cláusula penal), 413 (redução equitativa da cláusula penal), 421 (função social do contrato), 422 (boa-fé objetiva), 423 (interpretação favorável ao aderente), 478 (resolução por onerosidade excessiva), 480 (redução da prestação em contrato individual) e 620 (redução proporcional do contrato de empreitada).

Nos contratos comuns, não protegidos pela legislação do consumidor, pode ocorrer previsão expressa de revisão, como direito assegurado à parte, em razão de circunstâncias externas à relação contratual. Exemplo é o direito tanto do locador quanto do locatário, para a revisão do aluguel (art. 19 da Lei nº 8.425/1991), quando a locação tiver ultrapassado o prazo de três anos – ainda que tenha havido reajustamentos anuais regulares –, para que ele possa corresponder ao preço de mercado. A revisão judicial dos contratos pode estar assentada na regra geral de vedação do enriquecimento sem causa (CC, arts. 884 e ss.).

Como a autonomia privada negocial não consegue mais ser o único fundamento idôneo dos modelos contratuais distintos, notadamente os que escapam ao modelo paritário, a doutrina civilista tem se valido cada vez mais de um pressuposto hermenêutico desenvolvido no âmbito do Direito Público, a saber, o da razoabilidade ou da proporcionalidade, de modo a favorecer a plena aplicação do princípio da equivalência material. A razoabilidade é instrumento de medida e de sanção, ou seja, se do exame de sua incidência resulta uma desproporção que afeta a equivalência do contrato, ela permite sua revisão na medida necessária para restabelecer o equilíbrio violado. A razoabilidade serve também como limite da intervenção judicial, pois a revisão do contrato somente é admitida enquanto tenda à conservação do contrato e na medida necessária para restabelecer o equilíbrio.

O juiz de direito também foi investido de juízo de equidade (ou poder de moderação) pelo Código Civil, em várias situações. Exemplifique-se com o art. 413, que prevê que a penalidade contratual ou cláusula penal "deve ser reduzida equitativamente pelo juiz" se a obrigação principal já tiver sido cumprida em parte pelo devedor, ou se o seu montante for "manifestamente excessivo". Às vezes, o juízo de equidade é compartilhado pelo juiz com a parte, a exemplo do art. 479, que oferece à beneficiada pela onerosidade excessiva superveniente a oportunidade de requerer a revisão equitativa das condições do contrato, para evitar a resolução deste. A revisão autorizada ao juiz pelo art. 317, na hipótese de desproporção manifesta entre o valor ajustado da prestação e o do seu momento de execução, em virtude de fatos supervenientes, também se realiza mediante juízo de equidade, para se alcançar o valor real da prestação.

O juízo de equidade, ou o poder de moderação, conduz o juiz às proximidades do legislador, porém limitado à decisão fundamentada e motivada do conflito determinado ou concreto, na busca do equilíbrio dos poderes negociais. Todavia, não atua o juiz como legislador. Devem ser considerados critérios objetivos, com *standards* valorativos, com o sentido que os antigos atribuíam de justiça do caso concreto.

A equidade outorga ao juiz a possibilidade de "fazer o direito do caso" (Mosset Iturraspe[1]), a partir da concretização e da particularização da norma legal. Supõem-se critérios bem definidos e referenciáveis em abstrato e que o juiz não os substitua por mera apreciação discricionária, até porque sua decisão é exigente de motivação e fundamentação jurídicas razoáveis.

A diretriz de equidade, para revisão contratual, deve ser entendida no sentido que Aristóteles dá ao termo, quando a norma é investida de uma singularidade igual à do caso considerado. Pode-se dizer que a equidade do julgamento é a face objetiva, cujo correspondente subjetivo é constituído pela íntima convicção do julgador, o que subtrai o juízo da situação de pura arbitrariedade, como lembra Paul Ricoeur.[2]

A mudança paradigmática, da autonomia individual inviolável para a autonomia controlada pelo Poder Judiciário, está bem retratada nas normas fundamentais da Constituição que veiculam os princípios da solidariedade (art. 3º, I) e da justiça social (art. 170).

O dever de proteção dos contratantes vulneráveis, que é a tônica do Direito Contratual contemporâneo, projeta-se na revisão judicial dos contratos, para o que se impõe a necessidade de controlar o conteúdo dos contratos, sobretudo nos setores de contratação em massa, ou nos contratos regidos por condições gerais predispostas, principalmente quando estão referidos a bens e serviços essenciais para a comunidade e às necessidades existenciais das pessoas.

A revisão judicial dos contratos é da natureza do Estado social, regido pela Constituição brasileira, consistindo em uma das modalidades de intervenção pública nas relações privadas, especialmente na ordem econômica, para assegurar a plena aplicação dos princípios e normas constitucionais e legais. O descumprimento, por exemplo, dos princípios da função social do contrato, da boa-fé objetiva, da probidade e da proteção do contratante aderente, previstos nos arts. 421 a 424 do CC, apenas pode ser corrigido mediante a revisão judicial do contrato. Vários institutos do Código Civil, como a lesão e o estado de perigo, só se concretizam com a revisão judicial do contrato.

---

[1] MOSSET ITURRASPE, Jorge. *Contratos*: aspectos generales. Santa Fé: Rubinzal-Culzoni, 2005, p.351.

[2] RICOEUR, Paul. *O justo*. Trad. Ivone C. Benedetti. São Paulo: Martins Fontes, 2008, p. 208.

A Lei nº 13.874/2019 (Lei da Liberdade Econômica) estabeleceu no parágrafo único do art. 421 do CC, a este acrescentado, "a excepcionalidade da revisão contratual". Porém, a revisão judicial do contrato sempre foi e deve ser excepcional, tendo em vista que apenas se impõe quando a autonomia privada negocial é desviada indevidamente de suas finalidades, em colisão com os princípios e as demais normas regentes da relação contratual. É, portanto, uma regra programática redundante; quando muito, mais um critério de interpretação.

2 Revisar para resolver o contrato

No Direito romano não havia, na maioria dos contratos, o direito de resolver. Foi sob a influência do Direito canônico que se expandiu o direito de resolver, pois em todo negócio jurídico sinalagmático havia uma condição subentendida que autorizava uma das partes a exigir a resolução do contrato se a outra não o cumprisse.[3]

A cláusula resolutiva expressa é comumente prevista nos contratos, estipulando-se que o contrato será considerado extinto ou resolvido se houver inadimplemento total ou de alguma de suas cláusulas, independentemente de prévio aviso ou notificação. Porém, a lei pode excluir, em alguns contratos, que a resolução possa operar de pleno direito, quando se tem contratante vulnerável, merecedor de proteção. Exemplifique-se com o contrato de locação de imóvel urbano, cujo locatário, apesar de ter incorrido em inadimplemento, por falta de pagamento de aluguéis, pode, no prazo da contestação da ação de despejo ajuizada pelo locador, requerer ao juiz a purgação da mora, pagando os aluguéis atrasados, as penalidades contratuais, os juros moratórios, as custas judiciais e os honorários de advogado do locador (Lei nº 8.245/1991, art. 62), impedindo a resolução do contrato. Nesta hipótese, a regra geral da resolução de pleno direito cede para a proteção do direito à moradia, que é de fundo constitucional.

Ainda que haja cláusula expressa no contrato, se o exercício da pretensão de resolução, por uma das partes, sofrer resistência da outra, terá de ser requerido em juízo, notadamente quando estiverem pendentes prestações de restituir coisa, ou de pagar, ou de indenizar. Assim é porque não se confere à parte contratual o exercício de justiça de mão própria. A resistência pode estar fundada na convicção de

---

[3] AGUIAR JR., Ruy Rosado de. Lições da teoria geral das obrigações. *In*: MARTINS-COSTA, Judith; FRADERA, Véra Maria Jacob de (Org.). *Estudos de direito privado e processual civil*: em homenagem a Clóvis do Couto e Silva. São Paulo: Revista dos Tribunais, p. 49.

que não é cabível a resolução, ou porque não houve inadimplemento, ou porque o inadimplemento é escusável, em virtude da exceção do contrato não cumprido, ou de outra razão.

O significado real de "a cláusula resolutiva expressa opera de pleno direito" (CC, art. 474), que não dispensa a intervenção judicial quando resistida pela outra parte, pode ser assim enunciado, segundo Pontes de Miranda:[4] a) aquele a quem nasceu o direito de resolução pode pedir em juízo que se decrete a resolução, integrando-se com a sentença o suporte fático da resolução; b) aquele a quem nasceu o direito de resolução pode comunicar ao outro figurante que vai exercer o seu direito de resolução, e o outro figurante pode acordar em que se não precise da sentença.

Se a coisa, objeto da obrigação de dar, desaparecer ou se extraviar, sem culpa indiscutível da parte contratual devedora, o contrato pode ser resolvido, por impossibilidade superveniente da obrigação, sem necessidade de decisão judicial. Se vier a ser ajuizada a ação, terá função meramente declarativa e não constitutiva. As partes devem restituir o que porventura tenham recebido, uma da outra. A impossibilidade só é hipótese de nulidade do contrato quando é originária (CC, art. 166, II) e não superveniente.

O inadimplemento, por si só, não gera a resolução do contrato. A parte prejudicada pode preferir exigir o cumprimento da prestação inadimplida, em juízo, quando seja possível a execução. A lei oferece-lhe a alternativa de pedir a execução forçada da obrigação ou a resolução do contrato. Uma ou outra poderá ser cumulada com o pedido de indenização por perdas e danos materiais e morais, causados pelo inadimplemento. Se a parte credora exercer a alternativa da execução forçada à prestação com indenização, não perde o direito à resolução, enquanto perdurar o inadimplemento.

No Direito brasileiro, o contratante pode exigir, em caso de inadimplemento pelo outro, a resolução do contrato com as perdas e danos. Mas não há a alternativa entre a resolução e as perdas e danos; só há entre a resolução e a ação de condenação, com a posterior execução forçada, se não cabe desde logo a ação executiva.

---

[4] PONTES DE MIRANDA, F. C. *Tratado de direito privado*. Rio de Janeiro: Borsoi, 1971, v. 25, p. 363.

3 Violação positiva ou antecipada do contrato

Além da resolução pelo inadimplemento em sentido estrito, ou pela impossibilidade superveniente do objeto do contrato, a doutrina construiu uma terceira hipótese, denominada violação positiva do contrato. O adimplemento insatisfatório pela parte contratual devedora, ou seja, que ocorreu, mas não satisfez à parte credora, segundo os elementos da obrigação, não pode ser considerado inadimplemento do contrato. Todavia, o devedor será responsável pelos danos que acarretar ao credor. A violação é "positiva" no sentido de ter havido conduta tendente ao adimplemento, embora qualificado como ruim. Se o devedor adimple de modo negligente ou descuidado, pode causar dano ao credor, respondendo por este, de modo semelhante ao que ocorreria com o inadimplemento do contrato. As consequências são as mesmas: mora, indenização, resolução do contrato.

A violação positiva do contrato é uma violação da obrigação, não por atraso ou inexecução, mas sim por vícios ou deficiências da prestação, a qual chega a ser realizada, mas não pelo modo que se impunha ao contratante devedor; diz respeito à sua qualidade, sem conotação à sua identidade ou quantidade (NALIN, 2001, p. 156).

Próximo da violação positiva do contrato é o instituto da violação antecipada do contrato, em virtude de razoável probabilidade de inadimplemento, o que autoriza a resolução. A parte pode entrar com pedido de resolução quando a outra, devedora da prestação futura, toma atitude claramente contrária ao avençado, demonstrando firmemente que não o cumprirá, ou quando as circunstâncias evidenciarem o inadimplemento futuro. Dá-se a antecipação dos efeitos do inadimplemento, ou seja, antecipação da totalidade ou de parte dos efeitos que apenas surgiriam quando o inadimplemento inevitável se concretizasse. Nesse sentido foi a conclusão do STJ (REsp 309.626) em caso de contrato de compra e venda de imóvel a prestações, cujo comprador teve conhecimento do processo de falência da empresa responsável pela construção do empreendimento e não o iniciou no prazo prometido, razão por que ajuizou ação de resolução do contrato com devolução das importâncias pagas e pagamento de perdas e danos. O Tribunal denominou essa situação "quebra antecipada do contrato".

No âmbito dos contratos internacionais, a Convenção de Viena das Nações Unidas sobre Contratos de Compra e Venda Internacional de Mercadorias (promulgada no Brasil pelo Decreto nº 8.327/2014) prevê duas modalidades de violação antecipada do contrato: seu art. 71 permite a suspensão das obrigações quando se tornar evidente que a parte contrária não cumprirá parcela substancial das obrigações pactuadas, devido à grave insuficiência em sua capacidade de cumpri-las, ou em sua insolvência; seu art. 72 permite a resolução antecipada do contato quando ficar evidenciado que uma das partes incorrerá em violação essencial dele. A Convenção admite que, havendo tempo suficiente, a parte interessada na resolução contratual deve comunicar à outra, com antecedência razoável, de modo a permitir que esta possa oferecer garantias de cumprimento.

No entendimento doutrinário favorável à revisão ou resolução do contrato por violação antecipada da obrigação, afirmar a parte que não cumprirá com a sua prestação ou evidenciar a inexistência de condições para fazê-lo futuramente nada mais é do que o próprio descumprimento da sua obrigação, sendo desnecessário o advento do termo para confirmar uma situação já existente no presente. Em alguma medida, essa circunstância já é reconhecida pela possibilidade de contratação de "vencimentos antecipados" e, mesmo, pelas hipóteses legais em que isso ocorre.[5]

4 Violação das "cláusulas éticas" do contrato

Expandem-se em vários tipos de contratos as denominadas "cláusulas éticas", cuja violação também conduz à resolução, quando realizada pelas partes. Essas cláusulas são explícitas quando as partes as convencionam, ou mesmo implícitas, com fundamento no sistema jurídico.

São dessa espécie as cláusulas sobre transparência, sobre *compliance*, sobre preservação do meio ambiente, sobre não violação dos direitos humanos, ainda que tenha sido cumprida a obrigação principal (por exemplo, atos de corrupção praticados por uma das partes; fornecimento de produtos para cuja fabricação foi utilizado trabalho escravo ou análogo a este). Na hipótese de violação dos direitos humanos por uma das partes do contrato, a cláusula implícita que a veda teria como fundamento a Constituição da República e a Convenção Internacional dos Direitos Humanos, à qual o Brasil aderiu e internalizou em seu ordenamento.

Segundo Nalin e Steiner, partindo da premissa de que o contrato não serve apenas para a circulação de riquezas, mas também para auxiliar

---

[5] GLITZ, Frederico Eduardo Zenedin; ROCHA, Glenyo Cristiano. Quebra antecipada do contrato: uma análise de direito comparado. *Revista Jurídica*, Curitiba, vol. 1, n. 46, p. 330, 2017.

na emancipação da pessoa humana, há uma grande preocupação das empresas com a conduta de seus fornecedores e parceiros contratuais, afastando aqueles que, de alguma forma, possam estar violando direitos humanos (seja porque se utilizam de trabalho escravo/infantil, seja porque violam normas ambientais).[6]

5 Revisão por onerosidade excessiva superveniente

O contrato, no momento de sua celebração, é cercado por circunstâncias determinadas, que definem o ambiente em que surgiram as declarações de vontade das partes e o equilíbrio de direitos e deveres, ou seja, sua base negocial. Todavia, certas circunstâncias, durante a execução do contrato, podem afetar profundamente esse equilíbrio, levando objetivamente à onerosidade excessiva dos deveres de uma das partes, ou até mesmo comprometendo sua finalidade. Essas circunstâncias são exteriores ao contrato – o que significa dizer que não foram provocadas por alguma das partes – e supervenientes à data de sua celebração, o que implica execução contratual duradoura, não sendo logicamente cabíveis em relações negociais de execução instantânea. O advento de tais circunstâncias pode levar à resolução ou à revisão do contrato, porque este não é mais o mesmo que as partes celebraram.

Todo contrato implica certo grau de risco, que é inerente à sua finalidade, notadamente quando se projeta no tempo. O ponto ótimo de permanência das circunstâncias é imponderável. É o denominado risco do negócio. Mas, quando a mudança de circunstâncias ultrapassa o limite razoável das expectativas, desaparece o risco do negócio, não se podendo mais exigir que a parte devedora, que não deu causa a tal evento, assuma a onerosidade excessiva decorrente. O direito contratual contemporâneo incorporou as proteções jurídicas da confiança e da expectativa razoável do equilíbrio de direitos e deveres.

O caso clássico é o da coroação do rei inglês, assim relatado por Karl Larenz:[7] "O demandante havia alugado ao demandado sua casa, situada em Londres, para o dia do desfile da coroação de Eduardo VII (1901), em cujo itinerário se encontrava sua casa. O demandado subalugou os postos na janela da casa. O desfile da coroação foi suspenso.

---

[6] NALIN, Paulo; STEINER, Renata. C. O contrato como instrumento de proteção e promoção dos direitos humanos: as cláusulas éticas. *Anais do VI Congresso do IBDCIVIL*. Belo Horizonte: Fórum, 2019, p. 85.

[7] LARENZ, Karl. *Base del negocio jurídico y cumplimiento de los contratos*. Trad. Carlos Ernández Rodrigues. Madrid: RDP, 1956, p. 126.

O tribunal julgou improcedente a ação para pagamento do aluguel convencionado". O fundamento da decisão foi de que o tribunal deveria averiguar primeiro o sentido do contrato (*substance of the contract*), deduzindo-o não só do texto deste, mas também das circunstâncias adjacentes conhecidas das partes e "da existência de um particular estado de coisas". A base do negócio (estado de coisas) era a passagem do cortejo. Se foi modificado, houve modificação superveniente das circunstâncias, suficiente para ensejar o pedido de resolução do contrato, única possível, pois não interessava a revisão, como a redução do preço. Houve claramente perda da base negocial (objetiva).

No Direito inglês, a doutrina da *frustration* permite que o tribunal declare que um contrato deve ser extinto ou revisto, quando se torne impossível cumpri-lo sem danos para uma ou ambas as partes, em duas situações, além das hipóteses de impossibilidade: a) quando os fatos preexistentes ao contrato forem diferentes dos que efetivamente existiram na conclusão; b) quando eventos subsequentes à conclusão modificarem a base desses fatos, tendo a coroação de Eduardo VII como seu remoto fundamento.[8]

No Brasil, durante muitos anos, discutiu-se acerca da invariabilidade do modo de reajustamento dos contratos de financiamento de casa própria, de longo prazo, máxime em período de elevada inflação. A base do contrato era o percentual de comprometimento da renda familiar, ainda que não fosse esse o critério utilizado. Quando os índices de correção contratuais se distanciavam desse percentual de comprometimento, em muitos casos impossibilitando o cumprimento das prestações, a revisão se impunha, porque a base do contrato tinha sido modificada por essas circunstâncias.

Duas vias podem abrir-se: uma que se move "para fora" do contrato, mediante o apelo a princípios mais gerais do sistema jurídico; e outra que se dirige "para dentro" do contrato e que o encara como autorreferencial, invocando a sua interpretação, as regras legais que o regem e considerando que os limites do contrato devem resultar dele próprio.[9]

Alguns sistemas jurídicos buscaram fundamento da mudança de circunstâncias no princípio da boa-fé, especialmente pela ausência de normas jurídicas expressas. Assim também se encaminhou a doutrina brasileira. Mas, com ele, não se obteve o fundamento que singularizasse

---

[8] ATIYAH, P. S. *An introduction to the law of contract*. New York: Oxford, 2000, p. 229.

[9] MONTEIRO, António Pinto. Erro e teoria da imprevisão. *Revista Trimestral de Direito Civil*, Rio de Janeiro, n. 15, p. 3-20, jul./set. 2003, p. 10.

a categoria e recompusesse o papel outrora desempenhado pela cláusula *rebus sic stantibus*, até porque a boa-fé está na base de qualquer contrato.

Após o advento do Código de Defesa do Consumidor, em seu art. 6º, V, o Direito brasileiro dispensou esse recurso hermenêutico, fixando requisitos objetivos que recuperam a experiência da cláusula *rebus sic stantibus*, em suas origens, ou seja, a execução duradoura do contrato, a onerosidade excessiva para um dos contratantes (no caso, o consumidor) e a superveniência desta circunstância. A ênfase na conservação do contrato, que é saliente na relação de consumo, orientou o legislador brasileiro a optar pela revisão e não pela resolução do contrato. Com efeito, interessa ao consumidor que o fornecimento do produto ou do serviço continue, para o que é mais indicada a revisão do contrato e não sua extinção.

O CC/2002 também regulou a matéria, de modo autônomo, mas estabelecendo requisitos e restrições distintos da cláusula *rebus sic stantibus*, notadamente a solução radical da resolução do contrato, a imprevisibilidade e a extraordinariedade da mudança de circunstâncias. Diferentemente, em nítida adoção da doutrina da base objetiva do negócio, o art. 6º, V, do CDC torna desnecessário que o fato superveniente seja imprevisível.

A ausência de mora da parte prejudicada, sempre cogitada pela doutrina brasileira anterior, foi excluída dos requisitos pelo Código Civil. Essa exigência era um obstáculo desarrazoado à resolução ou revisão do contrato, porque impunha ao prejudicado o pagamento da obrigação excessivamente onerada pelo fato superveniente. Ora, se o que se questiona é a onerosidade excessiva, não é razoável que ela seja paga antes de ser contraditada em juízo, em virtude de fato superveniente a que o devedor não deu causa. Exemplifique-se com o contrato de transporte, onerado excessivamente pela ocorrência de desabamentos na estrada; esse fato levou o transportador a incorrer em mora, não podendo ser requisito para valer-se da resolução ou revisão do contrato. Contudo, a mora escusável há de ter sido posterior à mudança de circunstâncias, ou seja, no mais tardar, no momento em que teria de ser cumprido o contrato, ou enquanto ele estava sendo cumprido. Se o contratante já estava em mora, antes da mudança de circunstâncias, de modo nenhum pode alegar desaparição da base objetiva.

6 Teoria da Base Objetiva do Negócio

Um dos conceitos fundamentais do direito das obrigações no Brasil é o da equivalência das prestações, e que a perda razoável do valor permite afirmar ter-se rompido a base objetiva do contrato. Em princípio, não é de mister a equivalência absoluta, conforme escala de valores objetivos. Cada figurante já introduziu na valorização os elementos subjetivos, comuns ao lugar, ou a algumas pessoas, ou os seus próprios. Todavia, há certo limite para que se dispense a equivalência. "O que constitui problema a respeito da mudança de circunstâncias é a quebra da relação de equivalência após a constituição do contrato".[10]

A teoria da base negocial objetiva só considera o conjunto de circunstâncias cuja existência ou permanência é tida como pressuposto do contrato, ainda que o não saibam as partes ou uma das partes. As circunstâncias são as necessárias à consecução da finalidade do contrato, determinada pelos contratantes e pelo próprio contrato; se circunstâncias sobrevêm que impedem que, com o contrato, se alcance aquela finalidade, justifica-se a revisão ou a resolução. Para Karl Larenz,[11] um dos principais formuladores da teoria, entende-se por "base do negócio objetiva" as circunstâncias e o estado geral das coisas cujas existências ou subsistências são objetivamente necessárias para que o contrato subsista, segundo o significado das intenções de ambos os contratantes, como regulação dotada de sentido. E esta não subsiste quando: a) a relação de equivalência entre prestação e contraprestação se destruiu em tal medida que não se pode falar racionalmente em "contraprestação"; b) a finalidade objetiva do contrato, expressada no seu conteúdo, resultou inalcançável, ainda quando a prestação do devedor seja possível.

A mudança superveniente das circunstâncias pode não ter trazido vantagem ou ganho para o credor. Mas isso não é requisito necessário, pois a onerosidade excessiva recaiu sobre o devedor, independentemente do concurso ou da vantagem da outra parte. Todavia, e na contramão da evolução da jurisprudência dos tribunais brasileiros, o Código Civil brasileiro introduziu o requisito da vantagem em favor da outra parte, desde que tenha sido exagerada.

A teoria da imprevisão de origem francesa, como difundida no Brasil, traz em si um forte componente restritivo. O que se apresenta como modernidade nada mais é que limitação da cláusula *rebus sic stantibus*, ou concessão ao voluntarismo jurídico, porque impõe requisitos impedientes para sua ampla aplicação: a excepcionalidade e a imprevisibilidade. Para essa teoria, o evento causador do desequilíbrio

---

[10] PONTES DE MIRANDA, F. C. *Tratado de direito privado*. Rio de Janeiro: Borsoi, 1971, v. 25, p. 237.

[11] *Op. cit.*, p. 170.

das prestações das partes não poderia ser previsto nos momentos prénegociais e quando da celebração do contrato. A excepcionalidade afasta situações consideradas ordinárias ou comuns nas relações contratuais duradouras. Não se pode confundir, pois, a cláusula *rebus sic stantibus*, que encara objetivamente a equidade e o equilíbrio contratual, com a teoria da imprevisão, tal como desenvolvida originalmente em França.

Condenando a teoria da imprevisão, inclusive por sua inconsistência técnica, diz Pontes de Miranda que "as chamadas teorias da imprevisão, ressonâncias atécnicas de discussões e soluções em doutrinas estrangeiras, partem de conceito que se há de afastar, radicalmente. Se os autores baralham os conceitos de imprevisão e de cláusula *rebus*, crescem de pronto os equívocos: se em verdade nada se previu, não há falar-se em cláusula; se cláusula houve, explícita, previu-se".[12]

Diferentemente do Código Civil, o CDC brasileiro utiliza tipos abertos ou conceitos indeterminados para as relações contratuais de consumo que ultrapassam os limites da teoria da imprevisão: a) igualdade ou equilíbrio contratual: arts. 6º, II, 51, §1º, II; b) prestações desproporcionais: art. 6º, V; c) onerosidade excessiva ou desvantagem exagerada: arts. 6º, V, 39, V, 51, IV, 51, §1º; d) justo equilíbrio de direitos e obrigações: art. 51, §4º. A melhor recuperação da integridade da cláusula *rebus sic stantibus*, e do afastamento da teoria da imprevisão, encontra-se no art. 6º, V, do CDC. Neste preceito, e nos já referidos, não há qualquer referência à imprevisão ou excepcionalidade, e sim evidente adoção do conceito de base negocial objetiva. Interessa apenas a existência objetiva do desequilíbrio contratual. O desequilíbrio pode ter sido coetâneo da celebração do contrato (modificação) ou superveniente (revisão). O fator de desequilíbrio pode ter sido previsto ou não pelas partes. Portanto, nas relações de consumo, não se exige, para modificação ou revisão do contrato, que o fato seja previsível ou extraordinário.

Pode-se afirmar, portanto, que o nosso sistema jurídico adota a teoria da base objetiva do negócio jurídico, em razão de a relação jurídica apresentar aspectos subjetivos e objetivos, ou institucionais, resultantes da tensão entre o contrato e a realidade econômica. Essa tensão constitui, precisamente, a base objetiva do contrato.[13]

A teoria da base objetiva do negócio foi adotada expressamente no Código Civil alemão, cujo §313 está assim enunciado: "se equipara

---

[12] *Op. cit.*, 1971, v. 25, p. 246.

[13] FRADERA, Vera Maria Jacob de (Org.). *O direito privado brasileiro na visão de Clóvis do Couto e Silva*. Porto Alegre: Livraria do Advogado, 1997.

a uma modificação das circunstâncias o fato de pressupostos essenciais, que tenham sido base do contrato, revelarem-se falsos".

A teoria da base objetiva do contrato é um passo além para a concretização da função social do contrato, pois independe da imprevisibilidade e visa a restaurar a relação de equivalência entre prestação e contraprestação existente na data da conclusão do contrato, destruída em virtude da mudança de circunstâncias. Afetada a relação de equivalência, o fim do contrato não pode ser alcançado, a não ser impondo-se ônus excessivo e prejudicial ao devedor.

Apesar dos requisitos do art. 478 do CC (extrema vantagem da outra parte, imprevisibilidade e extraordinariedade), a doutrina tem apontado para outros caminhos, dentro do sistema jurídico brasileiro, que fundamentam a revisão ou resolução do contrato, com dispensa desses requisitos, quando houver onerosidade excessiva superveniente ou o desequilíbrio contratual, a exemplo da boa-fé objetiva, do erro, do risco, da vedação do enriquecimento sem causa e da função social do contrato. Quando esses caminhos não possam ser percorridos diretamente, então se aplicará a regra restritiva do art. 478.

7 Revisão por frustração da base do negócio

Todo contrato, durante as negociações preliminares e na celebração, é determinado pelas circunstâncias que as partes têm presentes ou supõem existirem, com razoável expectativa de que persistirão em sua substância, durante a execução. É, de modo abrangente, a base do negócio.

Sua aplicação no Brasil voltou-se primacialmente às mudanças supervenientes das circunstâncias, nos contratos duradouros, que podem afetar profundamente o equilíbrio do contrato. Esse desequilíbrio não deve ser suportado apenas por uma das partes, configurando fundamento para a resolução ou a revisão do contrato. A doutrina da base do negócio, que afastou os subjetivismos e os erros metodológicos da teoria francesa da imprevisão, foi decisivamente adotada pelo CC/2002.

A base do negócio, com seu sentido de equilíbrio, é necessária tanto para a mudança superveniente das circunstâncias quanto para assegurar a viabilidade do contrato, no momento em que é concluído. Por essa razão, a nova redação do §313 do Código Civil alemão, dada pela lei de modernização das obrigações de 2002, pode ser sintetizada como carência inicial das circunstâncias essenciais. Não são quaisquer circunstâncias que interessam, mas as que conduzem à convicção das partes de que o contrato, se elas de fato existirem, será celebrado e executado dentro de razoável equilíbrio das prestações e dos direitos e deveres decorrentes.

A base do negócio é o ponto de equilíbrio que dá higidez ao contrato e fundamenta sua obrigatoriedade. Compromete-se a base do negócio não apenas quando ocorre mudança superveniente das circunstâncias, mas também quando não se confirmam as circunstâncias que as partes supuseram presentes na celebração. Interessa, pois, a aferição da base do negócio no momento da celebração e durante a execução. O desenvolvimento mais aprofundado da aplicação da base do negócio quando ocorre mudança superveniente das circunstâncias, tanto na doutrina quanto na jurisprudência brasileiras, não afasta sua verificação no momento da celebração do contrato. A percepção incorreta ou incompleta das circunstâncias, pelas partes ou por uma das partes, em boa-fé, torna irreal a base do negócio. A parte prejudicada com a onerosidade excessiva que se revelou na execução do contrato, se tivesse correta ou completa a percepção das circunstâncias, não concordaria com o contrato, nas condições em que foi celebrado.

Cuida-se de fenômeno que pode ser denominado frustração da base do negócio, em virtude de falsa representação das circunstâncias que a informaram.

No Direito inglês o princípio da frustração do contrato é acolhido. Não se confunde com outros institutos como *hardship, inconvenience* ou *material loss itself*, como esclarece decisão judicial de 1956. "Deve haver tal mudança no significado da obrigação que a prestação assumida, se cumprida, seria diferente da contratada... Não foi isso que prometi fazer" (*Lord Radcliffe, Davis Contractors Ltd. v Fareham Urban District Council [1956] UKHL 3*).

Assim como para a resolução em virtude de mudança superveniente das circunstâncias, a resolução ou revisão por frustração da base do negócio, por falsa representação das circunstâncias, facultadas à parte prejudicada, não importa em perdas ou danos, ou incidência de cláusula penal, porque sua natureza não é de inadimplemento da obrigação. A parte pode pedir a modificação do contrato que elimine a desvantagem exagerada ou a onerosidade excessiva, ou pedir a resolução, se o grau de frustração da base do negócio não recomendar a continuidade do contrato.

Nesse ponto, há aproximações com o erro substancial do objeto, mas o vício é tanto subjetivo quanto objetivo. É subjetivo porque decorre da falsa representação das circunstâncias; é objetivo, porque as circunstâncias podem ser subtraídas ao conhecimento integral das partes, se dependerem de fato imponderável.

No Direito latino-americano destaca-se a regra do art. 1.090 do CC/2014 da Argentina, sob a denominação de frustração de finalidade do contrato, que autoriza a parte prejudicada a declarar sua resolução, se tem como causa "alteração de caráter extraordinário das circunstâncias existentes ao tempo de sua celebração, alheia às partes e que supera o risco assumido pela que é afetada". Tal categoria jurídica é distinta da que o referido Código denomina "imprevisão", equivalente ao que o Código brasileiro denomina onerosidade excessiva superveniente.

8 Equidade como fundamento para revisão do contrato excessivamente onerado

O Código Civil admitiu uma abertura ao modelo rígido da resolução do contrato, ao prever no art. 479 que esta pode ser evitada, "oferecendo-se o réu a modificar equitativamente as condições do contrato". Ainda que tome partido explícito pela equidade, para solução dos conflitos contratuais, o que é fator positivo, sua principal restrição radica no fato de depender da iniciativa ou faculdade de quem foi beneficiado pela mudança de circunstâncias.

É uma regra tímida de revisão do contrato, que deveria estar no centro da orientação a ser adotada, como o faz o CDC. Diferentemente ocorre com o art. 437 do Código Civil português, que lança mão do juízo de equidade tanto para resolução quanto para a revisão, no interesse da parte prejudicada, sem depender de iniciativa da outra.

Só a análise da situação concreta, criada com a modificação das circunstâncias, permitirá a solução justa. O julgador, para sua decisão, fundamenta-se no juízo de equidade, considerando as circunstâncias ou o equilíbrio de direitos e obrigações que esteve presente na conclusão do contrato, projetando-a no tempo para apurar o montante da onerosidade excessiva, segundo as regras da experiência e do tráfico jurídico aplicáveis ao tipo de contrato. O juízo de equidade se caracteriza pela inadequação de critérios ou regras gerais, mas tem como diretriz o equilíbrio de direitos e obrigações das partes negociais.

O juízo de equidade não é da parte beneficiada com a mudança de circunstâncias. Pode ele oferecer as condições de revisão do contrato, para consideração da outra parte. Mas a decisão fundada no juízo de equidade é do magistrado.

9 Vantagem superveniente pela mudança de circunstâncias

A construção doutrinária se deu para que a desvantagem inesperada, traduzida na onerosidade excessiva para uma das partes, legitimasse a resolução ou a revisão do contrato. E nisso consiste o reequilíbrio material do contrato, referido à base objetiva do negócio. Esse é o cenário do prejuízo.

O mesmo não se deu em relação ao evento contrário, ou seja, quando a mudança de circunstâncias superveniente leva à vantagem para uma das partes. Esse é o cenário do ganho. Quando tal evento ocorre, duas situações geradoras de conflitos podem surgir: a) a parte que não obteve a vantagem tenta resolver o contrato porque, segundo um juízo estritamente econômico, deixou de ganhar; e b) a parte que não obteve a vantagem intenta partilhar o ganho inesperado, segundo um juízo de equidade.

A vantagem superveniente não pode ser fundamento de resolução do contrato ou de seu inadimplemento. Todavia, parece-nos razoável que os fundamentos da base objetiva do negócio também compareçam nessa hipótese, pois o fato superveniente afetou o equilíbrio contratual, devendo o ganho ser compartilhado por ambas as partes. O ganho decorreu de evento externo ao contrato, que por ele foi afetado sem o concurso de qualquer das partes. Essa solução difere da onerosidade excessiva, pois esta é traduzida em prejuízo apenas para uma das partes e não para ambas.

10 Dever de renegociação com dispensa da revisão

A crescente utilização de contratos de execução duradoura para a obtenção de fins comuns e a exigência decorrente de cooperação negocial, para além do modelo contratual antagonista, fizeram brotar o direito e o dever recíprocos de renegociação das prestações pactuadas, quando o desequilíbrio econômico e financeiro, em razão do tempo, comprometer a estabilidade e os fins do contrato.

O dever de renegociação assenta-se na crescente compreensão de que o contrato é um processo contínuo de cooperação entre as partes, para a realização comum dos fins propostos. Não é mais um esquema de antagonismo de interesses opostos. Assim, constitui abuso do direito ao adimplemento (CC, art. 187) a parte que obsta os meios que viabilizem a renegociação contratual, quando as circunstâncias a indicarem.

Desenvolvido pela doutrina jurídica, o direito/dever de renegociação ou de renegociar tem sido acolhido expressamente na legislação estrangeira, com fundamentos aplicáveis também ao Brasil. O Código Civil francês, com a redação dada em 2016, ressalta a primazia atribuída ao direito/dever de renegociação, durante a qual o contrato deve continuar a ser executado, para que ele possa desenvolver suas funções sociais e econômicas. Se houver recusa ou falha na renegociação do contrato, as partes podem concordar em resolver o contrato, ou, de comum acordo, submeter ao juiz o pedido de adaptação. Na falta de acordo dentro de prazo razoável, o juiz pode, a pedido de uma das partes, revisar o contrato ou extingui-lo na data e condições que fixar.

No âmbito dos contratos internacionais, o dever de renegociação decorre das cláusulas de *hardship*, previstas nos princípios do UNIDROIT.

O direito/dever de renegociação não depende necessariamente de imprevisibilidade ou de onerosidade excessiva superveniente, ainda que tais circunstâncias estejam por ele abrangidas.

O CC, art. 479, que induz o réu a modificar equitativamente as condições do contrato para evitar a resolução, fundamenta o direito à renegociação do contrato de execução duradoura, quando houver mudanças das circunstâncias.

Entre outros subsídios legais para o dever de renegociação, o CC, art. 157, §2º, dispensa a anulação do contrato, se a parte favorecida pela lesão concordar com a redução do proveito obtido ou oferecer suplemento suficiente. O CPC, art. 3º, igualmente, estabelece que a conciliação e a mediação devem ser estimuladas pelos operadores da justiça, inclusive no curso do processo judicial, o que inclui o dever de renegociar o contrato, objeto do litígio.

A Lei nº 14.046/2020, que dispôs sobre adiamento e cancelamento de eventos, incluídos shows e espetáculos, durante o período da pandemia de covid-19, estabeleceu o dever de renegociar, compulsoriamente, desobrigando os prestadores de serviço da devolução dos valores recebidos desde que remarcassem as reservas e os eventos, ou oferecessem disponibilização de crédito para uso ou abatimento no pagamento de outros serviços.

Para Anderson Schreiber,[14] não há necessidade de norma específica estabelecendo, entre nós, o dever de renegociar em contratos desequilibrados, em virtude de ser expressão do valor constitucional

---

[14] SCHREIBER, Anderson. *Equilíbrio contratual e dever de renegociar*. São Paulo: Saraiva, 2018, p. 295.

da solidariedade social e ante a consagração da boa-fé objetiva no Código Civil.

Segundo Francesco Galgano[15] (2010, p. 580), o dever de renegociação pode ter previsão expressa no contrato, na hipótese de ocorrerem determinados eventos ou quando se atingir determinado termo de tempo; ou quando não houver previsão no contrato, mas, no curso da execução contratual, verificarem-se eventos que modificam sensivelmente as situações de fato, sob cujas bases os contratantes celebraram o contrato. Tais requisitos gozam do consenso doutrinário e, no Direito brasileiro, aplicam-se tanto para os contratos paritários quanto para os contratos não paritários.

Referências

AGUIAR JÚNIOR, Ruy Rosado de. Lições de teoria geral das obrigações. *In*: MARTINS-COSTA, Judith; FRADERA, Véra Maria Jacob de (Org.). *Estudos de direito privado e processual civil*: em homenagem a Clóvis do Couto e Silva. São Paulo: Rev. dos Tribunais, 2014. p. 47-57.

ATIYAH, P. S. *An introduction to the law of contract*. New York: Oxford, 2000.

FRADERA, Vera Maria Jacob de (Org.). *O direito privado brasileiro na visão de Clóvis do Couto e Silva*. Porto Alegre: Livraria do Advogado, 1997.

GALGANO, Francesco. *Trattato di diritto civile*. Padova: CEDAM, 2010. v. 2.

GLITZ, Frederico Eduardo Zenedin; ROCHA, Glenyo Cristiano. Quebra antecipada do contrato: uma análise de direito comparado. *Revista Jurídica*, Curitiba, vol. 1, n. 46, 2017.

LARENZ, Karl. *Base del negocio jurídico y cumplimiento de los contratos*. Trad. Carlos Ernández Rodrigues. Madrid: RDP, 1956.

MOSSET ITURRASPE, Jorge. *Contratos*: aspectos generales. Santa Fé: Rubinzal-Culzoni, 2005.

MONTEIRO, António Pinto. Erro e teoria da imprevisão. *Revista Trimestral de Direito Civil*, Rio de Janeiro, n. 15, p. 3-20, jul./set. 2003.

NALIN, Paulo; STEINER, Renata. C. O contrato como instrumento de proteção e promoção dos direitos humanos: as cláusulas éticas. *Anais do VI Congresso do IBDCIVIL*. Belo Horizonte: Fórum, 2019.

PONTES DE MIRANDA, F. C. *Tratado de direito privado*. Rio de Janeiro: Borsoi, 1971, v. 25.

RICOEUR, Paul. *O justo*. Trad. Ivone C. Benedetti. São Paulo: Martins Fontes, 2008.

SCHREIBER, Anderson. *Equilíbrio contratual e dever de renegociar*. São Paulo: Saraiva, 2018.

---

[15] GALGANO, Francesco. *Trattato di diritto civile*. Padova: CEDAM, 2010. v. 2, p. 580.

Informação bibliográfica deste texto, conforme a NBR 6023:2018 da Associação Brasileira de Normas Técnicas (ABNT):

LÔBO, Paulo. Revisão judicial dos contratos em perspectiva. *In*: EHRHARDT JÚNIOR, Marcos (Coord.). *Direito Civil*: Futuros Possíveis. Belo Horizonte: Fórum, 2022. p. 155-173. ISBN 978-65-5518-281-1.

QUATRO CONCEITOS DE RESPONSABILIDADE CIVIL PARA A 4ª REVOLUÇÃO INDUSTRIAL E O CAPITALISMO DE VIGILÂNCIA

NELSON ROSENVALD

1 Introdução

Em 11 de janeiro de 2003 entrou em vigor o nosso Código Civil. Produto de um empreendimento conduzido por Miguel Reale na década de 1970 – com pontuais alterações até a sua vigência –, o monumento brasileiro ao "cidadão comum" partia de uma ambição antropocêntrica, qual seja, situar o ser humano no ápice do estatuto privado, enaltecendo a sua dignidade e funcionalizando as situações patrimoniais às existenciais, consolidando normativamente as premissas teóricas do Direito Civil-Constitucional.

O personalismo ético influenciou decisivamente a filtragem dos dispositivos do Código Civil de 2002 e microssistemas, submetendo toda atividade econômica aos influxos igualitários e solidaristas de um Estado Democrático de Direito, profundamente comprometido com a transformação de uma sociedade deveras excludente, incapaz de resgatar as promessas iluministas da modernidade.

No período "humanista" assistimos ao florescer de todo um arcabouço protetivo da personalidade humana; uma revisão da teoria das incapacidades com destaque para a tutela da autonomia existencial; para a boa-fé objetiva como vetor de confiança nas relações obrigacionais; a funcionalização do contrato e da propriedade; a despatrimonialização da família e a sua conversão de instituição em instrumento de construção do afeto e da privacidade da família.

Na qualidade de fonte do direito das obrigações, a responsabilidade civil foi inserida no Código Reale como *locus* preferencial das disfuncionalidades na atividade econômica e nas relações humanas. A função reparatória exala a filosofia moderna adepta da primazia da liberdade. O sistema de direito privado não interfere previamente no exercício de atos e atividades, permitindo que o mercado se autorregule, de forma a preservar a autonomia privada. A interferência do ordenamento se dará *a posteriori*, no momento patológico do dano, com a fixação de uma indenização apta a corrigir o desequilíbrio econômico subsequente à lesão.

Com efeito, o art. 927 do Código Civil estabelece a regra geral pela qual "aquele que, por ato ilícito (arts. 186 e 187), causar dano a outrem fica obrigado a repará-lo". O dispositivo sanciona um ilícito por seu valor causal, segundo o qual a liberdade de ação é soberana até o limite do *neminem laedere*. Portanto, não sanciona a conduta, porém um efeito dela, consistente em impor concretamente um dano a outra pessoa, naquilo que é notoriamente conhecido como responsabilidade civil, extracontratual ou aquiliana. A sanção entrará em cena para reagir ao evento e não à conduta em si, ou seja, o que se quer é enfrentar os efeitos decorrentes do ato, através de sua eliminação por força da compensação dos danos. Neutralizam-se os efeitos da violação com a restauração da eficácia do preceito primário.[1]

Basicamente existem duas razões pelas quais há uma tendência à substituição da clássica expressão "responsabilidade civil" por "direito de danos": a primeira se traduz no fenômeno da pavimentação da objetivação da imputação de danos, paulatinamente construída pela eliminação dos tradicionais muros de contenção à obrigação de indenizar, quais sejam: a necessidade da verificação de um ato ilícito, da culpa e em casos extremos, do nexo causal, mediante presunções de causalidade que atribuem a responsabilidade a um pagador, seja ele o agente, o protagonista de uma atividade de risco inerente ou um segurador (contratual ou legal). Desta maneira, a atividade preponderante do

---

[1] Lateralmente à reparação pelo equivalente pecuniário, resultado análogo em termos de sanção, alcançamos com provimentos reintegratórios a base da tutela específica, assim, pelo referido art. 947, "se o devedor não puder cumprir a prestação na espécie ajustada, substituir-se-á pelo seu valor, em moeda corrente". O mesmo desiderato é visado quando há o provimento restituitório no enriquecimento sem causa: "aquele que, sem justa causa, se enriquecer à custa de outrem será obrigado a restituir o indevidamente auferido, feita a atualização dos valores monetários" (art. 884, CC).

julgador nas pretensões compensatórias consiste em avaliar se há um dano injustificado, ou seja, uma lesão a um interesse digno de proteção, mediante um balanceamento entre as razões do lesante e do lesado. A seu turno, a segunda razão é o deslocamento do eixo da responsabilidade civil para o fato jurídico lesivo: trata-se do sintoma da proliferação de danos. Vivenciamos um "big bang" de interesses merecedores de tutela, com uma fartura de novas etiquetas, sendo a maior parte objeto de importação jurídica, sem a necessária reflexão sobre a adequação do transplante ao ordenamento jurídico brasileiro.

Nada obstante, indagamos se na segunda década do século XXI a edificação monofuncional da responsabilidade civil correspondente a um conceito de "direito de danos" ainda faz sentido. O modelo jurídico da responsabilidade civil é por essência cambiante, extremamente sensível aos influxos econômicos e sociais. A sua trajetória não é linear, um caminho sem volta. A doutrina e a jurisprudência admitem revisitação de pontos de vista contingencialmente superados quando os dados do mercado, dos avanços tecnológicos e, sobretudo, das aspirações éticas de uma coletividade determinem uma reelaboração de certa função da responsabilidade civil, porventura em estado letárgico.

Infelizmente, como coloca Shoshana Zuboff,[2] o intitulado "capitalismo de vigilância" erode as bases antropocêntricas do Direito Civil, reivindicando de maneira unilateral a experiência humana em matéria-prima gratuita para a tradução em dados comportamentais que são disponibilizados no mercado como produtos de predição que antecipam e modelam comportamentos futuros. A visão kantiana do ser humano como fim em si é desvirtuada por um instrumentalismo, cuja base é a expropriação de nossa personalidade em prol de finalidades alheias. A realidade digital converte situações existenciais em uma nova propriedade baseada na despossessão da essência daquilo que

---

[2]   ZUBOFF, Shoshana. *A era do capitalismo de vigilância*. Rio de Janeiro: Intrínseca, 2021, p. 19/23. A autora encarta seis declarações que resumem o capitalismo de vigilância: "Nós reivindicamos a experiência humana com a matéria-prima gratuita para se pegar. Com base nessa reivindicação, podemos ignorar considerações de direitos, interesses, consciência ou entendimento dos indivíduos; com base na nossa reivindicação afirmamos o direito de pegar a experiência do indivíduo para convertê-la em dados comportamentais; nosso direito de pegar, baseado na nossa reivindicação de matéria-prima gratuita, nos confere o direito de possuir os dados comportamentais derivados da experiência humana; nossos direitos de pegar e possuir nos conferem o direito de saber o que o conteúdo dos dados revela; nossos direitos de pegar, possuir e saber nos conferem o direito de decidir como usamos o nosso conhecimento; nosso direitos de pegar, possuir, saber e decidir nos conferem nossos direitos às condições que preservam nossos direitos de pegar, possuir, saber e decidir". *Op. cit.* p. 210/1.

nos define, através de uma modificação comportamental cujo legado de danos pode custar a nossa própria humanidade.

A caracterização do perfil dos usuários por meio da análise de grandes volumes de dados e inferências técnicas está abrindo caminho para novos serviços, muito mais personalizados e adaptados, que podem beneficiar os usuários e consumidores, mas que também criam preocupações importantes quando se trata da privacidade do usuário e da autonomia individual. Subjacente à personalização, camufla-se a despersonalização. A ilusão de livre-arbítrio proveniente da narrativa liberal provavelmente se desintegrará quando, mesmo em sociedades supostamente livres, depararmo-nos diariamente com instituições, corporações e agências governamentais que compreendem e manipulam o que até então era nosso inacessível reino interior.[3]

Na mesma linha segue Byung-Chul Han. O mercado de vigilância no Estado democrático tem uma proximidade perigosa do Estado de vigilância digital. Na sociedade de informação contemporânea, na qual o Estado e o mercado se fundem cada vez mais, as atividades do Google e do Facebook se aproximam das atividades de um serviço secreto. Frequentemente, eles se servem da mesma equipe. E algoritmos do Facebook, de bolsas e de serviços secretos executam operações semelhantes. Aspira-se em todo lugar a uma exploração máxima da informação.[4]

Este momento inédito na história da humanidade poderia nos direcionar inercialmente a interpretarmos o fenômeno pela lente das categorias jurídicas familiares, adaptando a cláusula geral da responsabilidade civil ao novo regime, de forma a normalizar o anormal, tornando invisível aquilo para o qual não há precedentes. Entretanto, o capitalismo de vigilância não é uma nova tecnologia para o qual podemos simplesmente vestir o figurino da atividade de

---

[3] Como percebe Yuval Noah Harari, "Quando a autoridade passa de humanos para algoritmos, não podemos mais ver o mundo como o campo de ação de indivíduos autônomos esforçando-se por fazer as escolhas certas. Em vez disso vamos perceber o universo inteiro como um fluxo de dados". *21 Lições para o século 21*. São Paulo: Companhia das Letras, 2019, p. 83.

[4] HAN, Byung-Chul. *No enxame*. São Paulo: Vozes, 2020, p. 67. O autor cita como um dos sintomas dos tempos atuais a incapacidade de tomar responsabilidade: "A responsabilidade é um ato que está ligado a certas condições mentais e também temporais. Ela pressupõe, primeiramente, obrigatoriedade. Assim como o prometer ou o confiar, ela estabelece um compromisso com o futuro. Os meios de comunicação atuais promovem, em contrapartida, a não obrigatoriedade, a arbitrariedade e a duração de curto prazo. A absoluta prioridade do presente caracteriza o nosso tempo. O tempo é desmontado em uma mera sucessão de presentes disponíveis. O futuro definha, aí, em um presente otimizado. A totalização do presente aniquila as ações que dão tempo como o [se] responsabilizar e o prometer".

danosidade elevada, de modo a direcionar a reação jurídica pela via da imputação objetiva da obrigação de indenizar do parágrafo único do art. 944. Em verdade, estamos diante de uma nova forma de mercado para a qual a tecnologia apenas fornece meios apropriados e que não pode ser reconduzida a danos já conhecidos, pois a própria sociedade se torna objeto de extração e controle, e nossa vida é reduzida a dados comportamentais. O sistema de IA de alto risco toma uma decisão em relação a uma pessoa natural, em que a "decisão" é uma questão de comportamento do sistema.

Com efeito, em sua escala, escopo e complexidade, a 4ª revolução industrial é um marco singular, distinto de tudo aquilo que já foi experimentado pela humanidade. As mudanças são tão profundas que, na perspectiva da história humana, nunca houve um momento tão potencialmente promissor ou perigoso. A preocupação expressa por Klaus Schwab[5] dedicada à 4ª revolução industrial é que os tomadores de decisão costumam ser levados pelo pensamento tradicional linear (e sem ruptura) ou costumam estar muito absorvidos por preocupações imediatas e não conseguem pensar de forma estratégica sobre as forças de ruptura e inovação que moldam nosso futuro.

O curso da civilização redefine as extremas da propriedade e dos contratos. Para tanto, há de se atualizar o conceito de responsabilidade civil. A cartografia da titularidade sempre se dedicou à apropriação de espaços livres em pertencimentos privados: de territórios desbravados às matérias-primas encontradas na natureza se fez a propriedade tangível; do conhecimento humano se fez a propriedade intangível; dos rastros digitais que um usuário deixa em suas interações na rede, converte-se a privacidade em um superávit comportamental que Frank Pasquale define como "o mercado sombrio de dados pessoais".[6]

---

[5] SCHWAB, Klaus. *A Quarta Revolução Industrial*. São Paulo: Edipro, 2016, p. 12. O autor anota três razões que sustentam a singularidade da 4ª Revolução industrial: "Velocidade: ao contrário das revoluções industriais anteriores, esta evolui em um ritmo exponencial e não linear. Esse é o resultado do mundo multifacetado e profundamente interconectado em que vivemos; além disso, as novas tecnologias geram outras mais novas e cada vez mais qualificadas. – Amplitude e profundidade: ela tem a revolução digital como base e combina várias tecnologias, levando a mudanças de paradigma sem precedentes da economia, dos negócios, da sociedade e dos indivíduos. A revolução não está modificando apenas o 'o que' e o 'como' fazemos as coisas, mas também 'quem' somos. Impacto sistêmico: ela envolve a transformação de sistemas inteiros entre países e dentro deles, em empresas, indústrias e em toda sociedade".

[6] PASQUALE, Frank. "The data market for personal data", The New York times, 16 de outubro de 2014. Disponível em: https://www.nytimes.com/2014/10/17/opinion/the-dark-market-for-personal-data.html.

A seu turno, o contrato se trasmuda em uma apropriação unilateral de direitos por um acordo de adesão aos termos de serviço via cliques (*click-wrap*), sem o devido consentimento. Uma perversão que reestrutura os direitos dos usuários concedidos mediante processos democráticos, substituídos pelo sistema que a empresa deseja impor.[7] Observa Francesco Galgano[8] que nesta sociedade a tecnologia industrial é substituída pela técnica contratual, pois em muitos setores o contrato se substituiu à própria lei no papel de organização da sociedade civil. Esta tende a se auto-organizar através de técnicas financeiras. Com isso, a tutela do interesse geral se transforma em um componente do lucro e qualquer proteção ao consumidor se justifica unicamente para o incremento das vendas. A nova *lex mercatoria* consiste em um direito criado por empreendedores sem a mediação do poder legislativo do Estado.

Os conceitos possuem vida e história, um padrão de descobertas e de refinamentos. Para alcançarmos um conceito atual de responsabilidade civil, servimo-nos de um ensaio de análise semântica do filósofo Paul Ricouer, no qual examina o emprego contemporâneo do termo *responsabilidade*. Em Direito Civil, a responsabilidade é ainda definida em seu sentido clássico como "obrigação de reparar danos que infringimos por nossa culpa e em certos casos determinados pela lei; em direito penal, pela obrigação de suportar o castigo".[9] É responsável todo aquele que está submetido a esta obrigação de reparar ou de sofrer a pena. A crítica surge pelo fato de o conceito ter origem recente – sem inscrição marcada na tradição filosófica –, mas possuir um sentido tão estável desde o século XIX, sempre portando a estrita ideia de uma obrigação. O adjetivo *responsável* arrasta em seu séquito uma diversidade de complementos: alguém é responsável pelas consequências de seus atos, mas também é responsável pelos outros, na medida em que estes são postos sob seu encargo ou seus cuidados e, eventualmente, bem

---

[7] RADIN, Margaret. *Boilerplate* – The Fine Print, Vanishing Rights, and the Rule of Law. Princeton University Press, 2012, p. 16.

[8] GALGANO, Francesco. *Lex mercatoria*, p. 239-250.

[9] RICOEUR, Paul. *O justo*, v. 1, p. 33-34. Esta obra é composta de dois volumes e sua 1ª edição é datada de 1995. Para Ricoeur, uma notável definição do termo seria aquela concedida pelos jusnaturalistas: imputar uma ação a alguém é atribuí-la a esse alguém como o seu verdadeiro autor, lançá-la por assim dizer à sua conta e torná-lo responsável por ela. É uma noção de imputabilidade como capacidade do agente, da qual Kant se serviu para inovar, moralizando-a, ao definir a imputação "como um juízo de atribuição de uma ação censurável a alguém, como o seu autor verdadeiro". Assim, promove a união de duas ideias: a atribuição de uma ação a um agente e a qualificação moral e geralmente negativa desta ação. *Op. cit.*, p. 33-34.

NELSON ROSENVALD

além dessa medida. Em última instância, somos responsáveis por tudo e por todos.

Em comum a esses empregos difusos, o termo "responsabilidade" conforme inserido no Código Civil resume-se ao exato fator de atribuição e qualificação da obrigação de indenizar, para que se proceda à reparação integral de danos patrimoniais e extrapatrimoniais a serem transferidos da esfera da vítima para o patrimônio dos causadores de danos.

Todavia, este é apenas um dos sentidos da responsabilidade, os demais se encontram ocultos sob o signo unívoco da linguagem. Cremos ser importante enfatizar a amplitude do sentido de responsabilidade na língua inglesa. Palavras muitas vezes servem como redomas de compreensão do sentido, sendo que a polissemia da responsabilidade nos auxilia a escapar do monopólio da função compensatória da responsabilidade civil (*liability*), como se ela se resumisse ao pagamento de uma quantia em dinheiro apta a repor o ofendido na situação pré-danosa. Ao lado dela, colocam-se três outros vocábulos: "*responsibility*", "*accountability*" e "*answerability*". Os três podem ser traduzidos em nossa língua de maneira direta com o significado de responsabilidade, mas na verdade diferem do sentido monopolístico que as jurisdições da *civil law* conferem a *liability*, como palco iluminado da responsabilidade civil (artigos 927 a 954 do Código Civil). Em comum, os três vocábulos transcendem a função judicial de desfazimento de prejuízos, conferindo novas camadas à responsabilidade, capazes de responder à complexidade e velocidade dos arranjos sociais.[10]

2   *Liability*: arenovação pela multifuncionalidade da responsabilidade civil

Nas jurisdições do *common law* há um termo que se ajusta perfeitamente ao clássico sentido civilístico da responsabilidade. Trata-se da "*liability*",[11]ou seja, a eficácia condenatória de uma sentença como

---

[10] KROLL, Joshua. A. "*Liability is not a substitute for accountability, although it can help to enforce or encourage accountability or to reify an agent's duties to encourage that agent to act or remain answerable for outcomes related to that agent's actions by assigning a financial cost to breaches of duties. Treating liability as a substitute for accountability leads to imperfect assessments of both*". Accountability in Computer Systems- Oxford Handbook of the Ethics of Artificial Intelligence. Chapter 9, p. 11.

[11] PEEL, Edwin; GOUDKAMP, James. *Winfield and Jolowicz on Tort (Classics)*. 19. ed. Londres: Sweet & Maxwell; Thomson Reuters, 2014. E-book, pos. 1-003. Destacam: *Winfield's definition of tort was as follows: "Tortious liability arises from the breach of a duty primarily fixed by law; this duty is towards persons generally and its breach is redressible by an action for unliquidated damages"*.

resultado da apuração de um nexo causal entre uma conduta e um dano, acrescida por outros elementos conforme o nexo de imputação concreto, tendo em consideração as peculiaridades de cada jurisdição.[12] A *liability* é a parte visível do *iceberg*, manifestando-se *ex post* – após a eclosão do dano –, irradiando o princípio da reparação integral (*full compensation*).

A *liability* não é o epicentro da responsabilidade civil, mas apenas a sua epiderme. Em verdade, trata-se apenas de um *last resort* para aquilo que se pretende da responsabilidade civil no século XXI, destacadamente na tutela das situações existenciais, uma vez que a definição de regramentos próprios não advém de uma observação ontológica (ser), mas de uma expectativa deontológica (dever-ser) da interação entre inovação e regulação em um ecossistema no qual o risco é inerente às atividades exploradas.[13]

Tal como se deu historicamente na Europa continental, forjou-se na Inglaterra, Estados Unidos e demais nações do *common law* a chamada *"compensation culture"*. A compensação de danos ocupa papel central na teoria da responsabilidade civil. É intuitiva e praticamente axiomática a noção do direito de danos como um setor do direito obrigacional cuja função é a de trasladar os danos da vítima para o agente – seja ele o culpado ou o condutor de uma atividade de risco inerente –, por vezes, para um terceiro responsável (pais, curadores, empregadores) ou para seguros públicos e privados que se encarreguem da tarefa compensatória.

Evidentemente, a *liability* não é estática. Ao invés de uma clássica responsabilidade civil de roupagem individualista, reativa e patrimonialista, paulatinamente diferentes demandas sociais cuidaram de repaginar os pressupostos da responsabilidade civil. Senão vejamos: a) a cláusula geral da imputação objetiva de danos, situada no parágrafo único do art. 927 do Código Civil, se conecta com o princípio da solidariedade, impondo obrigação de reparação como impositivo de segurança social em face do risco intrínseco de determinadas atividades; b) o simples exercício de um comportamento antijurídico poderá ser sancionado pela via da tutela inibitória quando as circunstâncias apontem a ameaça a

---

[12] Pertinente ao tema é a ideia de correlatividade, assim elucidada por Peter Cane: "*Much understanding can be gained, not only of tort law but of also of other areas of the civil law of obligations, by analyzing tort law not in terms of the discrete torts which we have inherited from the days of the formulary system but in terms of the concept of correlativity and the ideas of sanctioned conduct, protected interests and sanctions*". CANE, Peter. *The anatomy of tort law*. Oxford: Hart Publishing, 1997, p. 27.

[13] GELLERT, Raphaël. Understanding data protection as risk regulation. *Journal of Internet Law*, Alphen aan den Rijn, v. 18, n. 1, p. 3-15, p. 6-7, maio 2015.

situações existenciais e patrimoniais de terceiros (art. 12, parágrafo único, CC). Cuida-se de atuação preventiva, como reação do ordenamento jurídico ao ilícito propriamente dito, independente da consumação do dano; c) pela função precaucional da responsabilidade civil uma atividade ou produto potencialmente lesivo sofrerá restrições se a ponderação de bens indicar a necessidade de antecipação de riscos; d) o nexo causal deixa de estar circunscrito a uma causalidade natural e, em situações merecedoras de tutelas, assume-se como uma causalidade puramente jurídica e diluída, permitindo a responsabilização em hipóteses de vinculação entre um fato e um risco hipotético, ou entre um dano e uma atividade exercida indistintamente por um grupo de agentes, sem que se saiba de onde partiu a lesão; e) o Direito Civil reputa novos danos como dignos de proteção: para além da aceitação da dicotomia danos patrimoniais/morais, considera a legitimidade de figuras jurídicas mais refinadas – entre eles o dano estético, dano existencial, perda de uma chance –, cada qual com os seus limites perfeitamente destacados.

Estas novas bases da coesão social e dos fundamentos de racionalidade do Direito Civil do século XXI visam adaptar as instituições e os modelos jurídicos ao período da incerteza. É a era da extrema complexidade e da desumanização inerente, em que a crise quase se torna a forma normal de vida; mas justamente por isso, expõe Oliveira Ascensão,[14] "é também a da consciência da necessidade de mudança, para corresponder à necessidade de encontrar as novas categorias capazes de enquadrar uma realidade em evolução. É já uma resposta ou uma reação jurídica apontar para um direito que é antes princípio que regra, um direito de cláusulas gerais que rejuvenesça constantemente o sistema com as implicações valorativas que contém".

Contudo, em termos de adaptação do conceito de *liability* a sociedades complexas, plurais e altamente tecnológicas, percebe-se uma tendência favorável a multifuncionalidade da responsabilidade civil. No cenário jurídico do *common law*, encontramos várias categorias que não compartilham a mesma racionalidade dos *compensatory damages*,[15] tratando-se de condenações pecuniárias convocadas para o exercício

---

[14] José de Oliveira Ascensão, *Sociedade do risco e direito do consumidor*, p. 374.

[15] A expressão "*compensatory damages*" é uma tautologia. Na medida em que o termo "*damages*" pode ser analiticamente definido como uma condenação monetária que contrabalança um dano, acrescer o vocábulo "*compensatory*" se revela uma redundância, pois compensar e contrabalançar são considerados sinônimos. No latim, *compensare* significa justamente pesar uma coisa contra outra. Pelo pagamento de uma compensação, o agente restitui aquilo que não deveria ter tomado da vítima.

de distintas funções, sendo as mais difundidas no Direito Comparado os *punitive* ou *exemplary damages* e os *restitutionary damages* (também conhecidos como *gain-based damages* ou *disgorgement)*.[16]

Em julgado paradigmático de 2017, das Seções Unidas da Corte de Cassação Italiana,[17] considerou-se que "deve ser superado o caráter monofuncional da responsabilidade civil, pois lateralmente à preponderante e primária função compensatória se reconhece também uma natureza polifuncional que se projeta em outras dimensões, dentre as quais as principais são a preventiva e a punitiva, que não são ontologicamente incompatíveis com o ordenamento italiano e, sobretudo, respondem a uma exigência de efetividade da tutela jurídica, a condenação ao pagamento de uma soma superior àquela estritamente necessária a restabelecer o *status quo ante* se configurará somente se houver uma norma *ad hoc*, cuja *fattispecie*, preveja o elemento punitivo".

Cremos que no Direito brasileiro do alvorecer do século XXI, a conjunção aponta para o estabelecimento de três funções para a responsabilidade civil: (1) *Função reparatória*: a clássica função de transferência dos danos do patrimônio do lesante ao lesado como forma de reequilíbrio patrimonial; (2) *Função punitiva*: sanção consistente na aplicação de uma pena civil ao ofensor como forma de desestímulo de comportamentos reprováveis; (3) *Função precaucional*: possui o objetivo de inibir atividades potencialmente danosas.[18] O sistema de responsabilidade civil não pode manter uma neutralidade perante valores juridicamente relevantes em um dado momento histórico e

---

[16] Para além dos *compensatory damages*, no Direito inglês existem diferentes denominações de condenações não compensatórias, tal como *nominal damages, contemptuous damages* e, mais recentemente, *vindicatory damages*.

[17] Cassazione Civile, Sezioni Unite, Sentenza 05.07.2017 nº 16601. Em artigo dedicado ao comentário da decisão da corte di cassazione, Francesca Benatti assevera que a pena civil, "escapando a cálculos precisos e à racionalidade, se presta a usos distorcidos e a dar vazão a emoções e sensações. A necessidade de dissuasão não deve se transformar em paternalismo ou, pior, reivindicações sociais, como é possível quando faltam certos parâmetros. Na verdade, depende de modelos que são difíceis de aplicar e podem levar a um sobre desestímulo ainda mais prejudicial. No entanto, não podemos ignorar a existência de casos que se distinguem pela gravidade da conduta e da infração e justificam a sanção. Esta é uma hipótese rara, onde é aplicável estritamente a regra de 'se, mas somente se', caso contrário, a compensação seria inadequada. Nestes casos, o sistema jurídico italiano poderia se beneficiar de uma função punitiva da responsabilidade civil, desde que cuidadosamente considerada". BENATTI, Francesca. Benvenuti danni punitiv... o forse no! *In: Revista de Direito da Cidade*, vol. 10, n. 3. 1.

[18] O código civil e comercial da Argentina de 2015 ocupa-se explicitamente da temática funcional no art. 1.708: "Funções da responsabilidade. As disposições deste título são aplicáveis à prevenção de danos, a sua reparação e os casos em que seja admissível a sanção pecuniária dissuasiva".

social.[19] Vale dizer, todas as perspectivas de proteção efetiva de direitos merecem destaque, seja pela via material, como pela processual, em um sincretismo jurídico capaz de realizar um balanceamento de interesses, através da combinação das funções basilares da responsabilidade civil: *punição, precaução e compensação*.

Certamente há uma *função preventiva* subjacente às três anteriores, porém consideramos a prevenção um princípio do direito de danos e não propriamente uma quarta função. A prevenção detém inegável plasticidade e abertura semântica, consistindo em uma necessária consequência da incidência das três funções anteriores. Isso não impede que se manifeste com autonomia, aliás, objetivo primordial da responsabilidade civil contemporânea. Conforme extrairemos dos vocábulos *responsibility, accountability e answerability*, repensar a responsabilidade civil significa compreender as exigências econômicas e sociais de um determinado ambiente. "Responsabilizar" já significou punir, reprimir, culpar; com o advento da teoria do risco, "responsabilizar" se converteu em reparação de danos. Agora, some-se à finalidade compensatória a ideia de responsabilidade como prevenção de ilícitos.[20]

3 *Responsibility*: o sentido moral da responsabilidade

Particularmente, interessa-nos a acepção de *"responsibility"*. Trata-se do sentido moral de responsabilidade, voluntariamente aceito e jamais legalmente imposto. É um conceito prospectivo de responsabilidade, no qual ela se converte em instrumento para autogoverno e modelação da vida. Não existem regras oficiais para a *responsibility* e nenhuma autoridade capaz de decidir se uma conduta é ou não responsável, trata-se de uma decisão diária posta a cada pessoa em seu dever de não interferir indevidamente na esfera alheia. A *responsibility* assume um viés preventivo que atua em caráter *ex ante* ao princípio

---

[19] Nesse sentido, Claudio Scognamiglio assevera que "o ordenamento não pode se mostrar indiferente a respeito da violação de direitos e ao fenômeno de fatos que acarretam graves prejuízos de ordem econômica e social aos sujeitos" (*Funzione deterrente della responsabilità civile*, p. 2.773).

[20] Na LGPD, o princípio da prevenção (art. 6º, VIII) sacramenta o dever de que sejam adotadas medidas para prevenir a ocorrência de danos em razão do tratamento de dados pessoais. Percebe-se a propensão do legislador ao reforço da função preventiva da responsabilidade civil nesse contexto, que é robustecida, ainda, pela necessidade de aferição dos "riscos e resultados" razoavelmente esperados para que não se configure o tratamento irregular (art. 44, II) e da imposição de um dever geral de segurança (art. 46) desdobrado do princípio equivalente (art. 6º, VII), que, se for violado, acarreta responsabilização (art. 44, parágrafo único).

do *neminem laedere*. Enquanto a *liability* se situa no passado – sempre atrelada a uma função compensatória de danos –, a *responsibility* é perene, transitando entre o passado, o presente e o futuro. Sempre seremos responsáveis não apenas perante um certo demandante, mas por toda a humanidade e pelas gerações futuras.[21]

Se, em princípio, *liability e responsibility* se apartam, pertencendo a sistemas normativos distintos, naturalmente não podem ser completamente separados, pois todo sistema jurídico é fundado em princípios éticos, havendo uma recíproca influência entre eles. Ilustrativamente, mesmo diante de um dano consumado, ao invés da resposta estatal oficial da obrigação de indenizar pode o autor do ilícito buscar alguma forma de restauração que mais se aproxime de uma restituição em espécie, notadamente diante de danos extrapatrimoniais que não são verdadeiramente remediados por dinheiro. Ou seja, a *responsibility* pode também atuar *ex post*, informando como o ofensor deve se comportar após a ocorrência do dano.

A relação entre as ideias jurídicas e morais de responsabilidade sempre foi objeto de discussão. Um positivista estrito aduziria que não há nenhuma relação necessária. Em sentido oposto, outros argumentam que há uma forte congruência entre eles.[22] No meio termo, encontram-se os que admitem que, embora possa não haver uma correlação estrita entre as noções legais e morais de responsabilidade, se não houver nenhuma correlação, a lei provavelmente perderá sua legitimidade dentro de uma certa comunidade.

No aspecto teórico, de um lado se colocam as teorias autopoéticas de Luhmann e Teubner e, de outro, Habermas, que percebe os sistemas como interpenetrativos, preocupando-se com a extensão em que a lei "coloniza" outras partes do "mundo da vida". Para Luhmann,[23]

---

[21] WINIGER, Bénédict. *Responsibility, Restoration and fault*. Cambridge: Intersentia, 2018, p. 139: "*In general, on might say thar rules of responsibility are applicable to every human action: prior to acting in order to decide what someone may and should do, during the action in relation to how and in which manner something is to be done, and after the action in relation to how behave towards the victim*".

[22] Peter Cane visualiza a responsabilidade civil como "*a set of rules and principles of personal responsibility*" que opera no sentido de estabilizar comportamentos aceitáveis. *The Anatomy of Tort Law*. Oxford: Hart Publishing 1997, p. 15.

[23] "Todo esto conduce a Luhmann a concluir que la legitimación de las actuaciones de un sistema habrá de ser producto del propio sistema y no venir dada desde fuera. No podrá ser el consenso o la conformidad con valores morales lo que legitime una decisión jurídica o política, una teoría científica, etc. Será el funcionamiento normal de los mecanismos internos de cada uno de estos sistemas el que acarree para sus actuaciones el reconocimiento social necesario" ANTONIO, García Amado Juan. *La filosofía del derecho de Habernas y Luhmann*. Universidad Externado.

o sistema jurídico é fechado porque trabalha com o binômio "legal" ou "ilegal". Todavia, o sistema jurídico é "cognitivamente aberto"; permitindo que uma noção moral se torne legal, por vezes mantendo o seu significado. Em sua Teoria da Ação Comunicativa, Habermas[24] frisa que a colonização do mundo da vida depende exatamente de como a juridificação opera. Para ele, as questões próximas a moralidade são "instituições jurídicas", sendo possível converter contextos socialmente integrados ao meio do direito, o que provoca distúrbios funcionais, pois a juridificação perturba a lógica interna da questão do mundo da vida.

No capitalismo de vigilância, especificamente no campo do tratamento dos dados pessoais, a *responsibility* assume duas vertentes: primeiramente, para os titulares dos dados, a educação digital, no sentido de "... capacitação, integrada a outras práticas educacionais, para o uso seguro, consciente e responsável da internet como ferramenta para o exercício da cidadania" (art. 26 da Lei nº 12.965/14). O recado do Marco Civil da Internet é cirúrgico: se uma pessoa não sabe o que acontece com os seus dados, não poderá se proteger.[25] Conceitos como de "anonimização de dados" sequer são dominados por advogados, quanto mais pelo cidadão em geral. Como infere Yuval Noah Harari, "as pessoas comuns talvez não compreendam a inteligência artificial, mas percebem que o futuro as está deixando para trás".[26]

---

[24] HABERMAS, Jürgen. *Direito e democracia* – entre facticidade e validade. Vol. I. Rio de Janeiro: Edições Tempo Brasileiro, 1997, p. 145. O autor demonstra o equívoco em entender os aspectos da legalidade como limitações da moral, optando pela relação de complementaridade. A constituição da norma jurídica se faz necessária para compensar o déficit da ética tradicional que só se responsabiliza por juízos equitativos. Uma moral dependente de estruturas de personalidade seria limitada em sua eficácia se não pudesse ser institucionalizada por um sistema jurídico que complementa a moral da razão, concedendo eficácia para a ação.

[25] Sobre o referido dispositivo, Renato Opice Blum explica que "(...) pouco adiantará a aprovação de leis para garantir uma segurança maior ao usuário da rede mundial de computadores se ele, antes de iniciar a conexão com um mundo tão rico, tão vasto, tão cheio de informações, mas por vezes perigoso, não for educado digitalmente. Primeiro, é necessário que o usuário, tanto no âmbito pessoal, quanto profissional, e de forma preventiva, seja educado para isso. Por meio de educação voltada para o uso correto da Internet e de suas informações. Esse aprendizado deveria começar na fase escolar e perdurar por toda a vida do ser humano, ante o dinamismo e a abrangência do mundo virtual. Da mesma forma, as escolas devem fazer uso de uma Política de Segurança da Informação, aplicando sistemas eficientes para resguardar o sigilo de suas informações, especialmente de seus alunos. Entretanto, é importante observar que de nada adiantará a escola empresa ter uma estrutura adequada na área de Tecnologia da Informação se os professores, alunos e pais não tiverem consciência da importância de se garantir a segurança da informação." BLUM, Renato Opice. O Marco Civil da Internet e a educação digital no Brasil. *In:* ABRUSIO, Juliana (Coord.). *Educação digital*. São Paulo: Revista dos Tribunais, 2015, p. 189-190.

[26] HARARI, Yuval Noah. *21 lições para o século 21*. "A pessoa comum sente-se cada vez mais irrelevante. Um monte de palavras misteriosas despejadas freneticamente em *Ted Talks, think thanks* governamentais e conferências de alta tecnologia – *blockchain*, engenharia genética,

A educação digital extrapola a ideia de acesso à internet, alcançando o sentido de uma autodeterminação informativa, tal como delineado entre os fundamentos da Lei Geral de Proteção de Dados (art. 2º, II, Lei nº 13.709/18), objetivando-se justamente a atribuição, ao titular, da inexorável liberdade para que direcione os sentidos do tratamento atribuído a seu acervo de dados que flui pelas redes. Conforme sinaliza Fabiano Menke,[27] uma das preocupações fundamentais da disciplina da proteção de dados é a de que o indivíduo não seja manipulado por informações que os seus interlocutores (sejam eles entes estatais ou privados) tenham sobre a sua pessoa, sem que ele saiba disso. Nestes casos de conhecimento prévio das informações sobre a outra parte, o detentor da informação invariavelmente se coloca numa posição privilegiada. Ele atalha os caminhos, adquirindo a possibilidade de manipulação e de direcionamento.

A segunda vertente da *responsibility* se dirige aos agentes de tratamentos, significando a inserção da ética no exercício de sua atividade. Ao tratar do direito fundamental à inclusão digital como aspecto imprescindível para a tutela das informações pessoais, Stefano Rodotà[28] situou as razões determinantes para o escasso exercício desse direito na prática, basicamente: a) o aspecto do procedimento do acesso, relativo aos custos financeiros e de tempo envolvidos, à carência de alfabetização, à falta de informação e ao desnível de poder entre os titulares dos dados pessoais e os agentes que detêm as informações; b) o aspecto do funcionamento do acesso, que diz com a escassa relevância das informações fornecidas quando não se conhece a maneira de atuação do sistema de tratamento; c) o aspecto do âmbito de incidência do acesso, referente ao excesso de vedações a certas categorias de informações.

---

aprendizado de máquina – e as pessoas comuns bem podem suspeitar que nenhuma dessas palavras tem a ver com elas. A narrativa liberal era sobre pessoas comuns. Como ela pode continuar a ser relevante em um mundo de algoritmos em rede?". *Op. cit.*, p. 27.

[27] MENKE, Fabiano. Segundo o autor, "É possível dizer, que dos fundamentos presentes no art. 2º da LGDP, a autodeterminação informativa é aquela que guarda, juntamente com o respeito à privacidade, a relação mais próxima com a disciplina da proteção de dados pessoais. Isso porque consiste no único presente no rol dos incisos do dispositivo que tem a sua origem atrelada a esta matéria, que nos dias de hoje ganhou contornos de autonomia". As origens alemãs e o significado da autodeterminação informativa. *In*: Migalhas de Proteção de dados. Extraído em 6.7.2021 de https://www.migalhas.com.br/coluna/migalhas-de-protecao-de-dados/335735/as-origens-alemas-e-o-significado-da-autodeterminacao-informativa.

[28] RODOTÀ, Stefano. *A vida na sociedade da vigilância*: a privacidade hoje. Rio de Janeiro: Renovar, 2008, p. 68.

4 *Accountability*: vetor da atuação dos agentes de tratamento de dados pessoais

A "*accountability*" amplia o espectro da responsabilidade civil, mediante a inclusão de parâmetros regulatórios preventivos que promovem uma interação entre a *liability* do Código Civil e uma regulamentação voltada à governança de dados, seja em caráter *ex ante ou ex post*.

No plano *ex ante* a *accountability* é compreendida como um guia para controladores e operadores, protagonistas do tratamento de dados pessoais, mediante a inserção de regras de boas práticas que estabeleçam procedimentos, normas de segurança e padrões técnicos, tal como se extrai do artigo 50 da LGPD, a despeito de sua citada facultatividade.[29] Assim como em outras legislações, impõe-se o *compliance* como planificação para os riscos de maior impacto negativo.[30]

O termo *compliance* é sabidamente oriundo da língua inglesa. Sua origem está na etimologia do verbo "*to comply*", que não possui tradução exata, mas revela a expectativa de uma postura de conformidade e adesão a parâmetros regulatórios que aclaram a interseção entre a tutela da privacidade e o direito da concorrência.[31]

Não por outra razão, ao discorrer sobre os princípios da atividade de tratamento de dados, o art. 6º da Lei nº 13.709/18 se

---

[29] Note-se o emprego do verbo "poder" (no plural, "poderão", em destaque nosso) contido no *caput* do dispositivo: "Art. 50. Os controladores e operadores, no âmbito de suas competências, pelo tratamento de dados pessoais, individualmente ou por meio de associações, *poderão* formular regras de boas práticas e de governança que estabeleçam as condições de organização, o regime de funcionamento, os procedimentos, incluindo reclamações e petições de titulares, as normas de segurança, os padrões técnicos, as obrigações específicas para os diversos envolvidos no tratamento, as ações educativas, os mecanismos internos de supervisão e de mitigação de riscos e outros aspectos relacionados ao tratamento de dados pessoais".

[30] É o caso do regulamento europeu: "The GDPR [Art. 32(2) GDPR; Art. 7(1) Directive 95/46/EC] forces data controllers *to mitigate the risk of a potential privacy breach by establishing internal procedures to assess data protection risks of their products and services*. Risk assessment provisions encourage data controllers to weigh technical data protection measures against risks faced by data processing activities. These measures must be proportionate to the envisaged risks". TAMÒ-LARRIEUX, Aurelia. *Designing for privacy and its legal framework*: data protection by design and default for the Internet of Things. Cham/Basileia: Springer, 2018, p. 96.

[31] STUCKE, Maurice E.; GRUNES, Allen P. *Big Data and competition policy*. Oxford: Oxford University Press, 2016, p. 276. Anotam: "The first signpost of progress is when the agencies and courts recognize the competitive implications of data and *how privacy protection can be an important parameter of non-price competition in a post-industrial economy*. The next signpost is when they move beyond what is quantifiable to what is important, and beyond their price-centric tools to legal standards and presumptions that capture these important non-price parameters of competition".

refere à "responsabilização e prestação de contas", ou seja, *liability e accountability*. Aliás, ao tratar da avaliação de impacto sobre a proteção de dados, em um viés de direitos humanos, a RGPD da União Europeia amplia o espectro do *accountability* para que os *stakeholders* sejam cientificados sobre operações que impactem em vulneração ao livre desenvolvimento da personalidade, causem discriminação, violem a dignidade e o exercício da cidadania. Portanto, assim como no RGPD europeu, de um lado, prima-se pela propagação de uma cultura de conformidade em festejo à governança.[32]

Já na vertente *ex post*, a *accountability* atua como um guia para o magistrado e outras autoridades, tanto para identificar e quantificar responsabilidades, como para estabelecer os remédios mais adequados. Assim, ao invés do juiz se socorrer da discricionariedade para aferir o risco intrínseco de uma certa atividade por sua elevada danosidade (parágrafo único, art. 927 CC) – o desincentivo ao empreendedorismo é a reação dos agentes econômicos à insegurança jurídica –, estabelecem-se padrões e garantias instrumentais que atuam como parâmetros objetivos para a mensuração do risco em comparação com outras atividades.

No que tange à importância do *compliance* para a expansão da compreensão que se tem sobre a responsabilização na seara administrativa, tem-se que a ausência de previsão legal de um modelo jurídico similar aos *punitive damages* não impede que em resposta às infrações cometidas por Agentes de Tratamento de Dados a Autoridade Nacional de Proteção de Dados sirva-se da *accountability* para a estipulação de sanções de natureza punitiva e quantificação de multas, conforme previsão do artigo 52 da LGPD.

Nessa perspectiva, o artigo 53 da LGPD também deve ser mencionado, pois assim prevê: "A autoridade nacional definirá, por meio de regulamento próprio sobre sanções administrativas a infrações a esta Lei, que deverá ser objeto de consulta pública, as metodologias que orientarão o cálculo do valor-base das sanções de multa". O caráter prospectivo do dispositivo é criticado por parcela da doutrina, que

---

[32] PALMEIRA, Mariana de Moraes. A segurança e as boas práticas no tratamento de dados pessoais. *In*: MULHOLLAND, Caitlin (Org.). *A LGPD e o novo marco normativo no Brasil*. Porto Alegre: Arquipélago Editorial, 2020, p. 340. Anota: "Tanto a LGPD quanto o GDPR trazem indicações assertivas a respeito das práticas de segurança e de governança, em maior ou menor grau de detalhamento. Um pano de fundo comum nos dois diplomas, a despeito das técnicas legislativas serem diferentes – lei e regulamento, respectivamente –, é a ideia de construção coletiva de uma cultura preventiva de proteção de dados pessoais, onde todos os atores precisam entender e assumir suas responsabilidades".

identifica um "vazio regulamentar" em seu conteúdo,[33] embora não se possa deixar de observar tentativa – quiçá um tanto romantizada – de fomento à consensualização a partir da exigência de consulta pública prévia que, de fato, poderá causar embaraços à definição dos desejáveis critérios metodológicos. Não obstante, deve-se lembrar que a incitação normativa à delimitação de critérios metodológicos claros quanto à imposição de multas (que são a espécie sancionatória prevista no contexto específico do artigo 53) indica a desejável vinculação do conteúdo decisório de eventual punição a parâmetros objetivos. Essa sinalização reforça a ideia de que a abertura ao *compliance* não tem o objetivo de expandir irresponsavelmente os limites para a quantificação de eventual sanção pecuniária a ponto de torná-los demasiadamente abstratos/discricionários, ou simplesmente arbitrários.[34]

Não se pode afastar a possibilidade de que, em reação à perspectiva de uma *liability* acrescida de uma *accountability*, os agentes econômicos respondam ao esforço conjunto de legislação e regulação, mediante a padronização de arranjos contratuais aptos à diluição dos custos dos acidentes.[35] O recurso à gestão contratual dos riscos, pode se dar mediante a limitação de responsabilidade ou a sua transferência ao usuário ou a seguradoras.[36] Mas não podemos olvidar a assimetria informativa dos usuários, associada à sua frequente condição de consumidores, para a rígida aferição das cláusulas contratuais gerais.

5 Uma proposta conciliatória entre *liability* e *accountability*

O receio de uma sanção negativa impele o ser humano a adotar condutas cautelosas no sentido de não violar a esfera econômica ou existencial de um terceiro. Desde Roma, o *"neminem laedere"* traduz a eficaz imposição de um dever geral de abstenção. E por qual razão

---

[33] FERREIRA, Daniel; REIS, Luciano Elias. O "vazio regulamentar" do art. 53 e seus impactos na (in)efetividade da LGPD. *In:* DAL POZZO, Augusto Neves; MARTINS, Ricardo Marcondes (Coord.). *LGPD & Administração Pública*: uma análise ampla dos impactos. São Paulo: Thomson Reuters Brasil, 2020, p. 684.

[34] ROSENVALD, Nelson; FALEIROS JÚNIOR, José Luiz de Moura. *Accountability e mitigação da responsabilidade civil na Lei Geral de Proteção de Dados Pessoais*, p. 17.

[35] Cf. CALABRESI, Guido. *The cost of accidents*: a legal and economic analysis. New Haven: Yale University Press, 1970.

[36] OLIVEIRA, Leonardo David Quintanilha de. Normas antidiscriminatórias no seguro: o difícil equilíbrio entre a eficiência e a justiça. *In:* GOLDBERG, Ilan; JUNQUEIRA, Thiago (Coord.). *Temas atuais de direito dos seguros*. São Paulo: Thomson Reuters Brasil, 2020, t. I, p. 99-111.

a responsabilidade civil é e sempre foi assim? A resposta reside no senso comum de moralidade humana. É um fato básico que é mais fácil prejudicar os outros do que beneficiá-los. Nossa responsabilidade é baseada na causalidade, assim, sentimo-nos responsáveis por um resultado, conforme a nossa contribuição ativa para ele. Intuitivamente, cremos que somos muito mais responsáveis pelo mal que causamos por nossos atos do que pelos males cotidianos derivados de nossas omissões.

Por isso, todos os deveres morais e obrigações nos impelem a não ofender a incolumidade de terceiros, sem que existam deveres positivos que estimulem os indivíduos à cooperação. Tudo isso explica a enorme aversão que temos diante de perdas, sem que haja uma inversa atração pelos ganhos sociais de comportamentos beneméritos, que possam irradiar solidariedade.

Nas relações obrigacionais, a boa-fé objetiva desperta "o melhor de nós", no sentido de converter partes antagonistas em parceiros de um projeto contratual, realçando deveres de cooperação, proteção e informação. O prêmio para os que seguem os *standards* de lealdade e confiança é o adimplemento dos deveres preexistentes. Diferentemente, a responsabilidade civil extracontratual é o *habitat* das pessoas que são estranhas umas às outras. Quando não há um prévio vínculo de fidúcia entre seres humanos, o que encorajaria alguém a transcender o dever moral e jurídico de não ofender a órbita alheia, a ponto de ser empático e se disponibilizar ao engajamento na colaboração recíproca com pessoas de culturas e nações distintas, ou até mesmo para beneficiar as gerações futuras? Será que o nosso senso de justiça sempre será limitado ao pequeno número de pessoas a quem devotamos a nossa afeição ou um dever contratual?

Infelizmente, a cultura brasileira herdou a tradição das virtudes negativas e artificiais da justiça, distanciando-se das virtudes positivas e naturais da ética. Some-se a isso o fato de que incorporamos não apenas o iluminismo francês, mas o sistema de responsabilidade civil dele tributário, que consiste apenas em um arremedo de proteção social para vítimas de acidentes, pois o seu real desiderato foi o de legitimar a liberdade econômica daqueles que realizam atividades que expõem terceiros a riscos de prejuízos e lesões. Consolida-se a função compensatória da responsabilidade civil, mediante uma ficção pela qual a neutralização de danos por intermédio de uma indenização é suficiente para restituir as partes a um estado de pacificação.

O art. 944, *caput*, do CC verbaliza essa arraigada mentalidade, positivando a regra de ouro da responsabilidade civil: "A indenização mede-se pela extensão do dano". O princípio da reparação integral foi sintetizado pela doutrina francesa com um adágio: *tout le dommage, mais rien que le dommage* ("todo o dano, mas nada mais do que o dano"). Extrai-se desse enunciado que o princípio da reparação integral possui dupla função: a) piso indenizatório (todo o dano); e b) teto indenizatório (não mais que o dano).

Nada obstante, em caráter inovador, o Código Civil trouxe uma exceção ao princípio da *restitutio in integro*. Conforme o parágrafo único, do art. 944, "Se houver excessiva desproporção entre a gravidade da culpa e o dano, poderá o juiz reduzir, equitativamente, a indenização". A mensagem é clara: o valor da indenização não pode ultrapassar a extensão do dano, preservando-se a função de teto do princípio da reparação integral, porém pode ficar aquém, indenizando-se menos do que o montante total dos prejuízos sofridos pelo lesado. Isto se dá quando o agente, agindo com uma mínima negligência, causa danos vultosos.[37]

Para a doutrina majoritária, a referida norma só pode ser utilizada na teoria subjetiva da responsabilidade civil,[38] seja pela própria literalidade do dispositivo, como também pelo próprio apelo à orientação sistemática pela qual no nexo de imputação objetiva será expurgada qualquer discussão sobre a culpa. Quer dizer, quando determinada atividade econômica, pela sua própria natureza, independentemente de quem a promova, oferece riscos que a experiência repute excessivos, anormais, provocando danos patrimoniais ou existenciais em escala superior a outros setores do mercado, a orientação dada ao empreendimento pelos seus dirigentes será irrelevante para a avaliação das consequências dos danos, relevando apenas a aferição do nexo de causalidade entre o dano injusto e o exercício da atividade.

Entretanto, se assim for, priva-se de efeito jurídico qualquer ação meritória em sede de teoria objetiva. Quer dizer, o fato de o condutor da atividade propor-se a realizar investimentos em segurança e *compliance* perante os seus funcionários ou terceiros em nada repercutirá positivamente em caso de produção de uma lesão resultante do exercício desta atividade. Daí nasce a questão lógica: se inexiste qualquer estímulo para provocar um comportamento direcionado ao cuidado e

---

[37] Nas situações prosaicas da vida, ilustramos com o condutor de uma motocicleta de categoria básica que, por uma distração, colide com luxuoso automóvel, acarretando consideráveis danos patrimoniais. O valor do motociclo não é suficiente para arcar com a totalidade do prejuízo. O exemplo demonstra que o legislador tinha em mente evitar que a "desgraça" fosse transferida do ofendido para ofensor em razão de um mero descuido.

[38] Conferir, sobre o dispositivo, ROSENVALD, Nelson; BRAGA NETTO, Felipe. *Código Civil comentado*: artigo por artigo. 2. ed. Salvador: Juspodivm, 2021, p. 970-981.

à diligência extraordinários, qual será a ênfase de um agente econômico em despender recursos que poderiam ser direcionados a várias outras finalidades, quando ciente de que isto nada valerá na eventualidade de um julgamento desfavorável em uma lide de responsabilidade civil?[39]

Noutros termos, parece correta a compreensão de que o risco (e não a culpa) é o fundamento essencial para que sejam estabelecidos critérios próprios de imputação advindos do desvio dos parâmetros de segurança estabelecidos pela legislação protetiva e, quando presente o *compliance*, catalisados pela inobservância dos programas de integridade e das políticas de governança de dados, o que representaria uma espécie de responsabilidade objetiva especial. Isto é, superam-se as barreiras da culpa, suplantam-se as escusas técnicas e a ampla incidência de causas excludentes decorrentes do domínio da técnica pelo controle da arquitetura de *software* e se impõe a cooperação como modal de controle e aferição dos limites da responsabilidade civil.[40]

Nesse ecossistema peculiar, a responsabilidade civil não se restringe à mera condição de ferramenta de resguardo. Em verdade, assume as funções de promover e difundir o direito fundamental à proteção de dados.

6 A função promocional como ponto de chegada

Seria este o cenário ideal para a propagação da função promocional da responsabilidade civil, marcada pela técnica do encorajamento e a presença das sanções premiais?

---

[39] Não se pode deixar de registrar que esta indagação se torna ainda mais veemente quando o empreendedor percebe que os seus concorrentes "arregaçam as braços" ou se limitam a esforços mínimos em termos de cautela, canalizando os recursos excedentes para outras vantagens mercadológicas perante contratantes e consumidores.

[40] DRESCH, Rafael de Freitas Valle; FALEIROS JÚNIOR, José Luiz de Moura. Reflexões sobre a responsabilidade civil na Lei Geral de Proteção de Dados (Lei nº 13.709/2018). *In:* ROSENVALD, Nelson; DRESCH, Rafael de Freitas Valle; WESENDONCK, Tula (Coord.). *Responsabilidade civil*: novos riscos. Indaiatuba: Foco, 2019, p. 85. "(...) o legislador, ciente dos percalços enfrentados para a efetivação de direitos devidamente regulamentados, adotou a governança como parâmetro expresso – embora não obrigatório – para a delimitação dos contornos do nexo de causalidade em eventos de mau tratamento de dados, abrindo espaço para a discussão acerca da criação de um novo regime de responsabilidade que, ao fim e ao cabo, se realmente existir, não surge atrelado a uma nova dogmática, mas à condensação de aspectos inter-relacionais para a formatação do elemento nuclear da teoria objetiva. Tem-se, em essência, um dever geral de cautela desdobrado da consagração de um regime de imputação baseado na verificação e demonstração do defeito na prestação de serviço relacionado aos processos de coleta, tratamento e armazenagem de dados. Eventual violação, por causar a ruptura de legítimas expectativas do titular dos dados, conduzirá à responsabilização do agente".

A ideia de 'encorajamento' está ancorada no pensamento de Norberto Bobbio, que sinaliza que, além de compensar, punir e prevenir danos, a responsabilidade civil deve criteriosamente recompensar a virtude e os comportamentos benevolentes de pessoas naturais e jurídicas.[41] Nesse sentido: a técnica de encorajamento é conexa com a predisposição e a atuação das sanções positivas, com função promocional (ou propulsiva), de estímulo a atos inovadores. (...) Ao contrário da sanção negativa, a sanção positiva não é devida. O prêmio pelo mérito não se encontra no nível estrutural da norma, mas psicológico daquele que agirá em busca de recompensa.[42]

Segundo Antonio dos Reis Júnior, assentir com a existência de uma função promocional da responsabilidade civil implica considerar questões de grande relevância e que têm impacto direto no ordenamento jurídico,[43] que passaria a ser, de fato, propulsionado pela reinserção da ética nas rotinas interpessoais.[44]

Imagine-se os impactos da introjeção desse novo modelo estrutural em um novo contexto no qual já se sinaliza, dentre outras contingências, que: (i) os sistemas existentes (já complexos) se tornarão mais interconectados e imersos; (ii) as interações dos componentes intra e intersistêmicas aumentarão; (iii) os serviços existentes serão modificados enquanto surgem as oportunidades para novos serviços; (iv) a percepção humana do meio ambiente e da realidade mudará; (v) a escala e o escopo

---

[41] BOBBIO, Norberto. Sulle sanzioni positive. *In:* VV.AA. *Scritti dedicati ad Alessandro Raselli.* Milão: Giuffrè, 1971, p. 232.

[42] ROSENVALD, Nelson. *As funções da responsabilidade civil:* a reparação e a pena civil. São Paulo: Atlas, 2012, p. 111.

[43] REIS JÚNIOR, Antonio dos. Por uma função promocional da responsabilidade civil. *In:* SOUZA, Eduardo Nunes; SILVA, Rodrigo da Guia (Coord.). *Controvérsias atuais em responsabilidade civil.* São Paulo: Almedina, 2018, p. 597.

[44] O autor registra os seguintes pressupostos relativos ao acolhimento da referida função: "(i) a ordem jurídica positiva visa cumprir determinadas finalidades, podendo delas extrair uma teleologia; (ii) em razão disso, os institutos e categorias devem ser interpretados de maneira funcionalizada ao cumprimento de tais finalidades; (iii) os mecanismos normativos, definidores dos comportamentos desejados, pela via da previsão de reação do direito diante da conduta dos sujeitos, apresentam-se de duas formas: sanções negativas e positivas; (iv) a sanção positiva, definida como uma resposta benéfica do ordenamento a um comportamento desejável, que se faz necessário *estimular*, é admitida no âmbito da responsabilidade civil e extraída do contexto global do sistema; (v) os seus efeitos podem ser revelados mediante uma interpretação teleológica do direito posto, no qual já se pode vislumbrar uma *aplicação prática*, mesmo sem a existência de uma regulamentação específica; (vi) a sua construção dogmática deve gozar de autonomia suficiente para não se confundir com as demais funções já consagradas, ainda que possa ter relação de dependência com uma delas". REIS JÚNIOR, Antonio dos. Aplicações da função promocional na responsabilidade civil ambiental. *Revista IBERC*, Belo Horizonte, v. 3, n. 1, p. 1-32, jan./abr. 2020, p. 7.

dos problemas de segurança serão bastante ampliados.[45] Por certo, o artigo 944 do CC pode ser o ponto de partida para aproveitarmos as enormes potencialidades do *compliance*, alargando os horizontes da responsabilidade civil, destacando a sua função promocional.

A técnica de encorajamento é conexa com a predisposição e a atuação das sanções positivas, com função promocional (ou propulsiva), de estímulo a atos inovadores. Ao contrário da sanção negativa, a sanção positiva não é devida. O prêmio pelo mérito não se encontra no nível estrutural da norma, mas psicológico daquele que agirá em busca da recompensa. Certamente, as sanções positivas surgirão eventualmente no ordenamento, isto por duas razões: (a) o sistema não possui recursos para premiar todo e qualquer comportamento meritório; e (b) o direito não pode ser visto como um mínimo ético, mas um máximo ético. Neste sentido, colhe-se a função de incentivar o adimplemento e não a de reagir ao inadimplemento.

O Direito não se presta a um papel conservador e inerte de mera proteção de interesses mediante a repressão de atos proibidos, mas preferencialmente o de promover o encontro entre as normas e as necessárias transformações sociais. Na senda da eficácia promocional de direitos fundamentais, é possível fazer do Direito Privado *locus* adequado para que algumas normas sirvam não apenas para tutelar, mas também para provocar efeitos benéficos aos valores da solidariedade e da igualdade material.

No plano funcional, as sanções positivas atuam de maneira a provocar nos indivíduos o exercício de sua autonomia para alterar sua forma de comportamento. Se uma sanção pretende maximizar comportamentos conformes e minimizar comportamentos disformes, deverá se servir do instrumento de socialização, que com técnicas variadas investe o indivíduo na condição de membro participante de uma sociedade e de sua cultura.

A socialização – que obviamente se aplica à pessoa jurídica[46] – cria uma disposição para a observância das regras que comandam o grupo.

---

[45] LOSKOT, Pavel. Computational security for the IoT and beyond. *In:* HU, Fei (Ed.). *Security and privacy in Internet of Things (IoTs)*: models, algorithms, and implementations. Boca Raton: CRC Press, 2016, p. 357.

[46] Importantíssima, nesse contexto, a reflexão de Newton De Lucca: "Enfim, ao cabo de todas as reflexões desenvolvidas até aqui, parece-me razoável – e, mais do que razoável, prudente – imaginar-se que a ética empresarial só teria condições de prosperar, efetivamente, se fosse semeada num contexto social e numa época em que os valores mais profundos da dignidade do ser humano estivessem consagrados nas convenções sociais com características jurídicas de costume. Ora, no atual mundo globalizado da economia (...), será que somente o Estado, como fonte exclusiva do direito que é, pode resolver os conflitos de interesses existentes,

Quando o processo de socialização não funciona para algum indivíduo, em um segundo momento se estabelecerá a técnica de controle social.[47] Quando este processo quer encorajar não apenas comportamentos conforme o Direito, mas em "superconformidade", recorrerá às sanções positivas, pela via de prêmios e incentivos que realçarão a desejada *accountability*.

7 *Answerability* (ou *explainability*)

Finalmente, ingressamos na seara da *answerability*. O termo é traduzido ao pé da letra como "explicabilidade" (*explainability*), impondo-se como mais uma camada da função preventiva da responsabilidade, materializada no dever recíproco de construção da fidúcia a partir do imperativo da transparência (que é princípio expressamente previsto no art. 6º, VI, da LGPD).[48]

Enquanto *liability, responsibility e accountability* centram a atenção na pessoa que conduz uma atividade ou exerce comportamento danoso ou potencialmente danoso – os chamados agentes da responsabilidade –, a *answerability* se prende ao outro lado da relação: os destinatários ou "pacientes" de responsabilidade, que podem exigir razões para ações e decisões tomadas por aquele que exerce o controle da atividade. Assim, inspirada por uma abordagem relacional, a responsabilidade como "explicabilidade" oferece uma justificativa adicional para a tutela da pessoa humana, com enorme valia perante corporações e operadores que terceirizam responsabilidades para algoritmos.

Em uma abordagem relacional dos problemas de responsabilidade, resta induvidoso que não existe apenas um agente de responsabilidade (aquele que atua e quem deve agir com responsabilidade), mas também um paciente que é afetado pela ação do agente e que exige que este aja com responsabilidade no sentido daquilo que é esperado e reclama razões para sua ação. Responsabilidade não é apenas fazer algo e saber o que você está fazendo; é também uma questão comunicativa, talvez

---

seja pela disciplina expressa das normas escritas, seja pela interpretação e aplicação das chamadas cláusulas gerais?". DE LUCCA, Newton. *Da ética geral à ética empresarial*. São Paulo: Quartier Latin, 2009, p. 414.

[47] PÉLISSE, Jérôme. Les usages syndicaux du droit et de la justice. *In:* COMMAILLE, Jacques; KALUSZYNSKI, Martine (Ed.). *La fonction politique de la justice*. Paris: La Découverte, 2007, p. 165 *et seq.*

[48] "Art. 6º. (...) VI – transparência: garantia, aos titulares, de informações claras, precisas e facilmente acessíveis sobre a realização do tratamento e os respectivos agentes de tratamento, observados os segredos comercial e industrial."

até dialógica, pois a sociedade deseja respeitar os seres humanos não apenas como seres humanos autônomos, mas também sociais.[49]

A *answerability* é um procedimento recíproco de justificação de escolhas que extrapola o direito à informação, facultando-se a compreensão de todo o cenário da operação de tratamento de dados. Não se trata basicamente de saber qual é a IA utilizada e o que ela faz. O desafio está em buscar uma resposta ontológica, lastreada na identificação do cabimento das funções preventiva e precaucional da responsabilidade civil para que seja aferível a expectativa depositada sobre cada participante da atividade, especialmente quanto à previsibilidade de eventuais consequências.[50] Com efeito, sempre nos pareceu razoável em ordenamentos democráticos que o agente fosse capaz de explicar à vítima por que ele praticou uma ação específica, tomou uma decisão ou recomendou algo. Por exemplo, pode-se pedir a um juiz que fundamente sua decisão ou demandar de um criminoso a explicação de suas ações. Se a regra é que o interessado é uma pessoa capaz de pedir e entender explicações, é também legítimo que pessoas exijam uma explicação em nome de não humanos ou mesmo em nome de outros humanos carentes de cognição. As decisões e ações humanas precisam ser explicáveis se quiserem ser responsáveis – olhando para o passado e no presente.

No âmbito da proteção de dados pessoais, ela amplia o seu raio, convertendo-se em uma *"ability to appeal"*, ou seja, o titular dos dados tem direito a solicitar a revisão de decisões tomadas unicamente com base em tratamento automatizado de dados pessoais que afetem seus interesses, incluídas as decisões destinadas a definir o seu perfil pessoal, profissional, de consumo e de crédito ou os aspectos de sua personalidade (art. 20, Lei nº 13.709/18).[51] O indivíduo pode se opor ao

---

[49] COECKELBERGH, Mark. Como sustenta o autor, *"But do people need explanations or do they need reasons? Can explanations count as reasons, and, if so, when? Responsibility as answerability can also be formulated in terms of reasons, or more specifically, in terms of giving reasons. And then for reasons the same seems to hold as for explanations in general: assuming that only humans can really give reasons, then responsible AI means that humans should get this task. The development of AI should then support this human task of giving reasons to those who ask or may ask questions about the actions and decisions mediated by the technology"*. Artificial Intelligence, Responsibility Attribution, and a Relational Justification of Explainability. Science and Engineering Ethics, 2020, 26:2051-2068. https://doi.org/10.1007/s11948-019-00146-8.

[50] BARBOSA, Mafalda Miranda. *Liberdade vs. responsabilidade*: a precaução como fundamento da imputação delitual? Coimbra: Almedina, 2006, p. 352.

[51] Conferir, a esse respeito, CORDEIRO, A. Barreto Menezes. Decisões individuais automatizadas à luz do RGPD e da LGPD. *In:* BARBOSA, Mafalda Miranda; BRAGA NETTO, Felipe; SILVA, Michael César; FALEIROS JÚNIOR, José Luiz de Moura. *Direito digital e inteligência artificial*: diálogos entre Brasil e Europa. Indaiatuba: Foco, 2021, p. 263.

seu *profiling*, apagá-lo ou retificá-lo ou contestar decisões automáticas a ele relativas.[52]

Temos aí o chamado *"right to an explanation"*, exteriorizado no GDPR com relação a específicas decisões automatizadas,[53] significando que a decisão deve ser explicada de uma forma que o sujeito possa compreender o resultado, o que não requer necessariamente que a *"black box"* seja aberta,[54] mas simplesmente uma explicação contrafactual para que o particular se situe sobre o que deva ser modificado para que uma diferente decisão seja alcançada.[55]

Para se estabelecer a relação de explicabilidade, a premissa é entender quais agentes são responsáveis por quais outros agentes, ou seja, "responsabilidade de quê?". E "responsabilidade para quem?", por quais resultados e para qual propósito? Se compreendermos quem

---

[52] Ilustre-se com a desativação algorítmica automática, comum na Uber e que acontece em todos os países nos quais o serviço tem presença. Os principais casos envolvem acusações de fraude, mas sem que os motoristas fiquem sabendo exatamente o que fizeram para obterem esse resultado, no que seria uma violação à *answerability*.

[53] O art. 22(3) GDPR impõe ao controlador o implemento de salvaguardas ao desenhar decisões automatizadas: "Art. 22. Decisões individuais automatizadas, incluindo definição de perfis 1. O titular dos dados tem o direito de não ficar sujeito a nenhuma decisão tomada exclusivamente com base no tratamento automatizado, incluindo a definição de perfis, que produza efeitos na sua esfera jurídica ou que o afete significativamente de forma similar. 2. O n. 1 não se aplica se a decisão: a) For necessária para a celebração ou a execução de um contrato entre o titular dos dados e um responsável pelo tratamento; b) For autorizada pelo direito da União ou do Estado-Membro a que o responsável pelo tratamento estiver sujeito, e na qual estejam igualmente previstas medidas adequadas para salvaguardar os direitos e liberdades e os legítimos interesses do titular dos dados; ou c) For baseada no consentimento explícito do titular dos dados. 3. Nos casos a que se referem o n. 2, alíneas a) e c), o responsável pelo tratamento aplica medidas adequadas para salvaguardar os direitos e liberdades e legítimos interesses do titular dos dados, designadamente o direito de, pelo menos, obter intervenção humana por parte do responsável, manifestar o seu ponto de vista e contestar a decisão".

[54] É possível reproduzir o comportamento do algoritmo em perícia judicial tecnológica, sem que as empresas de tecnologia necessitem apresentar abertamente o seu código fonte em perícia judicial, a ponto de exibir todo o seu patrimônio intelectual e diferencial de mercado. Neste sentido o Ministério Público/RJ constatou em produções de provas independentes realizadas pelo seu setor pericial as práticas de *geo-piercing* e *geo-blocking* pela empresa Decolar.com, simulando em base de dados fictícia as contratações, como se realizadas em diferentes localidades, para atestar o comportamento dos algoritmos nas compras on-line a depender de onde reside o consumidor, demonstrando a manipulação da base de dados, sem discutir a programação algorítmica em si, afastando-se a discussão em torno da violação da propriedade intelectual.

[55] MOEREL, Lokke; STORM, Marijn. *"A counterfactual explanation could be for an individual whose application for a loan has been denied and wants to know why that the income statements provided by the individual show a yearly income of EUR 50,000, and the loan would be granted with a yearly income of EUR 60,000 or more"*. Automated decisions based on profiling: information, explanation and justification – that is the question. In: *Autonomous Systems and the Law*. München: Nomos, 2019, p. 94.

deve responder, por que e a quem as respostas se destinam, alcançamos o conceito de supervisão – *oversight* –, um componente de governança em que uma autoridade detém poder especial para revisar evidências de atividades e conectá-las às consequências. A supervisão complementa os métodos regulatórios de governança (*accountability*), permitindo verificações e controles em um processo, mesmo quando o comportamento desejável não pudesse ser especificado com antecedência, como uma regra. Ao invés, em caráter *ex post*, uma entidade de supervisão pode separar os comportamentos aceitáveis dos inaceitáveis. Aliás, mesmo quando existem regras, o supervisor pode verificar se o processo agiu de forma consistente dentro delas, sopesando as considerações nas circunstâncias específicas do cenário.[56]

Prioriza-se uma revisão extrajudicial por humanos de decisões produzidas por algoritmos. A *answerability* não significa que se explique todo o processo causal que contribuiu para a ação ou decisão, mas sim que se possa saber o que é relevante.[57] Eventualmente, a *liability* surgirá em um momento posterior, se eventualmente eclodem danos em razão de atos ou atividades danosas que vulneram o *profiling* da pessoa ou alcançam situações existenciais.

Em um sentido ético, o importante não é a explicabilidade quanto às características de sistemas técnicos como a IA. Em verdade, o objetivo principal é explicabilidade como responsabilidade por parte do ser humano desenvolvedor da IA. A explicabilidade técnica, ou seja, o que o sistema de IA pode "dizer" ou "responder", deve ser vista como algo a serviço do requisito ético mais geral de explicabilidade por parte do

---

[56] KROLL. Joshua. A. "*Answerability includes not just the notion that answers exist, but that individuals or organizations can be made to answer for outcomes of their behavior or of the behavior of tools they make use of... if we want to know that an AI system is performing "ethically", we cannot expect to "implement ethics in the system" as is often suggested. Rather, we must design the system to be functional in context, including contexts of oversight and review.*" Accountability in Computer Systems – Oxford Handbook of the Ethics of Artificial Intelligence. Chapter 9, p. 11.

[57] Neste sentido, a exposição n. 71 do GDPR: "O titular dos dados deverá ter o direito de não ficar sujeito a uma decisão, que poderá incluir uma medida, que avalie aspectos pessoais que lhe digam respeito, que se baseie exclusivamente no tratamento automatizado e que produza efeitos jurídicos que lhe digam respeito ou o afetem significativamente de modo similar, como a recusa automática de um pedido de crédito por via eletrônica ou práticas de recrutamento eletrônico sem qualquer intervenção humana. Esse tratamento inclui a definição de perfis mediante qualquer forma de tratamento automatizado de dados pessoais para avaliar aspectos pessoais relativos a uma pessoa singular, em especial a análise e previsão de aspectos relacionados com o desempenho profissional, a situação econômica, saúde, preferências ou interesses pessoais, fiabilidade ou comportamento, localização ou deslocações do titular dos dados, quando produza efeitos jurídicos que lhe digam respeito ou a afetem significativamente de forma similar".

agente humano que necessita de um sistema com transparência para as respostas que serão dadas às pessoas afetadas pela tecnologia. Vale dizer, a função explícita da tecnologia é fazer o que deve ser feito dentro do objetivo pretendido pelos projetistas e usuários. Para além, entretanto, há uma questão ética de como esse sistema tecnológico impacta a forma como os agentes podem exercer a responsabilidade pela tecnologia e àqueles a quem respondem, sejam eles os destinatários imediatos, como também os seus entes queridos. Uma abordagem relacional abre uma relevante ecologia de relações de responsabilidade.

Por conseguinte, se um agente humano utilizando IA toma uma decisão com base em uma recomendação da IA e não é capaz de explicar por que ele tomou essa decisão, este é um problema de responsabilidade por dois motivos. Primeiro, o agente humano falhou em agir como um agente responsável, porque não sabe o que está fazendo. Em segundo lugar, o agente humano também deixou de agir com responsabilidade em relação ao paciente afetado pela ação ou decisão, que pode legitimamente exigir uma explicação por ela.

De certa forma, a *answerability* se cruza com a *responsibility* na medida em que a inovação responsável significa levar em consideração que a "pessoa comum" é relativamente ignorante sobre a tecnologia e suas consequências imprevisíveis, um problema que precisa ser enfrentado pela educação e inclusão digital. O desenvolvimento de tecnologia e a educação em tecnologia devem ser alterados de forma a apoiar melhor os usuários e desenvolvedores de IA na resposta ao "Por quê?". Isso significa que a sociedade merece operadores responsáveis de IA que estejam no controle, capazes e desejosos de comunicar, explicar e dar razões para o que estão fazendo a pacientes morais humanos. Isso inclui a obrigação de obter maior consciência das consequências imprevisíveis, incluindo como lidam com problemas trágicos. Se a IA não for responsável neste sentido, ela irá falhar.

Frank Pasquale[58] serviu-se do *insight* das 3 leis de Jack Balkin[74] para a sociedade algorítmica, a fim de propor uma quarta lei, capaz

---

[58] PASQUALE, Frank. "One key element of explainability is a clear sense of the history of a robot – how was it first programmed, to what has it been exposed, and how has this interplay between hardware, software, and the external environment resulted in present behavior. At the core of Balkin's Laws of Robotics is a concern to make certain individuals (whose role parallels to that of the golem-creating rabbi) responsible for their creations. He does not want to create a set of legal obligations for algorithms or robots. Rather, he builds on our centuries-long experience with regulating persons. He observes that regulating the owners and programmers of artificial intelligence will require some monitoring of what they are creating and coding. To guarantee the efficacy of such monitoring, regulators may need

de complementar a tríade: *"A robot must always indicate the identity of its creator, controller, or owner"*. A vanguarda dos campos de IA, aprendizado de máquina e robótica enfatiza a autonomia – seja de contratos inteligentes, algoritmos de negociação de alta frequência ou robôs futuros. Há uma noção nebulosa de robôs "fora de controle", que escapam ao controle e responsabilidade de seu criador. A formulação da 4ª lei com a exigência de que, com base na explicabilidade, qualquer sistema de IA ou robótica tenha alguém responsável por sua ação ajuda a reprimir tais ideias.

8 Conclusão

Responsibility, accountability e answerability executam exemplarmente as funções preventiva e precaucional da responsabilidade civil, eventualmente complementadas pela função compensatória (*liability*). Ao contrário do que propaga a escola clássica da responsabilidade, distancia-se o efeito preventivo de um mero efeito colateral de uma sentença condenatória a um ressarcimento. Aliás, a multifuncionalidade da responsabilidade civil não se resume a uma discussão acadêmica: a perspectiva plural da sua aplicabilidade à LGPD é um bem-acabado exemplo legislativo da necessidade de ampliarmos a percepção sobre a responsabilidade civil. Não se trata tão somente de um mecanismo de contenção de danos, mas também de contenção de comportamentos. Transpusemos o "direito de danos" e alcançamos uma responsabilidade civil para muito além dos danos.

Evidencia-se, assim, uma renovada perspectiva bilateralizada: a responsabilidade como mecanismo de imputação de danos – foco da análise reparatória –, no qual o agente se responsabiliza "perante" a vítima, convive com a responsabilidade "pelo outro", o ser humano.[60]

---

to establish some ground rules, or pre- regulation, of the interactions algorithms will have with the wider world". *New law of robotics*. Cambridge: Harvard University Press, 2020, p. 11.

[59] (1) With respect to clients, customers, and end-users, algorithm users are information fiduciaries. (2) With respect to those who are not clients, customers, and end-users, algorithm users have public duties. If they are governments, this follows immediately. If they are private actors, their businesses are affected with a public interest, as constitutional lawyers would have said during the 1930s. (3) The central public duties of algorithm users are not to externalize the costs and harms of their operations. The best analogy for the harms of algorithmic decision making is not intentional discrimination but socially unjustified pollution. The Three Laws of Robotics in the Age of Big Data, 78 OHIO ST. L.J., forthcoming, at https://papers.ssrn.com/sol3/papers.cfm?abstract_id= 2890965.

[60] BARBOSA, Mafalda Miranda. A responsabilidade contratual e a responsabilidade patrimonial. *In*: BARBOSA, Mafalda Miranda; ROSENVALD, Nelson; MUNIZ, Francisco (Coord.). *Pessoa, Direito e Responsabilidade*. Indaiatuba: Foco, 2020, p. 148.

Em sintonia com o pensamento de Bart van der Sloot, que reconhece a 'privacidade como virtude',[61] agregam-se a pessoa do agente e a indução à conformidade mediante uma regulação de gestão de riscos, em especial com vistas à sua mitigação por parte de um desenvolvedor de tecnologias digitais emergentes que atua como um agente de tratamento de dados pessoais e que deve observar verdadeira plêiade de deveres preventivos dos quais emanam variadas funções da responsabilidade civil (em especial, *accountability* e *answerability*).

Porém, em uma noção de reciprocidade, a mitigação de ilícitos e danos também incumbe a cada um de nós, mediante a paulatina construção de uma autodeterminação responsável que nos alforrie da heteronomia e vitimização (*responsibility*), pois como já inferia Isaiah Berlin "O paternalismo é a pior forma de opressão".

A tecnologia não é uma força externa, sobre a qual não temos nenhum controle. Com reflete Klaus Schwab – autor da expressão "4ª Revolução industrial" – não estamos limitados por uma escolha binária entre "aceitar e viver com ela" ou "rejeitar e viver sem ela".[62] Na verdade, tomamos a dramática mudança tecnológica como um convite para refletirmos sobre quem somos e como vemos o mundo. Quanto mais pensamos sobre como aproveitar a revolução tecnológica, mais analisamos a nós mesmos e os modelos sociais subjacentes que são incorporados e permitidos por essas tecnologias. E mais oportunidades teremos para moldar a revolução de uma forma que melhore o estado do mundo.

Referências

ASCENSÃO, José de Oliveira. *Sociedade do risco e direito do consumidor. In*: LOPES, Teresa Ancona *et al.* (Coord.). *Sociedade de Risco e Direito Privado*. São Paulo: Atlas, 2013. p. 374.

---

[61] VAN DER SLOOT, Bart. *Privacy as virtue*: moving beyond the individual in the Age of Big Data. Cambridge: Intersentia, 2017, p. 169. Anota: *"The goal is something that is shared by most of the members of the organization, or that dominates its operations. The legal principle ensures that each individual has some level of protection against the group and the shared commitment. The danger of too much focus on the shared commitment is obviously that it tends to override individual interests and might undermine procedural fairness".*

[62] SCHWAB, Klaus. *A Quarta Revolução Industrial, op. cit.*, p 14. "É, portanto, crucial que nossa atenção e energia estejam voltadas para a cooperação entre múltiplos stakeholders que envolvam e ultrapassem os limites acadêmicos, sociais, políticos, nacionais e industriais. As interações e as colaborações são necessárias para criarmos narrativas positivas, comuns e cheias de esperança que permitam que indivíduos e grupos de todas as partes do mundo participem e se beneficiem das transformações em curso".

BARBOSA, Mafalda Miranda. A responsabilidade contratual e a responsabilidade patrimonial. *In*: BARBOSA, Mafalda Miranda; ROSENVALD, Nelson; MUNIZ, Francisco (Coord.). *Pessoa, Direito e Responsabilidade*. Indaiatuba: Foco, 2020.

BARBOSA, Mafalda Miranda. *Liberdade vs. responsabilidade:* a precaução como fundamento da imputação delitual? Coimbra: Almedina, 2006.

BENATTI, Francesca. Benvenuti danni punitiv... o forse no! *In: Revista de Direito da Cidade*, vol. 10, nº 3.1.

BLUM, Renato Opice. O Marco Civil da Internet e a educação digital no Brasil. *In:* ABRUSIO, Juliana (Coord.). *Educação digital*. São Paulo: Revista dos Tribunais, 2015.

BOBBIO, Norberto. Sulle sanzioni positive. *In:* VV.AA. *Scritti dedicati ad Alessandro Raselli*. Milão: Giuffrè, 1971.

CALABRESI, Guido. *The cost of accidents*: a legal and economic analysis. New Haven: Yale University Press, 1970.

CANE, Peter. *The Anatomy of Tort Law*. Oxford: Hart Publishing, 1997.

COECKELBERGH, Mark. Artificial Intelligence, Responsibility Attribution, and a Relational Justification of Explainability. *Science and Engineering Ethics*, 2020, 26:2051-2068 https://doi.org/10.1007/s11948-019-00146-8.

CORDEIRO, A. Barreto Menezes. Decisões individuais automatizadas à luz do RGPD e da LGPD. *In*: BARBOSA, Mafalda Miranda; BRAGA NETTO, Felipe; SILVA, Michael César; FALEIROS JÚNIOR, José Luiz de Moura. *Direito digital e inteligência artificial*: diálogos entre Brasil e Europa. Indaiatuba: Foco, 2021.

DE LUCCA, Newton. *Da ética geral à ética empresarial*. São Paulo: Quartier Latin, 2009.

DRESCH, Rafael de Freitas Valle; FALEIROS JÚNIOR, José Luiz de Moura. Reflexões sobre a responsabilidade civil na Lei Geral de Proteção de Dados (Lei nº 13.709/2018). *In:* ROSENVALD, Nelson; DRESCH, Rafael de Freitas Valle; WESENDONCK, Tula (Coord.). *Responsabilidade civil*: novos riscos. Indaiatuba: Foco, 2019, p. 85.

FERREIRA, Daniel; REIS, Luciano Elias. O "vazio regulamentar" do art. 53 e seus impactos na (in)efetividade da LGPD. *In:* DAL POZZO, Augusto Neves; MARTINS, Ricardo Marcondes (Coord.). *LGPD & Administração Pública*: uma análise ampla dos impactos. São Paulo: Thomson Reuters Brasil, 2020.

GALGANO, Francesco. *Lex mercatoria*. Imprenta: Bologna, Il Mulino, 1993.

GARCÍA AMADO, Juan Antonio. *La filosofía del derecho de Habermas y Luhmann*. Imprenta: Colombia, Universidad Externado de Colombia, 2006.

GELLERT, Raphaël. Understanding data protection as risk regulation. *Journal of Internet Law*, Alphen aan den Rijn, v. 18, n. 1, p. 3-15, maio 2015.

HAN, Byung-Chul. *No enxame*. São Paulo: Editora Vozes, 2020.

HABERMAS, Jürgen. *Direito e democracia* – entre facticidade e validade. Vol. I. Rio de Janeiro: Edições tempo brasileiro, 1997.

HARARI, Yuval Noah. *21 lições para o século 21*. São Paulo: Companhia das Letras, 2019.

KROLL. Joshua. A. *Accountability in Computer Systems*- Oxford Handbook of the Ethics of Artificial Intelligence. Chapter 9.

LOSKOT, Pavel. Computational security for the IoT and beyond. *In:* HU, Fei (Ed.). *Security and privacy in Internet of Things (IoTs)*: models, algorithms, and implementations. Boca Raton: CRC Press, 2016.

MENKE, Fabiano. Migalhas de Proteção de dados. Extraído em 6.7.2021, disponível em: https://www.migalhas.com.br/coluna/migalhas-de-protecao-de-dados/335735/as-origens-alemas-e-o-significado-da-autodeterminacao-informativa.

MOEREL, Lokke; STORM, Marijn. Automated decisions based on profiling: information, explanation and justification – that is the question. *In: Autonomous Systems and the Law*. München: Nomos, 2019.

OLIVEIRA, Leonardo David Quintanilha de. Normas antidiscriminatórias no seguro: o difícil equilíbrio entre a eficiência e a justiça. *In:* GOLDBERG, Ilan; JUNQUEIRA, Thiago (Coord.). *Temas atuais de direito dos seguros*. São Paulo: Thomson Reuters Brasil, 2020, t. I, p. 99-111.

PALMEIRA, Mariana de Moraes. A segurança e as boas práticas no tratamento de dados pessoais. *In:* MULHOLLAND, Caitlin (Org.). *A LGPD e o novo marco normativo no Brasil*. Porto Alegre: Arquipélago Editorial, 2020.

PASQUALE, Frank. *New law of robotics*. Cambridge: Harvard University Press, 2020.

PEEL, Edwin; GOUDKAMP, James. *Winfield and Jolowicz on Tort (Classics)*. 19. ed. Londres: Sweet & Maxwell; Thomson Reuters, 2014.

PÉLISSE, Jérôme. Les usages syndicaux du droit et de la justice. *In:* COMMAILLE, Jacques; KALUSZYNSKI, Martine (Ed.). *La fonction politique de la justice*. Paris: La Découverte, 2007.

RADIN, Margaret. *Boilerplate* – The Fine Print, Vanishing Rights, and the Rule of Law. Princeton University Press, 2012.

REIS JÚNIOR, Antonio dos. Por uma função promocional da responsabilidade civil. *In:* SOUZA, Eduardo Nunes; SILVA, Rodrigo da Guia (Coord.). *Controvérsias atuais em responsabilidade civil*. São Paulo: Almedina, 2018.

REIS JÚNIOR, Antonio dos. Aplicações da função promocional na responsabilidade civil ambiental. *Revista IBERC*, Belo Horizonte, v. 3, n. 1, jan./abr. 2020.

RICOEUR, Paul. *O justo*, v. 1. São Paulo: Martins Fontes, 2009.

RODOTÀ, Stefano. *A vida na sociedade da vigilância: a privacidade hoje*. Rio de Janeiro: Renovar, 2008.

ROSENVALD, Nelson; FALEIROS JÚNIOR, José Luiz de Moura. *Accountability e mitigação da responsabilidade civil na Lei Geral de Proteção de Dados Pessoais*, p. 17.

ROSENVALD, Nelson; BRAGA NETTO, Felipe. *Código Civil comentado*: artigo por artigo. 2. ed. Salvador: Juspodivm, 2021.

ROSENVALD, Nelson. *As funções da responsabilidade civil*: a reparação e a pena civil. São Paulo: Atlas, 2012.

SCHWAB, Klaus. *A Quarta Revolução Industrial*. São Paulo: Edipro, 2016.

SCONAMIGLIO, Claudio. Danno morale e funzione deterrente della responsabilità civile. *In: Resp. Civ. prev.*, 2007.

STUCKE, Maurice E.; GRUNES, Allen P. *Big Data and competition policy*. Oxford: Oxford University Press, 2016.

TAMÒ-LARRIEUX, Aurelia. *Designing for privacy and its legal framework*: data protection by design and default for the Internet of Things. Cham/Basileia: Springer, 2018.

VAN DER SLOOT, Bart. *Privacy as virtue*: moving beyond the individual in the Age of Big Data. Cambridge: Intersentia, 2017.

WINIGER, Bénédict. *Responsibility, Restoration and fault*. Cambridge: Intersentia, 2018.

Informação bibliográfica deste texto, conforme a NBR 6023:2018 da Associação Brasileira de Normas Técnicas (ABNT):

ROSENVALD, Nelson. Quatro conceitos de responsabilidade civil para a 4ª revolução industrial e o capitalismo de vigilância. *In*: EHRHARDT JÚNIOR, Marcos (Coord.). *Direito Civil*: Futuros Possíveis. Belo Horizonte: Fórum, 2022. p. 175-206. ISBN 978-65-5518-281-1.

COMO UM CÓDIGO CIVIL ANALÓGICO PODE SOBREVIVER NA ERA DIGITAL

EVERILDA BRANDÃO GUILHERMINO

1 Um código feito para o mundo analógico

Pensar em uma legislação para regular a vida privada não deve ter sido uma tarefa fácil. A complexidade da vida, das relações sociais e dos desejos humanos não se coloca à disposição de uma equação simples. Se juntarmos a isso o objetivo de garantir igualdade e justiça, a tarefa se torna hercúlea.

Mesmo assim ele nasceu. O Código Civil, projetado pelos franceses em 1804, surgiu em um momento histórico pós-revolucionário, em que os novos ideais afloravam no espírito humano, encontrando na propriedade, na família e no contrato os três institutos básicos aptos a promover a liberdade e igualdade tão desejadas.

Como era de se esperar, o Código não impôs um novo modo de vivenciar as experiências privadas, ele abarcou o que já se estava vivendo. Em um mundo de base agrícola, onde a terra era o centro de interesse na aquisição de bens, era suficiente regular o modelo familiar hierárquico e patriarcal, a contratação livre baseada na autonomia privada e a propriedade privada e sagrada.

O Brasil abarcou esse modelo na sua integridade em 1916, com a especificidade de se adotar um código para o sujeito livre e proprietário em uma sociedade agrícola extremamente desigual, de analfabetos e trabalhadores mal pagos, negociando com poucos ricos donos de quase a totalidade dos bens. "Os interesses fundamentais das camadas superiores da sociedade brasileira reclamavam uma legislação que favorecesse a expansão das forças produtivas nos quadros do sistema colonial e exploração da riqueza" (GOMES: 2006, p. 34).

Essa riqueza estava concentrada em terras, produtos agrícolas, máquinas, veículos. Era um tempo voltado para a acumulação, marca dos *status* social, onde o interesse estava na apropriação de bens marcados pelo corpóreo e pela densidade. O mundo do *hardware*, nas palavras de Bauman.

Como consequência, os grandes institutos do Direito Civil surgiram para regular as relações jurídicas nascidas nessa realidade. O registro cartorário como delimitador da propriedade, as obrigações de dar (base para o sistema de compra e venda) tomando quase a totalidade do direito das obrigações, o protagonismo da hipoteca como garantia dos negócios, a posse regulando o uso das terras e o regime de bens do casamento assegurando o patrimônio familiar e a sucessão.

Mesmo a passagem do Estado Liberal para o Estado Social, por si só, não modificou as bases estruturantes do Código Civil. Se a ele acrescentaram-se deveres de boa-fé, função social e solidarismo, não houve transformação no modelo exclusivo da propriedade e os arranjos contratuais continuaram os mesmos. A alteração foi funcional, e não estrutural, registrando-se aqui o grande e necessário avanço social que se teve a partir disso.

Mas a roda da vida continuou girando, e a ciência e a tecnologia começaram um processo de aceleração a partir do século XX que proporcionou novas formas de experienciar o mundo. A acumulação individual paulatinamente deixou de ser o centro de interesse e o direito de acesso começa a disputar espaço com a propriedade exclusiva.

A sociedade de proprietários começou a se transformar numa sociedade de usuários. E ideais de solidariedade, ecologia e função social fizeram florescer a economia do compartilhamento, os bens difusos e os bens digitais. É a sociedade do *software*, nas palavras de Bauman.

E se tornou inevitável perceber a inadequação de um código analógico para regular as demandas digitais.

2 Novos bens e o cumprimento da função social

A teoria dos bens ensinada na doutrina sempre teve como objeto de estudo as coisas corpóreas, de acumulação exclusiva. Numa sociedade onde a propriedade era um bem sagrado e um direito absoluto, não se poderia imaginar um Código Civil com conteúdo solidarista e convocador de deveres. Esse cenário só poderia surgir numa época em que as relações privadas contemplassem um cidadão de direitos individuais com compromissos existenciais (FROTA; GUILHERMINO, 2019, p. 242-243).

Com a Constituição Brasileira de 1988 outras titularidades surgiram (a exemplo de bens difusos) e a sociedade avançou para os bens digitais, mais democrático o seu acesso, inaugurando ainda a chamada economia do compartilhamento.

O impacto no Código Civil é notório, já que este sempre se mostrou refratário ao incorpóreo. Podemos lembrar que a propriedade intelectual e a proteção do patrimônio ambiental ficaram relegadas a lei especiais, assim como se deu com o Marco Civil da Internet e a LGPD. O Código continuou em seu isolamento quase imperial, regulando o tangível e o acumulável de forma exclusiva.

Uma legislação que tem na compra e venda um de seus contratos mais utilizados, e na acumulação exclusiva a base do parâmetro de riqueza, se vê diante de relações jurídicas cuja base é a democratização do acesso e o fim da acumulação.

No modelo clássico do pertencimento a acumulação individual e crescente de bens coloca o sujeito em um patamar social desejado e invejado. O *status* está em *ter* o que só poucos acessam. Por isso se diz que a propriedade privada é excludente e egoísta. E mesmo diante do dever legal de cumprimento da função social dado ao proprietário, não há uma quebra nesta estrutura de exclusividade. A ociosidade do bem é realidade comum quando um único sujeito proprietário acumula mais do que pode usar, negando acesso a tantos outros que poderiam lhe agregar valor.

É o que acontece quando um proprietário de muitos imóveis os deixa vazios, sem alugar ou conceder o uso, enquanto tantos outros procuram um lugar para morar naquela região. A estrutura de exclusividade permite um claro descumprimento da função social da propriedade.

Já nos negócios advindos da economia do compartilhamento, tem-se modelos disruptivos de negócios e sua essência e lucro estão justamente na inclusão e no amplo acesso. Quando alguém é proprietário de uma plataforma de *streaming*, a exemplo do Netflix, a essência do negócio está em convencer cada vez mais pessoas a acessar o acervo, democratizando o acesso e propiciando o amplo uso do mesmo bem, o que não aconteceria, por exemplo, com o acervo de um colecionador de filmes armazenados em um corpo físico como vinil, CD ou DVD. Com o *streaming* o mesmo acervo atinge muitas pessoas, enquanto na propriedade exclusiva e corpórea do arquivo somente uma pessoa (ou as poucas autorizadas) são impactadas por ele.

O mesmo ocorre com o proprietário de um imóvel de grande extensão. Se ali instala um escritório, terá a ociosidade de salas e a ociosidade da maior parte do imóvel, que pode contar com amplos salões de recepção, auditórios pouco utilizados ou salas vazias. Contudo, se o mesmo imóvel é utilizado para uma estrutura de *coworking*, haverá uma ampla utilização do espaço, permitindo até a convivência de negócios diferentes, com rateio de custos e menor impacto ambiental. O mesmo espaço serve a muitos.

É nesse sentido que é correto afirmar que os bens digitais e os negócios vindos da economia do compartilhamento cumprem a função social da propriedade e do contrato de forma muito mais ampla que a propriedade exclusiva. Por esta razão, Paulo Lôbo (2021, p. 122) destaca a incompatibilidade da propriedade com a inércia e a inutilidade:

> Lícito é o interesse individual quando realiza, igualmente, o interesse social. O exercício da posse ou do direito individual da propriedade de ser feito no sentido da utilidade, não somente para o titular, mas para todos. Daí ser incompatível com a inércia, com a inutilidade, com a especulação.

A marca da exclusividade egoísta afasta o instituto da propriedade do seu objetivo de cumprimento da função social. A sua natureza não estimula a ocupação, o compartilhamento, o amplo acesso. Era preciso nascer um novo modelo de bens e de negócios para que se tornasse gritante o quão longe sempre estivemos do cumprimento do princípio maior da propriedade no Estado Social.

Enquanto o Estado Liberal preocupou-se com a afirmação do indivíduo no pertencimento exclusivo e no acúmulo de bens, o Estado Social procurou estabelecer para ele uma identidade social. A redução das desigualdades trazidas pelo modelo proprietário exigia uma reformulação do Estado e de suas leis a partir da mudança de seus fundamentos (GUILHERMINO, 2018, p. 54).

A nova geração não quer "ter", mas "acessar". A experiência vinda do bem é mais importante do que ser seu dono. Acesso e compartilhamento são o futuro das titularidades. A acumulação de bens impacta uma geração que, vivendo na era digital, percebe o mundo de forma leve e fluida. O peso do mundo corpóreo e da acumulação é um obstáculo ao seu projeto de vida, que inclui uma ótima gestão do tempo e uma experiência de bons serviços. E não há problema se para isso tiver que abrir mão da titularidade exclusiva (GUILHERMINO, 2019, internet).

Esse cenário proporcionou novos arranjos jurídicos que causaram uma ruptura fundamental na propriedade exclusiva. Migrou-se de uma economia de proprietários para uma economia de usuários. A base econômica do capitalismo, fundada da troca de bens (como ocorre na compra e venda), deu lugar a um modelo de acesso, com um proprietário e muitos usuários (GUILHERMINO, 2019, internet).

A nova propriedade, com seus novos arranjos jurídicos, proporcionando uma ampliação dos estudos sobre a estrutura e a função da titularidade proprietária, a partir do dever de cumprimento da função social.

> É possível perceber, contudo, na linha histórica do tempo que de início a pergunta pairava sobre a estrutura ("o que é" e "como é" daquilo que poderia ser objeto de apropriação, e, mormente na segunda metade do século XX, se questiona acerca da função ("a que serve e a quem serve") da apropriação. (FROTA; GUILHERMINO, 2019, p. 236)

Novos centros de posições jurídicas ligadas ao pertencimento ensejam novos bens jurídicos e, consequentemente, novas estruturas ligando os titulares. É inevitável perceber que cada vez mais o pertencimento caminha para o compartilhamento, a multiplicidade de titulares e um maior direito de acesso pelos não proprietários (FROTA; GUILHERMINO, 2019, p. 238). Tudo isso é consequência de novos valores que surgiram com a geração do novo milênio, inundada de ideias de solidariedade, altruísmo e compartilhamento.

E enquanto o Código não abarca as figuras do novo mundo, será o contrato o grande protagonista das relações jurídicas, afinal, a sociedade costuma não esperar pelo Direito para experienciar novos tempos.

3 Adaptação de linguagem e de institutos clássicos: a nova missão do intérprete do Código Civil na era digital

O mundo virtual vem redefinindo temas clássicos do Direito Civil, como manifestação de vontade, presença das partes, armazenamento, meios de prova. Um contrato pode ser firmado sem assinatura física, com um mero *clic* em um aplicativo ou página virtual. O negócio pode ser concluído de forma presencial virtual por uma chamada de vídeo em uma plataforma de reuniões. E um escritor pode ser contratado para escrever um livro, mantendo seu arquivo em nuvem, sem nunca imprimir o documento originário.

Portanto, o *clic* é meio de manifestação de vontade, a presença é virtual, o bem é incorpóreo (digital) e o armazenamento é em nuvem. Todas essas figuras não estão especificadas no Código Civil, mas dele podem ser extraídas com um simples esforço de adaptação de linguagem.

Se o Código determina que a manifestação de vontade deve ser expressa, por exemplo, é possível estender o símbolo físico em papel para a assinatura eletrônica, dando ao texto normativo novo conteúdo, sem precisar revogá-lo.

A doação se amplia e abre espaço para o *crowdfunding*, que reverte um tema precioso ao instituto, que é o encargo. Neste novo modelo de contrato, a doação é coletiva e ligada a um propósito (gravação de um CD por um artista iniciante, publicação de um livro, compra de um veículo para uma instituição de caridade, financiamento de uma viagem para estudos, um fundo para alguém custear aulas de balé em uma grande escola internacional, etc.). E o mais interessante é que o doador pode receber um prêmio por sua generosidade, algo desconhecido na doação clássica, como por exemplo, o artista donatário envia um CD ou um livro autografado para todos os que contribuíram a partir de certo valor.

No contrato de transporte, novas modalidades de deslocamento desafiam o instituto clássico. Plataformas como o *bla bla car* afirmam não ser um serviço de transporte, mas gerenciador de informações que proporciona duas pessoas se encontrarem quando possuem o mesmo destino, possibilitando o compartilhamento do carro e dos custos da viagem. Esse enquadramento é de suma importância, uma vez que para o contrato de transporte a mera carona não gera o dever de indenizar em caso de acidentes.

No casamento, se a cerimônia é solene e deve ser aberta ao público "com portas e janelas abertas", não há alcance maior que o proporcionado por uma transmissão em meio virtual (*live* no Instagram ou transmissão pelo Youtube).

No contrato de depósito não haverá como pressuposto uma caixa física, um armário ou uma sala para a guarda do bem, posto que na nuvem também se guardam bens existentes em outro formato, o digital.

Grandes temas nascem também na parte geral do Código Civil. A personalidade eletrônica já não é algo tão estranho aos ouvidos, sendo possível falar em violação da imagem em ambientes virtuais onde a interação se dá por meio de perfil digital próprio, diferente do que se mostra no corpóreo, a exemplo de perfis de *games*. Mas não se tem uma definição se o avatar ou holograma de uma pessoa está situada no direito das coisas ou no direito da personalidade.

E nas sucessões amplas são as discussões sobre acesso ao patrimônio digital do falecido frente à privacidade do morto e exploração econômica da imagem por meio de avatares ou hologramas.

Na responsabilidade civil, a possibilidade de danos vindo da inteligência artificial também já está na pauta do Direito Civil. Já se questiona se o algoritmo que produz uma escolha considerada racista ou misógina na análise de dados produz um dano indenizável.

No Direito Empresarial, grandes inovações trazidas por criativos modelos de negócio garantem a evolução do modelo tradicional de um sujeito proprietário do capital e dos bens de produção, gerindo vários empregados que produzem bens e serviços a serem oferecidos a um consumidor. Agora as empresas não têm propriedade sobre bens corpóreos, nem mesmo sobre aqueles que são da essência do negócio. Tudo é compartilhado numa complexa rede de participantes do negócio sob o manto de várias titularidades. No negócio do *Airbnb* a empresa não possui um único quarto, mas se transformou na maior rede hoteleira do mundo. Da mesma forma, o *Facebook* se tornou a maior empresa de entretenimento sem produzir um único vídeo ou post. E a *Uber* domina o mercado de transporte sem possuir um único veículo em seu patrimônio.

A titularidade de perfis digitais, não sujeita a um registro oficial, como cartórios, Detrans, capitania dos portos, ANAC, desafia o direito das coisas nos temas de posse, domínio e propriedade. Se é inegável que um perfil de rede social tem conteúdo econômico e por vezes é o instrumento principal de aferição de renda por parte de seu titular, a ausência de um registro garantindo a sua legítima apropriação, ratificada pelo Estado, deixa essa titularidade em um limbo jurídico no campo da apropriação legal de bens.

Por isso o mercado vai encontrando soluções privadas para os primeiros conflitos, a exemplo a figura do contato herdeiro, criado por plataformas digitais, como Google e Facebook, para regular o acesso de interessados após a morte do titular, e o registro NFT, sigla para "*non-fungible token*" ("*tolken* não fungível" em tradução livre), que hoje é a única forma de garantir a titularidade de um bem virtual perante terceiros no mercado de bens virtuais.

Os criptoativos, não considerados moeda pelos Estados, estão cada vez mais presentes nos pactos obrigacionais. No Brasil, o entrave da legitimidade dessas negociações está no art. 318 do Código Civil, que proíbe os negócios jurídicos pactuados em ouro ou moeda estrangeira.

Paradoxalmente, a IN1888/2019 da Receita Federal impõe ao titular de criptoativos a sua indicação na declaração do imposto de renda.

Nesse cenário, uma compra e venda do imóvel pago em bitcoins ensejaria a nulidade do negócio jurídico, a menos que a escritura pública fizesse constar um contrato de permuta, já que o Código não limita os bens nessa modalidade negocial.

Ainda será possível usar institutos clássicos do Direito Civil em negócios virtuais. Esbulho do tempo em multipropriedade, comodato de perfis de redes sociais e aluguel de domínios de marcas virtuais são desafios que ainda podem encontrar no Código Civil base legal sólida para formalização segura dos contratos. Tudo só depende da abertura de conceitos e facilidade na transição da linguagem ao aplicar os institutos clássicos.

O fato é que mudamos o jeito de experienciar a vida, mas ainda precisamos formalizar certos negócios jurídicos para lhes garantir segurança. Por isso, enquanto a legislação não abarca esse novo cenário serão o intérprete, as partes e seus advogados quem salvarão um Código Civil analógico numa era digital. O contrato recebe um protagonismo imenso e como consequência dele serão cobrados com rigidez princípios gerais, como boa-fé e função social.

A abertura de horizontes, a quebra na rigidez dos conceitos, a ampliação do conteúdo de certas palavras é o melhor caminho para continuarmos utilizando um Código Civil que, embora desatualizado, ainda é um grande suporte de segurança para as relações jurídicas. O que se vê com clareza é que seus institutos só precisam ser arejados, seus livros atualizados, seu espaço ampliado para receber novos temas. Com isso teremos um Código apto ao enfrentamento das demandas digitais.

E mesmo que já se defenda um microssistema próprio para os bens digitais, o que se mostra bastante plausível, o certo é que ainda não nos afastamos dos benefícios da codificação e ainda se tem em um Código a fonte primária da teoria geral que dá suporte a essas leis especiais.

A insuficiência do Código Civil para as demandas digitais e da economia do compartilhamento aumenta a responsabilidade dos contratantes, pois a ênfase está no bom uso da autonomia da vontade, criando negócios criativos, inclusivos e cumpridores da função social, sem descuidar da boa-fé e do solidarismo contratual, princípios que continuarão como bússola dos negócios jurídicos.

E nesse campo também aumenta a responsabilidade de advogados na redação de instrumentos seguros, portadores de clareza e cumpridores dos princípios gerais dos contratos, afinal, esses princípios, por sua natureza aberta, são sempre promovedores do arejamento de qualquer sistema jurídico, e sua aplicação é ampla, seja para bens corpóreos, incorpóreos ou digitais.

A tutela da confiança deverá ser a grande protagonista nas relações contratuais. Em um cenário menos regulado, as partes precisam garantir transparência nas negociações, o que leva ao cuidado com informação ampla dos deveres e riscos do contrato, definição clara de termos técnicos essenciais à interpretação dos contratos e a certeza de que uma parte encontrará na outra um colaborador, nunca um litigante. Importante destacar que o norte é dado pelo art. 113 do Código Civil, ao estabelecer que os negócios "devem ser interpretados conforme a boa-fé".

A confiança (criação legítima de expectativas em outrem) é um fator extremamente presente nas relações de economia colaborativa, uma vez que a utilização de determinada plataforma digital passa pela recomendação de outros usuários.

A tutela dos vulneráveis é hoje um dos grandes temas da pauta do Direito Civil, posto que nesse terreno livre de regulação é comum a presença de negócios que ensejam grandes debates sobre seu enquadramento legal, a exemplo do contrato firmado entre entregadores por aplicativos e as respectivas plataformas (como Rappi ou Ifood). Ainda não se definiu se seu enquadramento está no Direito do Trabalho ou no Direito Civil. O Código, sempre avesso a este tema, pois sempre o deixou para o CDC, é demandado hoje para atender a tutela dessa relação nitidamente assimétrica entre os contratantes.

A relação contratual, nascida da autonomia da vontade, sempre esteve submetida à lei. Nosso modelo jurídico atual impõe um terceiro contratante, a sociedade, na relação jurídica base. A ordem pública, os direitos fundamentais e os princípios contratuais sempre estiveram ao redor do contrato, impondo deveres aos contratantes, buscando-se o que se chamou de justiça contratual e função social do contrato. E cada contrato recebeu sua regulação a partir de princípios basilares fundamentais. Assim aconteceu com a CLT e com o CDC. Chega a hora de regular o contrato complexo da economia compartilhada (GUILHERMINO, 2020, internet).

Se o terreno é o da liberdade, pois tudo o que não é proibido é permitido, aumenta-se de forma paralela a responsabilidade, posto que a Constituição Federal continua ofertando o sólido tronco em que se ergue uma sociedade cujo objetivo é ser igual, justa e solidária.

4 Multipropriedade e abertura do Código Civil para novos conceitos

É possível encontrar novos modelos que permitam o diálogo entre a posição jurídica excludente e a posição jurídica inclusiva. E o melhor exemplo de que isso é possível é a multipropriedade. Através dela o Código Civil permitiu sua primeira abertura para modelos que sejam disruptivos em relação a sua estrutura clássica.

Um modelo proprietário que vai além da tradicional divisão da coisa no espaço para dividi-la no tempo parecia algo absolutamente repelido pelo Código Civil até pouco tempo, e hoje é uma realidade no texto legal.

Esse é um bom presságio que traz esperança numa renovação profunda no Código Civil, permitindo a sua perfeita adequação ao novo milênio, com suas novas titularidades, arranjos contratuais e bens existenciais.

A apropriação de um bem sem o molde da exclusividade é sem dúvida um grande avanço de uma legislação que atravessou o século com um modelo estrutural que parecia inquebrantável. O conhecido rol do art. 1.225 do Código Civil parecia fechar o campo de possibilidades dos direitos reais.

O modelo que estruturalmente vai além do instituto clássico do condomínio, por acrescentar o requisito do compartilhamento do tempo, é a realidade mais disruptiva da propriedade desde que ela foi conhecida em ordenamentos jurídicos. Nem mesmo a titularidade múltipla praticada no medievo permitiu um perfeito diálogo entre a propriedade exclusiva e o interesse social. Segundo Nelson Rosenvald e Cristiano Chaves (2019, p. 378), "a multipropriedade implica em democratização do estatuto da propriedade, ainda no paradigma do acesso à titularidade como direito fundamental individual".

Na multipropriedade o acesso que seria impossível a certos bens, em razão de seu alto preço, passa a ser possível com o compartilhamento da coisa no tempo. A curiosidade aqui é enquanto a propriedade individual forma um exército de não proprietários, excluindo seu acesso, a multipropriedade propicia a inclusão de proprietários e o acesso antes impossível a bens de luxo de alto padrão monetário.

A velha discussão sobre o direito de toda pessoa a um patrimônio mínimo existencial é ampliada para o direito de acesso a bens voluptuários, ensejando melhor qualidade de vida com um melhor experimento dos bens da vida.

Como se vê, vivemos um presente pressionado entre a forte presença do passado de tradições e solidez e a sedução do futuro tecnológico e fluido. Resta saber se estará certo Chico Buarque ao dizer "apesar de você amanhã há de ser novo dia" ou Belchior ao afirmar "que ainda somos os mesmos e vivemos como os nossos pais".
Vai saber...

Referências

GOMES, Orlando. *Raízes Históricas e Sociológicas do Código Civil Brasileiro*. São Paulo: Martins Fontes, 2006.

FARIAS, Cristiano Chaves de; ROSENVALD, Nelson. *Curso de Direito Civil*: reais. Salvador: Juspodivm, 2019.

FROTA, Pablo Malheiros da Cunha; GUILHERMINO, Everilda Brandão. Novos arranjos jurídicos ligados ao pertencimento: uma análise sobre o princípio da função social. *In:* EHRHARDT JR., Marcos Augusto; LOBO, Fabíola Albuquerque (Coord.). *A Função Social nas Relações Privadas*. Belo Horizonte: Fórum, 2019.

GUILHERMINO, Everilda Brandão. *A Tutela das Multititularidades*: repensando os limites do direito de propriedade. Rio de Janeiro: Lumen Juris, 2018.

GUILHERMINO, Everilda Brandão. Acesso e compartilhamento: a nova base econômica e jurídica dos contratos e da propriedade. Disponível em: http://ibdcont.org.br/2019/09/23/acesso-e-compartilhamento-a-nova-base-economica-e-juridica-dos-contratos-e-da-propriedade/. Acesso em: 29 jul. 2021.

GUILHERMINO, Everilda Brandão. Plataforma de entrega e auxílio financeiro prestado aos seus contratantes entregadores: a economia do compartilhamento e a busca pela justiça contratual. Disponível em: https://direitocivilbrasileiro.jusbrasil.com.br/artigos/829878947/plataforma-de-entrega-e-auxilio-financeiro-prestado-aos-seus-contratantes-entregadores-a-economia-do-compartilhamento-e-a-busca-pela-justica-contratual. Acesso em: 30 jul. 2021.

LÔBO, Paulo Luiz Neto. *Coisas*. Vol. 4. São Paulo: Saraiva, 2021.

Informação bibliográfica deste texto, conforme a NBR 6023:2018 da Associação Brasileira de Normas Técnicas (ABNT):

GUILHERMINO, Everilda Brandão. Como um código civil analógico pode sobreviver na era digital. *In*: EHRHARDT JÚNIOR, Marcos (Coord.). *Direito Civil*: Futuros Possíveis. Belo Horizonte: Fórum, 2022. p. 207-217. ISBN 978-65-5518-281-1.

PROTEÇÃO DE DADOS PESSOAIS, VIGILÂNCIA E IMAGEM: NOTAS SOBRE DISCRIMINAÇÃO FISIONÔMICA

VITOR ALMEIDA,
IAN BORBA RAPOZO

A teletela recebia e transmitia simultaneamente. Qualquer barulho que Winston fizesse, acima do nível de um sussurro muito baixo, era captado por ela; ademais, enquanto ele permanecesse no campo de visão alcançado pela placa metálica, seria visto e também ouvido. Obviamente, não havia como saber se você estava sendo observado em dado momento nem com que frequência, ou por qual sistema, pois a Polícia do Pensamento se conectava a um cabo específico. Era provável que eles observassem todas as pessoas o tempo todo, já que poderiam se conectar a seu cabo quando quisessem. Você era obrigado a viver (e realmente vivia, pois o hábito se tornara instinto) supondo que cada ruído que fizesse seria ouvido, e todo movimento, rastreado, menos na escuridão.[1]

Introdução

Inobstante poder-se dizer que vivemos hoje o momento mais expoente da sociedade da informação, assim como se percebe da

---

[1] ORWELL, George. *1984*. Trad. Karla Lima. Jandira, São Paulo: Principis, 2021, p. 10-11.

menção à conhecida obra de George Orwell, não é a primeira vez que o tema é amplamente abordado pela academia. Assim como foi tratado sob a ótica da literatura lúdica, a cultura de vigilância, ainda que sob outras nomenclaturas, foi objeto de estudo de diversos filósofos desde o século XVIII.

Jeremy Bentham, em 1785, concebia a ideia do que chamou de "dispositivo", em sua obra *O Panóptico*, que consistia num edifício circular, com celas separadas em cada andar, até o topo, com uma torre de vigilância ao centro. Um espaço vazio entre a torre e o edifício, somado ao jogo de luzes e aberturas adequado, tornava possível o rompimento do binômio ver-ser visto, de forma que apenas os vigias da torre teriam a possibilidade de exercer vigilância sobre os presos, que, sem conseguir enxergar o interior da torre, jamais saberiam se estariam de fato sendo vigiados naquele momento, criando a ideia de vigilância constante.[2]

O Panóptico não foi originalmente pensado para ser uma prisão, mas é, na verdade, um princípio básico de construção a ser aplicado nas situações em que haja o que Jeremy Bentham chama de habitantes involuntários, reticentes ou constrangidos, como são os detentos de uma prisão, mas também em outros casos, como escolas ou asilos.[3]

Séculos mais tarde, ao se dedicar ao estudo das instituições disciplinares da sociedade moderna, Michael Foucault retoma o panóptico de Jeremy Bentham e aponta que um de seus efeitos mais relevantes é exatamente o de induzir no detento um estado permanente de visibilidade a partir do qual é assegurado o funcionamento automático do poder. O filósofo francês esclarece que, para se atingir a eficiência de tal efeito, é necessário que o panóptico seja, ao mesmo tempo, excessivo e muito pouco. O excesso se dá a partir da imperatividade de que aquele que está sendo vigiado se sinta de fato observado a todo o tempo, ainda que não o esteja sendo realmente. De outro lado, o panóptico é muito pouco por não necessitar realmente da vigilância constante e ininterrupta, bastando a sensação de que assim seja. Para o autor, quanto maior é a quantidade de informações que se tem sobre um indivíduo, maior é a possibilidade de se controlar o seu comportamento.[4]

Tal noção de constância se assemelha à construção do conceito de *Big Other* feita por Shoshana Zuboff, para quem este fenômeno

---

[2] BENTHAM, Jeremy. *O Panóptico*. 2. ed. Belo Horizonte: Autêntica, 2008, p. 89.

[3] *Id. Ibid.*, p. 89.

[4] FOUCAULT, Michael. *Vigiar e punir*: o nascimento da prisão. Trad. Raquel Ramalhete, 42. ed., Petrópolis: Vozes, 2014, p. 195.

pode ser descrito como o nascimento de uma arquitetura universal inédita, cuja existência se encontra em algum ponto entre o natural e o divino. O *Big Other*, em outros termos, seria um novo regime de fatos independentes e independentemente controlados, criado a partir da análise e tratamento de *Big Data* na sociedade contemporânea, de forma a jogar por terra a necessidade, por exemplo, dos contratos e das diversas formas de governança, ao passo que haveria uma espécie de consciência autônoma, que se originou e se retroalimenta dos mais diversos dados gerados pelos indivíduos.[5]

Em 1999, ao tratar da sociedade em rede, Manuel Castells explica que tais redes seriam, na verdade, como um conjunto de nós interligados e que em cada nó se encontraria o ponto de encontro dos diversos fluxos de informação, em um cenário cujo funcionamento da estrutura social seria dependente das tecnologias digitais de comunicação e informação oriundas, basicamente, da internet. Assim, seria impossível pensar as interações digitais como algo alheio ao mundo real, construindo a noção de que a internet, enquanto espaço de fluxos, não seria uma representação da sociedade, mas sim a própria sociedade.[6]

Com olhar contemporâneo, Zygmun Bauman afirma que a vigilância, no panorama atual, se insinua em estado líquido. O filósofo apresenta a denominação de modernidade líquida para um constante e fluido estado de mudança, que não se conserva em sua forma por muito tempo, reforçando o caráter frágil das relações humanas e sociais. O autor correlaciona as ideias de segurança e disciplina, afirmando que, hodiernamente, a noção de proteção seria concretizada pela implementação de tecnologias de vigilância no cotidiano. Esta concepção seria usualmente aplicada a categorias de pessoas, analisando, a partir do universo digital, quem seria indesejado e quem seria bem-vindo no meio social, modelo comumente encontrado em sistemas de controle de fronteiras, por exemplo.[7]

Assim como no meio filosófico, o desenvolvimento das tecnologias e da sociedade de informação é um grande objeto de estudo e dedicação da ciência jurídica, quer seja a partir da Lei nº 12.965 – o Marco Civil

---

[5] ZUBOFF, Shoshana. Big Other: capitalismo de vigilância e perspectivas para uma civilização de informação. *In:* BRUNO, Fernanda *et al.* (Org.). *Tecnopolíticas da vigilância*: perspectivas da margem. Trad. Heloísa Cardoso Mourão *et al.* São Paulo: Boitempo, 2018, p. 17-68; 42-44.

[6] SCHNEIDER, Camila Berlim; MIRANDA, Pedro Fauth Manhães. Vigilância e segurança pública: preconceitos e segregação social ampliados pela suposta neutralidade digital. *In: Emancipação*, Ponta Grossa, v. 20, p. 1-22, 2020, p. 6.

[7] Id. Ibid., p. 5.

da Internet, promulgada em 2014, quer seja sob a ótica atual da Lei nº 13.709, a Lei Geral de Proteção de Dados Pessoais (LGPD), em vigor desde setembro de 2020, com o objetivo de regulamentar em solo nacional o tratamento de dados e proteger os direitos fundamentais de liberdade e de privacidade e o livre desenvolvimento da personalidade.

Fato é que, qualquer que seja a concepção filosófica ou sociológica adotada pata tratar do tema, o cenário de vigilância que se impõe no presente, e do qual não há mais como sair, cria uma longa fila de desafios que devem ser enfrentados. No presente estudo, pretende-se apontar alguns desses desafios, ainda que de forma embrionária. O objeto central da pesquisa se realiza na análise da imagem enquanto dado sensível e no seu potencial informativo e discriminatório, sem prejuízo das referências necessárias a outros tópicos relacionados, relevantes para a compreensão da questão tratada. Desenvolve-se o presente estudo a partir de ampla pesquisa bibliográfica e interdisciplinar, que se alimenta de conhecimentos clássicos do campo jurídico, bem como de conceituações diversas, provenientes de outras áreas do saber.

Para tanto, dedica-se à compreensão de novas formulações sobre a sociedade de vigilância, não apenas sob a ótica geral da vigilância a partir de dados pessoais, mas a partir do campo específico do videomonitoramento. É introduzida nessa seção a concepção de uma sociedade constituída pelo hábito da vigilância, dividida em três formas distintas de manifestação, como proposto por Jonathan Finn. Na segunda parte são abordadas as bases legais criadas pela Lei Geral de Proteção de Dados Pessoais que se relacionam ao tema em estudo, demonstrando os pontos relevantes da legislação e a pertinência da sua aplicação no trato da questão. É mencionado ainda o fenômeno do reconhecimento facial por Inteligência Artificial, as justificativas que se apresentam para a sua adoção e os perigos que podem advir de sua implementação.

Mais para frente, trata-se de forma mais direta do objeto central da pesquisa, apresentando a imagem humana, constantemente capturada no cotidiano, a partir de uma perspectiva dúplice. Em primeiro lugar a imagem é abordada como um direito da personalidade, uma noção clássica e consolidada da qual não se pode prescindir. Não obstante, em segundo lugar, apresenta-se a concepção da imagem também como um dado pessoal sensível, diante do absoluto potencial informativo que pode carregar. Desse modo, pretende-se apresentar algumas breves notas a respeito da imagem-retrato somada às tecnologias de reconhecimento facial e do nascimento de novos desafios diante da captura da representação fisionômica da pessoa-usuária e do seu potencial discriminatório.

1 Um novo olhar sobre o cotidiano a partir da sociedade de vigilância

Há diversas perspectivas de vigilância a partir das quais o vigente modelo social pode ser abordado. Os dados derivados de transações econômicas mediadas por computador, por exemplo, representam uma parcela significativa do *big data* existente no mundo hoje. No entanto, como esclarece Shoshana Zuboff,[8] há outras fontes de grande importância e, dentre estas, encontram-se as câmeras de segurança públicas e privadas, considerando ainda qualquer espécie de aparelhos com capacidade de gravação, desde *smartphones* até satélites de *Google Street View*.

Tamanha é a ingerência das câmeras de monitoramento na sociedade que já foi forjado o conceito de uma sociedade construída com fundamento no hábito da vigilância, o que Jonathan Finn denomina "ver vigilantemente". Segundo o autor,[9] a vigilância de vídeo vem se apresentando cada vez mais como conceito, tema de anúncios, expressões de arte e formas de entretenimento e aponta que a razão para isso não é somente um reflexo do acentuado aumento da prática de vigilância no meio social, mas sim a sua manifestação como um hábito social. Enquanto a vigilância inicialmente nos remete à força policial e ao monitoramento de grupos e indivíduos por parte do Estado, atualmente é considerada em um contexto contemporâneo que aponta para um elemento verdadeiramente constitutivo da vida social. Não se trata apenas de um aparato material ou técnico, mas de um fenômeno que se tornou um verdadeiro estilo de vida, uma forma de ver, compreender e se envolver com o mundo ao nosso redor.

Para construir o conceito, Jonathan Finn parte de um tríplice pilar que indica as características principais da vigilância contemporânea: (*i*) como conceito estético, (*ii*) como retórica e (*iii*) como participação na vida pública. Em primeiro lugar, a vigilância como conceito estético é uma característica que deriva do exacerbado quantitativo de imagens criativas projetadas com finalidade comercial, objetivando seu uso como conteúdo visual em uma diversidade de atos comunicativos. É o caso, por exemplo, de grandes bancos de imagens, genéricas e variadas, disponíveis para a compra do usuário para uso em publicações de

---

[8] ZUBOFF, Shoshana. *Op. cit.*, p. 27-28.

[9] FINN, Jonathan. Seeing Surveillantly: Survaillance as Social Practice. *In: Eyes Everywhere: The Global Growth of Camera Surveillance*. Edited by Aaron Doyle, Randy Lippert and David Lyon. New York: Routledge, 2012, p. 67.

publicidade na internet, exibição na televisão ou o que mais suprir seu interesse comercial. O ponto central desta característica da vigilância é que os diversos impactos e influências culturais que estes bancos de imagem podem gerar passam imperceptíveis, dando espaço para a percepção destas imagens como uma parte banal da vida cotidiana. As imagens em si são relativamente desprovidas de significado, mas, quando somadas a textos, cor e outras formas de formatação, ganham significado específico, normalmente direcionado à disseminação de uma mensagem comercial.[10]

Subsequentemente, há a característica da vigilância como instrumento de retórica. Em contribuição direta ao processo de naturalização do videomonitoramento na sociedade, esta característica faz referência à transformação da vigilância de um fenômeno para um mecanismo de comunicação do entretenimento. Diversos foram os filmes que trataram do tema, mas um exemplo ainda mais notável é o crescimento e sucesso dos programas de *reality show*. *True Beauty, The Real World, Temptation Island, Big Brother*, Casa dos Artistas, A Fazenda, De Férias com o Ex, No Limite, são alguns exemplos de midiatização da vigilância, com o uso do videomonitoramento do cotidiano como linguagem de comunicação, bem como objeto central dos programas. Nesta mesma linha, os meios de comunicação de massa se utilizam da vigilância como instrumento narrativo, atribuindo um peso específico e elevado para as imagens obtidas por câmeras de vigilância, como se seu olhar supostamente automatizado, anônimo e onipresente representasse uma visão neutra e objetiva sobre a verdade dos fatos comunicados.[11]

Finalmente, a característica da vigilância como participação na vida pública vem aumentando exponencialmente ao longo do tempo. No passado, para que fosse possível fazer uma filmagem ou mesmo uma captura de imagem estática, era preciso um grande aparato técnico, processos químicos e muito tempo de espera. Ao contrário, atualmente, com câmeras cada vez mais potentes, menores e mais leves, com mais capacidade de memória e resolução da imagem, não é preciso fazer qualquer esforço para que se consiga um registro de vídeo de um fato. Cada agência bancária ou loja conta com câmeras de segurança, assim como rodoviárias, aeroportos, praças e vias públicas e até mesmo o mais simples *smartphone* vendido hoje em dia conta com ao menos uma câmera fotográfica e de vídeo. A título de ilustração, em 2021, o Brasil

---

[10] FINN, Jonathan. *Op. cit.*, p. 72-73.

[11] *Id. Ibid.*, p. 74-76.

registrou o uso de mais de um – 1,6 mais especificamente – *smartphone* por habitante. Mais especificamente, o país conta hoje com 440 milhões de dispositivos digitais e, dentre eles, 242 milhões de aparelhos celulares inteligentes ativos.[12]

Vídeos amadores de fatos ocorridos na sociedade não são raros e, somados a dados como os expostos, é plausível afirmar que a vigilância não deve mais ser compreendida somente como uma tecnologia empregada pelos Estados a fim de controlar populações perigosas ou como uma ferramenta da qual as grandes corporações lançam mão para atender aos interesses do capital global. De fato, esses fenômenos acontecem e devem ser objeto de severa investigação e resposta jurídica, mas, combinado com essas formas mais tradicionais, o estado atual da vigilância por câmeras de vídeo na sociedade aponta para uma mudança geral na existência, função e entendimento do monitoramento na vida pública.[13]

É relevante notar, inclusive, que, em várias cidades pelo mundo as políticas de videomonitoramento vêm sendo questionadas e, às vezes, abandonadas, ainda que parcialmente. Em junho de 2020, a empresa IBM anunciou que deixaria de realizar pesquisas, bem como deixaria de desenvolver e oferecer tecnologias de reconhecimento facial, em razão das patentes violações a direitos humanos provenientes do emprego dessas tecnologias.[14] Na mesma linha, três cidades do estado da Califórnia e a cidade de São Francisco, nos Estados Unidos, baniram o uso desse tipo de tecnologia para fins de vigilância.[15]

2 Tratamento de dados e reconhecimento facial

Para realizar a análise jurídica da questão da vigilância, quer seja sob um aspecto amplo, quer seja sob o enfoque do videomonitoramento, é necessário discorrer sobre a nova Lei Geral de Proteção de Dados Pessoais, em vigor no Brasil há menos de um ano e que se relaciona diretamente com os pontos tratados neste estudo. A LGPD, Lei nº

---

[12] Dados obtidos a partir da pesquisa anual do uso de TI realizada em 2021 pela Fundação Getúlio Vargas. Disponível em: https://eaesp.fgv.br/producao-intelectual/pesquisa-anual-uso-ti. Acesso em: 01 jun. 2021.

[13] FINN, Jonathan. *Op. cit.*, p. 78.

[14] Disponível em: https://www.theverge.com/2020/6/8/21284683/ibm-no-longer-general-purpose-facial-recognition-analysis-software. Acesso em: 01 jun. 2021.

[15] Disponível em: https://epocanegocios.globo.com/Tecnologia/noticia/2019/05/centro-da-revolucao-tecnologica-sao-francisco-bane-o-uso-de-reconhecimento-facial-pelo-governo.html. Acesso em: 01 jun. 2021.

13.709/18, é inspirada no *General Data Protection Regulation*, uma versão atualizada de outra lei de privacidade da União Europeia chamada *Data Protection Directive*, que estava em vigor desde 1995, com o objetivo de tutelar o tratamento de dados pessoais de seus cidadãos.

A legislação brasileira dispõe sobre o tratamento de dados pessoais, seja por meio físico ou digital, por pessoa natural ou jurídica, inclusive de direito público, com a finalidade de garantir direitos fundamentais, conforme aponta seu art. 1º. A Lei é enfática também ao afirmar a promoção do livre desenvolvimento da personalidade, a partir da tutela dos dados pessoais, bem como o respeito aos direitos humanos (art. 2º, VII).

Assim como a legislação europeia, a LGPD traz em seu texto as definições que lhe são essenciais e os princípios que norteiam sua aplicação. Os princípios da Lei nº 13.709/18 que chamam maior atenção são os da finalidade e da não discriminação, em razão de sua destacada relevância para a tutela dos dados pessoais. De acordo com o princípio da finalidade, todos os dados devem ser coletados e tratados para um propósito determinado, previamente estabelecido, e devidamente informado ao titular dos dados de maneira explícita e clara, vedada sua utilização para qualquer outro fim diverso daquele inicialmente informado. A seu turno, o princípio da não discriminação assegura que os dados não serão utilizados para fins discriminatórios ilícitos ou abusivos, tomando por medida tanto aqueles critérios já legalmente definidos em normas expressas quanto por princípios como o da boa-fé objetiva, por exemplo.[16]

A lei estabelece, como regra geral, que qualquer pessoa que pretenda realizar alguma forma de tratamento de dados pessoais somente poderá fazê-lo a partir de uma base legal sólida, condizente com a espírito protetivo da legislação. Essas bases legais podem ser localizadas no art. 7º da LGPD, no que diz respeito aos dados pessoais e, relativamente aos dados pessoais sensíveis,[17] especialmente, em seu

---

[16] MULHOLLAND, Caitlin. A tutela da privacidade na internet das coisas (IOT). *In:* REIA, Jessica; FRANCISCO, Pedro Augusto P.; BARROS, Marina; MAGRANI, Eduardo (Org.). *Horizonte presente*: tecnologia e sociedade em debate. Belo Horizonte: Casa do Direito, Fundação Getúlio Vargas, 2019, p. 163-165.

[17] O Art. 5º da Lei Geral de Proteção de Dados Pessoais define de forma objetiva o que a norma em questão entende como dados pessoais e dados pessoais sensíveis, respectivamente, em seus incisos I e II: I - dado pessoal: informação relacionada a pessoa natural identificada ou identificável; II - dado pessoal sensível: dado pessoal sobre origem racial ou étnica, convicção religiosa, opinião política, filiação a sindicato ou a organização de caráter religioso, filosófico ou político, dado referente à saúde ou à vida sexual, dado genético ou biométrico, quando vinculado a uma pessoa natural;

art. 11. Apesar do entendimento de que as hipóteses elencadas em ambos os artigos são taxativas, há ainda a existência de algumas hipóteses "coringas", como o caso, por exemplo, do tratamento de dados baseado no legítimo interesse do controlador.[18]

O art. 4º elenca os casos de exclusão, em que o tratamento de dados pessoais não será regido pelos preceitos da LGPD. Dentre tais previsões há, no inciso III, alínea "a", a exclusão de aplicação da LGPD quando o tratamento de dados pessoais for direcionado para fins exclusivos de segurança pública, hipótese de especial interesse para o presente estudo, tendo em vista que é no argumento de garantia da segurança pública que muitas vezes se fundamentam as aplicações de vigilância por câmeras de vídeo nos espaços públicos. Há, ainda, no parágrafo primeiro do referido artigo a previsão de que o tratamento de dados pessoais com base nas hipóteses de exclusão do inciso III será regido por legislação especial criada para este fim. Por ato do Presidente da Câmara dos Deputados assinado em 26 de novembro de 2019 instituiu-se a Comissão de Juristas Sobre Segurança Pública, com o objetivo de elaborar a legislação referida.[19]

Apesar das previsões taxativas e "coringas" da LGPD sobre as bases legais para tratamento de dados pessoais, a compreensão geral é de que a interpretação do consentimento, sob a ótica da LGPD, deve sempre ser restritiva, vedado o seu tratamento para qualquer outra finalidade diversa daquela para a qual o titular dos dados consentiu.[20] Percebe-se, então, que o tratamento de dados lastreado no legítimo interesse do controlador é um ponto sensível, por ser hipótese bastante flexível, de forma que "quanto mais invasivo, inesperado ou genérico foi o tratamento, menor será a probabilidade de que seja reconhecido o legítimo interesse".[21] Insta mencionar que a própria lei, quando

---

[18] TEFFÉ, Chiara Spadaccini de; VIOLA, Mario. Tratamento de dados pessoais na LGPD: estudo sobre as bases legais. *In: Civilistica.com.* Rio de Janeiro, a. 9, n. 1, 2020, p. 4. Disponível em: http://civilistica.com/tratamento-de-dados-pessoais-na-lgpd/. Acesso em: 11 jan. 2021.

[19] "Institui Comissão de Juristas destinada a elaborar anteprojeto de legislação específica para o tratamento de dados pessoais no âmbito de segurança pública, investigações penais e repressão de infrações penais, conforme o disposto no artigo 4º, inciso III, alíneas 'a' e 'd' da Lei n. 13.709, de 14 de agosto de 2018.". BRASIL. Câmara dos Deputados. Ato do Presidente de 26/11/2019. Disponível em: https://www2.camara.leg.br/atividade-legislativa/comissoes/grupos-de-trabalho/56a-legislatura/comissao-de-juristas-dados-pessoais-seguranca-publica/conheca-a-comissao/criacao-e-constituicao/ato-de-criacao. Acesso em: 02 jun. 2021. No mês de julho de 2020 realizou-se de forma remota o Seminário Internacional da Comissão de Juristas – Proteção de dados pessoais e investigação criminal. No entanto, até o momento, não houve apresentação de qualquer projeto de lei sobre o tema.

[20] TEFFÉ, Chiara Spadaccini de; VIOLA, Mario. *Op. cit.*, p. 6.

[21] *Id. Ibid.*, p. 14.

menciona a base legal do legítimo interesse, cria também o limite para o tratamento de dados a partir deste fundamento em casos nos quais devem prevalecer direitos e liberdades fundamentais do titular que exijam a proteção dos dados pessoais.

Nesse sentido, apesar de ser um fenômeno intrínseco à vida em comunidade, o que parece ser uma simples captação de imagens do cotidiano pode se desdobrar em práticas potencialmente lesivas. Uma das grandes preocupações levantadas, por exemplo, é a possibilidade de reconhecimento facial por Inteligência Artificial como forma de controle e a confirmação visual de eventos. Com o crescente desenvolvimento tecnológico e a possibilidade de reconhecimento de pessoas a partir de cruzamento de informações com bancos de dados, a imagem capturada se revela como uma robusta fonte das mais diversas informações sobre os indivíduos, o que desafia a atenção em sua interpretação de acordo com esta natureza.[22]

Originalmente, as técnicas de reconhecimento facial foram concebidas com a finalidade de tentar superar as capacidades – ou incapacidades – do cérebro humano no que diz respeito à memorização e processamento de milhares de faces pelos quais passa todos os dias. No entanto, atualmente, de forma bastante acentuada após os ataques terroristas de 11 de setembro de 2001, as tecnologias de reconhecimento facial vêm sendo empregadas por órgãos governamentais para regular o fluxo de pessoas a partir da identificação individual, novamente com fundamento na garantia da segurança pública.[23]

Há atuação semelhante no Brasil no que diz respeito à implantação de tecnologias de reconhecimento facial. Cita-se, exemplificativamente, a apresentação do programa "Rio+Seguro", na cidade do Rio de Janeiro, que se justificava na prevenção à desordem urbana e à criminalidade. A tecnologia apresentada era baseada em um *software* de reconhecimento facial com funcionamento por Inteligência Artificial que seria capaz de identificar suspeitos e foragidos do sistema de justiça e, assim, possibilitar sua apreensão.[24]

A expansão das tecnologias de reconhecimento facial mundo afora, em especial sob o manto da segurança pública, preocupa sobremaneira em razão do alto potencial lesivo aos direitos da personalidade, a

---

[22] NEGRI, Sergio; OLIVEIRA, Samuel Rodrigues de; COSTA, Ramon. O Uso de Tecnologias de Reconhecimento Facial Baseadas em Inteligência Artificial e o Direito à Proteção de Dados. *In: Revista Direito Público*, Brasília, vol. 17 n. 93, p. 82-103, maio/jun., 2020, p. 87–88.

[23] *Id. Ibid.*, p. 86.

[24] *Id. Ibid.*, p. 83-84.

exemplo do direito à imagem, bem como da infinidade de usos possíveis a partir da captura que pode distorcer seus fins e permitir práticas discriminatórias e, portanto, violadora de direitos fundamentais.

3 Direito à imagem em uma perspectiva dúplice

Com a expansão acelerada e naturalização do monitoramento por vídeo na sociedade contemporânea, não é de causar espanto que a quantidade de imagens capturadas no cotidiano seja igualmente grandiosa. Surgem, assim, questões de várias ordens que são merecedoras de atenção e estudo para melhor compreensão e, dentre elas, está o tratamento dispensado a essas imagens facilmente capturadas quando um indivíduo se dirige à padaria ou mesmo quando entra no elevador de seu condomínio.

Em seu art. 2°, inciso IV, a Lei de Proteção de Dados Pessoais assegura expressamente que a proteção de dados tem como um de seus fundamentos a inviolabilidade da intimidade, da honra e da imagem. Em setembro de 2020, a entidade Coalizão Direitos na Rede emitiu uma nota assinada por 15 entidades[25] a respeito de um projeto de videomonitoramento a ser implantado no estado do Ceará, na qual afirma que a imagem é um dado biométrico e, portanto, dado sensível aos olhos da LGPD, o que implica uma maior atenção em seu tratamento. A nota aponta ainda que a imagem de um indivíduo é um dado único e, diferentemente de senhas ou números de telefones, as características físicas da pessoa não são alteradas facilmente.

Nesse sentido, Danilo Doneda defende que a proteção dos dados pessoais é um direito fundamental, eis que ancorado na cláusula geral de dignidade da pessoa humana. Cabe esclarecer que, segundo lição do referido autor, o dado deve ser compreendido em um sentido mais primitivo, em estado bruto, uma espécie de informação em potencial, enquanto a própria informação faz referência a algo além do dado puro, é o dado já tratado, alcançando o limiar da cognição. As informações pessoais, por exemplo, são tradicionalmente tratadas na esfera jurídica sempre relacionadas à tutela do direito à privacidade, tendo em vista que

---

[25] Disponível em: https://direitosnarede.org.br/2020/09/04/nota-sobre-projeto-de-videomonitoramento-no-ceara-e-em-defesa-de-maior-debate-publico/. Acesso em: 20 mar. 2021.

é possível traçar uma relação inversa entre quantidade de informação exposta e o grau de privacidade do indivíduo.[26]

Para que algo seja caracterizado como informação pessoal, é imperioso que cumpra com determinados requisitos caracterizadores. Acima de tudo, a informação deve ostentar um vínculo objetivo com uma pessoa determinada, de forma a revelar algo específico sobre aquela pessoa.[27] É o caso, por exemplo, do nome, que se refere a um atributo da personalidade que pode ser relacionado diretamente à pessoa. É também o caso da imagem fisionômica de um indivíduo, uma vez que a partir de uma simples representação estática, como uma fotografia, é possível identificar uma pessoa e atribuir a ela uma série de informações pessoais sensíveis, como religião, determinada condição de saúde ou hábitos alimentares. No caso de imagens em movimento, como as que são capturadas desde o estacionamento do supermercado até a entrada do apartamento no corredor do condomínio, o potencial informativo é ainda maior.

Outro ponto a ser considerado é que a extração de dados a partir de câmeras de vídeo, assim como acontece na maioria dos casos de captura de imagem no cotidiano, é um processo unidirecional. "Os processos extrativos que tornam o *big data* possível normalmente ocorrem na ausência de diálogo ou de consentimento, apesar de indicarem tanto fatos quanto subjetividades de vidas individuais".[28] Justamente em razão da unilateralidade do processo de coleta, os indivíduos não têm consciência da frequência com que seus dados, especificamente sua imagem, são capturados rotineiramente. Quer seja por literalmente não notarem a presença massiva de câmeras de segurança na vida cotidiana ou, o que é mais plausível, por terem naturalizado a prática da vigilância de vídeo na sociedade.

Contudo, é importante dispensar atenção também ao direito à imagem como um direito fundamental autônomo, assim reconhecido no art. 5º, inciso X, da Constituição Federal. Os precursores do estudo dos direitos da personalidade não tratavam a imagem, em sua origem, como um direito autônomo, em razão dos equívocos que muitos apontam da redação do art. 20 do Código Civil, que vincula a tutela da imagem a uma lesão à honra, boa fama ou a respeitabilidade ou ainda à destinação comercial. Nada disso afasta, porém, a concepção da imagem

---

[26] DONEDA, Danilo. A proteção dos dados pessoais como um direito fundamental. *In: Espaço Jurídico*, Joaçaba, vol. 12, n. 2, p. 91-108, jul./dez. 2011, p. 94.

[27] *Id. Ibid.*, p. 93.

[28] ZUBOFF, Shoshana. *Op. cit.*, p. 33-34.

com uma manifestação da personalidade de seu titular.[29] Justamente em razão dessas características o uso da imagem alheia carece sempre de autorização e, apesar de admitir-se a possibilidade de autorização tácita, sua interpretação deve ser sempre restritiva e seu uso limitado àquilo que foi inequivocamente autorizado.[30]

A concepção mais contemporânea do direito à imagem é aquela que a relaciona não mais apenas aos aspectos físicos da pessoa retratada, mas também àqueles que são relativos ao seu comportamento no âmbito social, tendo em vista que por mais difícil que seja a definição de alguns elementos como humor ou jeito, eles são essenciais para a identificação de uma pessoa e, portanto, legalmente protegidos. É dizer, qualquer expressão, representação ou identificação da personalidade de um indivíduo é imagem para os fins legais, de onde surgem inclusive os desdobramentos de imagem atributo da pessoa, ou seja, atributos positivos ou negativos de uma pessoa apresentados à sociedade e que permitem sua identificação.[31]

Vale mencionar ainda que, como manifestação da dignidade humana e com *status* constitucional, o direito à imagem impõe sempre que a eventual autorização para seu uso e divulgação seja interpretada de forma restritiva – assemelhando-se ao tratamento dos dados pessoais, de forma geral. E, mais ainda, é imperioso que se tenha em mente que toda a proteção dispensada ao direito à imagem é imposta a todo momento, ou seja, em sua autorização, em sua divulgação, mas também em sua origem: o momento da captura da imagem.[32]

Um caso recente envolvendo a página do *Facebook* da *Epic Booking* e a Agência de Proteção de Dados Dinamarquesa em janeiro de 2020 pode contribuir com a compreensão da relevância do tema. A *Epic Booking* é uma empresa do setor de fotografia e atua no registro visual de eventos para os quais é contratada, disponibilizando discotecas móveis e máquinas automáticas de *selfie*, por exemplo. O ponto sensível é que as fotos tiradas nos eventos, inclusive de crianças e jovens, eram disponibilizadas na página do *Facebook* da empresa para que qualquer

---

[29] SCHREIBER, Anderson. *Direitos da Personalidade*. 2. ed. São Paulo: Atlas, 2013, p. 105.

[30] *Id. Ibid.*, p. 119.

[31] MEDON, Filipe. O direito à imagem na era das *deepfakes*. *In: Revista Brasileira de Direito Civil – RBDCivil*, Belo Horizonte, v. 27, p. 251-277, jan./mar. 2021, p. 258.

[32] *Id. Ibid.*, p. 255.

usuário tivesse acesso e, ainda, sem estabelecer previamente um prazo de armazenamento.[33]

A Agência de Proteção de Dados Dinamarquesa concluiu que o consentimento dado pelas pessoas nas fotos não atendia aos requisitos da informação, especificidade e voluntariedade. A Agência concluiu ainda que a empresa não cumpriu as regras sobre o dever de fornecer informações de forma adequada e que era contrário ao princípio da retenção de armazenamento que a empresa responsável não tivesse definido um prazo específico de exclusão das imagens de sua página no *Facebook*. Foi determinado que a *Epic Booking* excluísse de sua página todas as fotos processadas sem o consentimento válido dos titulares dos dados e que fosse estabelecido o prazo de 60 dias para a exclusão das imagens da página da empresa. A justificativa central para a decisão tomada pelo órgão é exatamente o fato de que a publicação de imagens de pessoas identificáveis na internet é considerada um tratamento de dados pessoais, ensejando a tutela das regras de proteção de dados adotadas por aquele país.[34]

O ponto sensível da questão é que o videomonitoramento, combinado com as tecnologias de Inteligência Artificial, apesar dos inegáveis avanços proporcionados, gera também um campo aberto para práticas com grande potencial nocivo para a sociedade, em especial, para os grupos minoritários, uma vez que, por mais autônomos e movidos por algoritmos que sejam, estes sistemas são alimentados com os olhares viciados dos humanos que os criam. Este processo consistente em carregar sistemas com os mais diversos dados e atribuir a capacidade de instrumentalização destes é chamado aprendizado de máquinas e, apesar de sua aparente neutralidade, ele pode potencializar os preconceitos, estereótipos e desigualdades já existentes no meio social.[35]

As ferramentas de videovigilância e videomonitoramento, extremamente presentes no cotidiano da vida urbana e social, permitem o reconhecimento facial e redimensionam a relação entre segurança e vigilância. Com efeito, as câmeras de segurança não focalizam exclusivamente grupos ou espaços tidos como perigosos ou suspeitos, mas com a notável expansão e desenvolvimento dessas tecnologias alcançam o espaço público e privado, envolvendo as mais diversas

---

[33] Disponível em: https://www.datatilsynet.dk/presse-og-nyheder/nyhedsarkiv/2021/mar/ny-afgoerelse-offentliggoerelse-af-festbilleder-af-boern-og-unge. Acesso em: 04 maio 2021.

[34] Disponível em: https://www.datatilsynet.dk/tilsyn-og-afgoerelser/afgoerelser/2021/mar/epic-bookings-behandling-af-personoplysninger. Acesso em: 04 maio 2021.

[35] SCHNEIDER, Camila Berlim; MIRANDA, Pedro Fauth Manhães. *Op. cit.*, p. 9.

situações cotidianas. A diversidade de tecnologias de reconhecimento fácil descortina diferentes práticas e propósitos de vigilância. No campo privado, o uso comercial é representado por meio do acesso a aplicativos de bancos e outras plataformas, bem como em portões eletrônicos e computadores. Mais significativo, nos espaços públicos o uso de tecnologia de reconhecimento facial para verificação de identidade e acesso a serviços públicos é ainda mais preocupante.

Por um lado, tais ferramentas promovem a segurança, a eficiência dos serviços e a sua personalização, eis que o acesso fica restrito ao ser usuário, o que evita fraudes e usos indevidos. No entanto, como já alertado, as tecnologias de reconhecimento facial, potencializadas com os algoritmos da Inteligência Artificial, apresentam riscos significativos a partir dos vetores de sua utilização com potenciais malefícios diante da captura da representação fisionômica da pessoa-usuária. A rigor, complexas e diversas são as questões relacionadas à compreensão e aplicação dessas tecnologias, mas os variados fins a que se destinam é importante ponto de partida para os debates a respeito da sua regulamentação, uma vez que os usos para fins de relação de consumo, de segurança pública, de lazer, entre outros, muito se diferenciam entre si e reclamam soluções distintas em razão dos propósitos.

Os sistemas tecnológicos que permitem o reconhecimento facial descortinam potenciais usos maléficos que, sobretudo, possibilitam a sua utilização abusiva e discriminatória, em clara violação aos direitos humanos fundamentais. A fisionomia da pessoa humana constitui atributo da personalidade que individualiza e singulariza. Embora, conforma já visto, a imagem não se restrinja à representação fisionômica, eis que em seu aspecto dinâmico contempla as características essenciais de cada indivíduo, indispensável afirmar que a projeção da imagem-retrato revela dados como idade, cor, etnia, sexo, origem, entre outras informações sensíveis que permitem a discriminação e a exclusão de determinadas pessoas. A rigor, o uso distorcido de tais tecnologias revela a desumanização de pessoas que integram grupos historicamente marginalizados e segregados, eis que as expressões fisionômicas são estereotipadas e caricaturadas. A rigor, o reconhecimento facial é uma tecnologia biométrica que alinhada aos recentes avanços da Inteligência Artificial tem ampliado suas possibilidades de aplicação e potencializado os riscos de discriminação e ofensa aos direitos fundamentais.

Decerto que há problemas na implementação das tecnologias de videovigilância e videomonitoramento, sobretudo aliadas às ferramentas de reconhecimento social. Em especial, as falhas técnicas e o uso prematuro de certas aplicações potencializadas pela inteligência artificial provocam resultados injustos e discriminatórios que atingem notadamente as populações vulneráveis, a exemplo de mulheres, negros, pessoas com deficiência e a comunidade LGBTQIAP+. O uso dos algoritmos no reconhecimento facial impulsiona uma hipervigilância que nem sempre promove a segurança, mas, por vezes, reforça a discriminação e provoca a exclusão de certas pessoas, o que descortina a chamada injustiça algorítmica. Severa crítica sofreu estudo de desenvolvimento de *software* experimental que buscava identificar e diferenciar rostos de pessoas homossexuais e heterossexuais, o que pode criar vieses algorítmicos perigosos.[36] No Brasil, o racismo estrutural tem profundas implicações na segurança pública, o que no campo do reconhecimento facial pode gerar resultados enviesados e preconceituosos graves com efeitos nefastos na liberdade individual e criminalização de pessoas negras. Ilustrativamente, pessoas com deficiência podem sofrer discriminação em aplicativos de relacionamento ou similares, o que inclusive tem levado à criação de aplicativos específicos.[37]

A representação fisionômica, importante atributo da imagem da pessoa humana, revela mais do que aspectos estéticos, mas sobretudo características pessoais que permitem a discriminação, sobretudo de grupos vulneráveis. Compreender as tecnologias de reconhecimento facial depende de uma análise minuciosa sobre as possíveis injustiças que os algoritmos podem provocar, o que gera exclusão e violação de direitos fundamentais. Tais ferramentas propiciam, a partir de usos enviesados e distorcidos, a chamada discriminação fisionômica, ou seja, a partir dos traços da fisionomia de uma determinada pessoa, o que, a rigor, trata de discriminação racial, etária, de gênero, contra pessoas com deficiência, contra a comunidade LGBTQIAP+, entre outros.

Com a promulgação da Lei Geral de Proteção de Dados Pessoais, é indispensável reconhecer que as imagens-retratos das pessoas humanas revelam dados essenciais sobre as identidades individuais, como sexo, idade, origem, funcionalidades, raça, etnia, etc. Tais informações capturadas a partir da representação da fisionomia são indelevelmente sensíveis, o que impõe que a tutela da imagem da pessoa humana seja aliada à proteção dos dados pessoais. Cuidam-se de direitos da personalidade, de índole fundamental, eis que ancorados na cláusula geral de proteção e promoção da dignidade da pessoa humana. Talvez

---

[36] Disponível em: https://www.bbc.com/portuguese/geral-41250020. Acesso em: 29. jul. 2021.

[37] Disponível em: https://emais.estadao.com.br/noticias/comportamento,brasileiro-cria-aplicativo-de-relacionamento-para-pessoas-com-deficiencia,70002860948. Acesso em: 29. jul. 2021.

seja o momento de compreender que a estática imagem-retrato, na verdade, revela muitos dos aspectos dinâmicos da personalidade, eis que representa o que somos e como nos apresentamos.

Conclusão

É preciso ter apego à realidade e ao pragmatismo e compreender que a sociedade de vigilância já se instalou há muito na vida cotidiana dos indivíduos e os principais esforços não devem ser desgastados em alguma forma de tentativa de escape ou retorno a um estado anterior a este, mesmo porque seria uma tarefa extremamente difícil determinar em que momento a vigilância se instalou definitivamente na vida humana.

Como se demonstrou, o estudo do tema não é inovador por si só e já foi tratado por diversos estudiosos não apenas do direito, mas da filosofia, sociologia e das diversas áreas de saber tecnológico. Os esforços devem centrar-se, portanto, na compreensão adequada do corpo social na forma em que ele se apresenta diante de nós e, mais ainda, nos novos desafios que se colocam diante dessa realidade.

Pretendeu-se neste trabalho chamar a atenção para algumas destas questões, notadamente aquelas provenientes da captura massiva de imagens no cotidiano, ensejando o tratamento jurídico do tema não somente sob a ótica clássica dos direitos da personalidade, mas também de acordo com a nova legislação específica de tutela do tratamento de dados pessoais, tendo por fundamento central a compreensão da imagem enquanto dado sensível. Por fim, como um dos desdobramentos potencialmente maléficos da vigilância constante, tratou-se brevemente do potencial discriminatório desse dado sensível, notadamente em relação à discriminação fisionômica.

O estudo da nova Lei Geral de Proteção de Dados Pessoais abre uma enorme janela de pesquisas para a ciência jurídica. O objetivo do presente artigo foi apresentar algumas novas concepções sobre a sociedade de vigilância, somadas a conhecimentos já consolidados, para incentivar o estudo sobre a tutela jurídica do direito à imagem neste novo contexto que se impõe, com especial atenção ao potencial lesivo que o tratamento da imagem cria, especialmente quando se desenvolve em países como o Brasil, nos quais há a expressiva manifestação de diversas formas de preconceito e discriminação.

Referências

BENTHAM, Jeremy. *O Panóptico*. 2. ed. Belo Horizonte: Autêntica, 2008.

DONEDA, Danilo. A proteção dos dados pessoais como um direito fundamental. *In: Espaço Jurídico*, Joaçaba, vol. 12, n. 2, p. 91-108, jul./dez. 2011.

FINN, Jonathan. Seeing Surveillantly: Survaillance as Social Practice. *In: Eyes Everywhere: The Global Growth of Camera Surveillance*. Edited by Aaron Doyle, Randy Lippert and David Lyon. New York: Routledge, 2012.

FOUCAULT, Michael. *Vigiar e punir*: o nascimento da prisão. Trad. Raquel Ramalhete, 42. ed. Petrópolis: Vozes, 2014.

MEDON, Filipe. O direito à imagem na era das *deepfakes*. *In: Revista Brasileira de Direito Civil – RBDCivil*, Belo Horizonte, v. 27, p. 251-277, jan./mar. 2021.

MULHOLLAND, Caitlin. A tutela da privacidade na internet das coisas (IOT). *In:* REIA, Jessica; FRANCISCO, Pedro Augusto P.; BARROS, Marina; MAGRANI, Eduardo (Org.). *Horizonte presente*: tecnologia e sociedade em debate. Belo Horizonte: Casa do Direito, Fundação Getúlio Vargas, 2019.

NEGRI, Sergio; OLIVEIRA, Samuel Rodrigues de; COSTA, Ramon. O Uso de Tecnologias de Reconhecimento Facial Baseadas em Inteligência Artificial e o Direito à Proteção de Dados. *In: Revista Direito Público*, Brasília, vol. 17 n. 93, p. 82-103, maio/jun. 2020.

ORWELL, George. *1984*. Trad. Karla Lima. Jandira: Principis, 2021.

SCHNEIDER, Camila Berlim; MIRANDA, Pedro Fauth Manhães. Vigilância e segurança pública: preconceitos e segregação social ampliados pela suposta neutralidade digital. *In: Emancipação*, Ponta Grossa, v. 20, p. 1-22, 2020.

SCHREIBER, Anderson. *Direitos da Personalidade*. 2. ed. São Paulo: Atlas, 2013.

TEFFÉ, Chiara Spadaccini de; VIOLA, Mario. Tratamento de dados pessoais na LGPD: estudo sobre as bases legais. *In: Civilistica.com*, Rio de Janeiro, ano 9, n. 1, 2020.

ZUBOFF, Shoshana. Big Other: capitalismo de vigilância e perspectivas para uma civilização de informação. *In:* BRUNO, Fernanda *et al.* (Org.). *Tecnopolíticas da vigilância*: perspectivas da margem. Trad. Heloísa Cardoso Mourão *et al.* São Paulo: Boitempo, 2018, p. 17-68.

Informação bibliográfica deste texto, conforme a NBR 6023:2018 da Associação Brasileira de Normas Técnicas (ABNT):

ALMEIDA, Vitor; RAPOZO, Ian Borba. Proteção de dados pessoais, vigilância e imagem: notas sobre discriminação fisionômica. *In:* EHRHARDT JÚNIOR, Marcos (Coord.). *Direito Civil*: Futuros Possíveis. Belo Horizonte: Fórum, 2022. p. 219-236. ISBN 978-65-5518-281-1.

RACISMO ESTRUTURAL E REPARAÇÃO CIVIL: NOVOS RUMOS PARA VELHAS QUESTÕES

RODOLFO PAMPLONA FILHO,
LAÍSLA CARLA DE CARVALHO SILVA

1 Introdução

A adaptação a novas realidades é um exercício cíclico para o Direito, que se molda continuamente às transformações sociais. Assim, pensar o futuro do Direito é antever desafios, soluções e tendências a partir das celeumas presentes ou iminentes.

Guiando-se por essa premissa, a análise aqui proposta vislumbra o futuro do Direito Civil ante a intensificação do debate acerca do racismo estrutural e crescente clamor social pelo seu enfrentamento. O ano de 2020 é assinalado como marco temporal da ampliação desse debate, pois foi palco de densa cobertura jornalística de casos emblemáticos de racismo e, principalmente, porque esses casos geraram uma onda de protestos e ações que conferiram novo alcance à pauta antirracista.

Para oferecer fundamento à afirmação de atualidade e progressão do interesse pelo tema, a título de amostragem e, portanto, sem pretensão exauriente, serão apresentados, neste trabalho, episódios recentes de racismo e seus desdobramentos, bem como iniciativas populares e institucionais de combate a essa prática.

Uma vez demonstrada a ampliação do debate sobre o racismo estrutural, ponderar-se-ão os efeitos desse processo sob as demandas de reparação civil, notadamente as que versam sobre indenização por danos morais, tendentes ao crescimento em volume e complexidade.

Conquanto se reconheça o dever de esforço conjunto dos Poderes Legislativo, Executivo e Judiciário no combate ao racismo, destacar-se-á o papel do Judiciário na aplicação do Direito, com ênfase nos desafios a serem enfrentados para a oferta de uma tutela jurídica adequada e alinhada ao novo cenário que se desenha em torno de velhas reivindicações.

2 Racismo estrutural no Brasil

Conforme elucidação esculpida por Silvio Luiz de Almeida, o racismo é uma "forma sistemática de discriminação que tem a raça como fundamento".[1] Adjetiva-se essa prática como estrutural, porque o racismo se relaciona com a estrutura social sem representar traço de anomalia, naturalizando-se como elemento de conformação das relações políticas, econômicas e sociais. Sob a perspectiva estrutural, compreende-se o racismo como processo político, na medida em que é esta a natureza do poder que oferece ao grupo racial privilegiado meios para impor a discriminação sistemática aos grupos raciais desfavorecidos, e como processo histórico, na medida em que a dinâmica do racismo reflete particularidades próprias da formação social de cada Estado.[2]

A formação social brasileira foi marcada por um regime escravocrata, arrimado na objetificação, exploração e subalternização de povos negros. Nesse momento histórico, o racismo já era um fator presente na sociedade em formação e funcionava como elemento legitimador das práticas próprias do escravismo colonial, a exemplo do tráfico negreiro e da submissão a trabalhos forçados, maus-tratos e castigos físicos aos indivíduos escravizados. A desumanização do negro autorizava a sua redução à condição de mercadoria, bem como a exploração de sua força de trabalho.

A despeito da abolição formal da escravatura, em 1888, as bases da estratificação social já estavam delineadas e associadas à categorização racial. Os projetos políticos que sucedera esse marco não conduziram a sociedade brasileira em outra direção, e a experiência da vida em comunidade assumiu uma feição própria para a parcela negra da população, a qual acumula desvantagens de ordem política, econômica

---

[1] ALMEIDA, Silvio Luiz de. *Racismo estrutural*. Belo Horizonte: Letramento, 2018, p. 25.

[2] ALMEIDA, Silvio Luiz de. *Racismo estrutural*. Belo Horizonte: Letramento, 2018, p. 38, 42 e 43.

e social. O racismo abrigou-se de tal forma na sociedade brasileira, que resistiu até mesmo à ruína da ideia de raças humanas como classificação revestida de cientificidade.

Após a Segunda Guerra, a comunidade científica foi tomada pela aversão à atribuição de identidades raciais, em razão do uso desse critério pelo regime nazista para identificação de alvos a serem perseguidos e violentados.[3] Com efeito, desde o mapeamento do genoma humano, comprovou-se que a sequência base do DNA dessa espécie possui variabilidade diminuta e alheia às classificações raciais disseminadas,[4] o que implica ausência de fundamento científico para subdivisão da espécie humana em raças.

Contudo, a afirmação de inexistência de raças humanas, ainda que correta sob o ponto de vista científico, dissona da realidade. O racismo é um fenômeno concreto e o uso de critérios de raça para distinção de grupos humanos lhe é um pressuposto. Assim, negar a existência da raça como constructo artificial de base histórica, política e social, tem como resultado necessário a invisibilização do racismo. Nessa esteira de reflexões, assim sintetiza Ronald Dworkin:

> Temos, todos nós, inteira razão ao desconfiarmos das classificações por raça. Elas têm sido usadas para negar, em vez de respeitar, o direito à igualdade, e todos nós estamos conscientes da injustiça que daí decorre. Mas se entendermos mal a natureza dessa injustiça, ao não estabelecermos as distinções simples que são necessárias para seu entendimento, estaremos correndo o risco de cometer ainda mais injustiças.[5]

Por sua vez, no mesmo sentido, esclarece Kabengele Munanga:

> O nó central do problema não é raça em si, mas sim as representações dessa palavra e a ideologia dela derivada. Se até o fim do século XIX e início do século XX, o racismo dependeu da racionalidade científica da raça, hoje ele independe dessa variante biológica.[6]

---

[3] GUIMARÃES, Antonio S. A. Como trabalhar com "raça" em sociologia. *Educação e Pesquisa*, São Paulo, v. 29, n. 1, p. 93-107, jan./jun. 2003. Disponível em: https://www.scielo.br/pdf/ep/v29n1/a08 v29n1.pdf. Acesso em: 15 mar. 2021, p. 95-96.

[4] BOVE, Lorenza Coppola. Cómo los huesos acabaron con las razas humanas. **The conversation, 2 Jul.** 2020. Disponível em: https://theconversation.com/como-los-huesos-acabaron-con-las-razas-humanas-141222. Acesso em: 28 abr. 2021.

[5] DWORKIN, Ronald. *Levando os direitos a sério.* Trad. Nelson Boeira. São Paulo: Martins Fontes, 2002, p. 369.

[6] MUNANGA, Kabengele. Teoria social e relações raciais no Brasil contemporâneo. *Cadernos Penesb*, Niterói, n. 12, p. 169-203, 2010. Disponível em https://www.yumpu.com/pt/document/read/12590172/cadernos-penesb-12-uff. Acesso em: 28 abr. 2021, p. 193.

O Supremo Tribunal Federal (STF) aderiu a essa concepção, sustentando, em mais de uma oportunidade, o reconhecimento da raça como um constructo político-social. Essa premissa lastreou a ampliação do rol de grupos passíveis de proteção sob a Lei nº 7.716/89, que define os crimes resultantes de preconceito de raça ou cor. Através do julgamento do *Habeas Corpus* 82.424/RS,[7] em 2004, essa proteção foi estendida à comunidade judaica e, em 2020, às vítimas da transfobia e homofobia, no bojo do julgamento da Ação Direita de Inconstitucionalidade por Omissão 26/DF.[8]

Conforme aduz Humberto Bersani, "as raças existem em função do racismo enquanto ideologia".[9] Esse é um dado fundamental à compreensão da estrutura e funcionamento da sociedade brasileira, na qual se evidencia a marginalização dos grupos racialmente discriminados e o consequente paralelismo entre desigualdade racial e desigualdade social. Muitos são os dados estatísticos que ilustram tal realidade e, a título de exemplo, elucidam-se os negros, com os menores índices de escolaridade, renda e representação política e, também, os maiores índices de desemprego e subocupação laboral.[10] Ler esses dados como manifestações do racismo estrutural é crucial para o enfrentamento da questão em seu âmago e, conforme será demonstrado, essa tomada de consciência está em expansão, de forma tardia, porém ainda necessária.

3   A ampliação do debate acerca do racismo estrutural

Seguramente, a luta contra o racismo não teve início recente e muito – se não tudo – do progresso que se teve nessa seara até o momento é resultado dos movimentos antirracistas. Assim, sem deixar de perceber e reverenciar as realizações que precederam o ano de 2020, reconhece-se neste marco temporal um cenário de especial ampliação do debate sobre o racismo estrutural, em razão da notoriedade galgada

---

[7]   BRASIL. Supremo Tribunal Federal. *HC 82.424/RS*, Rel. Min. Moreira Alves, Tribunal Pleno, julgado em 17.09.2003, *DJ* 19.03.2004.

[8]   BRASIL. Supremo Tribunal Federal. *ADO 26/DF*, Rel. Min. Celso de Mello, Tribunal Pleno, julgado em 13.06.2019, *DJ* 06.10.2020.

[9]   BERSANI, Humberto. *Racismo estrutural e direito à desestratificação*: um estudo a partir das relações de trabalho. Belo Horizonte: Casa do Saber, 2020, p. 60.

[10]   INSTITUTO BRASILEIRO DE GEOGRAFIA E ESTATÍSTICA. *Desigualdades Sociais por Cor ou Raça no Brasil*. Estudos e Pesquisas – Informação Demográfica e Socioeconômica nº 41. Diretoria de Pesquisas, Coordenação de População e Indicadores Sociais, 2019. Disponível em: https://biblioteca.ibge.gov.br/visualizacao/livros/liv101681_informativo.pdf. Acesso em: 30 abr. 2021.

pelo tema nas discussões e ações populares, bem como na mídia e no âmbito dos órgãos internacionais, das igrejas, das instituições públicas e privadas, enfim, no mundo.

Em maio de 2020, ganhava as manchetes dos principais jornais de todo o mundo a notícia do assassinato de George Floyd, ocorrido na cidade estadunidense de Minneapolis. A vítima, morta por asfixia durante uma abordagem policial, era um homem afro-americano e as condições de sua morte intensificaram a problematização do racismo estrutural e, especialmente, da violência policial perpetrada contra a população negra. Apesar da precedência de episódios semelhantes, o assassinato de Floyd repercutiu de tal forma que se tornou emblemático e catalisou uma sucessão de protestos ao redor do mundo. Nesse contexto, ganhou especial visibilidade o movimento *Black Lives Matter*, indicado ao Prêmio Nobel da Paz em 2021.

O referido episódio provocou, ainda, a reação de diferentes instituições, induzindo desde o pronunciamento de líderes religiosos, a exemplo do Papa, até a mobilização do Conselho de Direitos Humanos das Nações Unidas, que, ao retomar sua 43ª sessão, em Genebra, pautou o debate em torno do racismo e da violência policial. Assim, observou-se gradual ampliação do interesse e discussão sobre o tema, disseminando-se, na mídia e na Academia, termos que, algum tempo, estiveram mais restritos aos núcleos de militância, como "racismo estru-tural", "racismo institucional", "racismo recreativo", "necropolítica", "interseccionalidade", "discriminação indireta" entre outros.

O Brasil não permaneceu alheio à ampliação desse debate. Em agosto de 2020, a pesquisa pelo termo "racismo", na plataforma Google, atingiu níveis recordes no país.[11] Além de repercutir a polêmica internacional, o Brasil concentrou seu foco na atuação policial em seu território, bem como nas outras formas de manifestação do racismo estrutural. Esse processo, aliás, vem desvelando o racismo ocultado em manifestações menos óbvias, nas quais o critério racial não é anunciado, mas integra o cerne da ocorrência.

Sem o desenvolvimento desse olhar mais sensível e apurado, casos como o de Miguel Otávio, João Pedro e João Alberto, ocorridos em 2020, não seriam lidos como manifestações de racismo. Miguel Otávio, criança negra de 5 anos, não resistiu ao cair de um edifício em Recife. A vítima fora deixada pela mãe, empregada doméstica, aos cuidados da patroa,

---

[11] BERNARDES, Thais. *Google: Pesquisa por racismo quadruplica no mês de agosto e bate recorde.* Notícia Preta, 7 set. 2020. Disponível em:https://noticiapreta.com.br/google-pesquisa-por-racismo-quadruplica-no-mes-de-agosto-e-bate-recorde/. Acesso em: 28 abr. 2021.

que, conforme dados da perícia,[12] o abandonara no elevador do prédio, após pressionar o botão que o conduzia à cobertura. João Pedro Mattos Pinto, jovem negro de 14 anos, foi morto a tiros durante uma operação policial, em São Gonçalo (RJ). E João Alberto, homem negro de 40 anos, foi espancado até a morte, na véspera do Dia da Consciência Negra, por seguranças de uma grande rede de supermercados, no interior de uma de suas unidades mercantis, em Porto Alegre. Nesses casos, como em muitos outros, a tensão racial somente pode ser percebida a partir da compreensão de que o racismo dá forma às relações sociais.

Esses episódios, entre outros ocorridos em 2020, ganharam destaque da mídia e repercutiram na intensificação do debate sobre o racismo estrutural no Brasil, desencadeando ações do Ministério Público, Defensorias Públicas, Tribunais, Casas Legislativas, órgãos de classe, instituições privadas etc.

O Poder Legislativo, de igual modo, voltou o olhar à temática e o Congresso Nacional aderiu à discussão em destaque. Em dezembro de 2020, a Câmara dos Deputados aprovou, por maioria qualificada, a Convenção Interamericana contra o Racismo, a Discriminação Racial e Formas Correlatas de Intolerância, aprovada, em igual condição, também pelo Senado, posteriormente.[13] Em janeiro de 2021, a Câmara inaugurou, ainda, um grupo de trabalho, composto por vinte juristas negros e presidido pelo Min. Benedito Gonçalves, do Superior Tribunal de Justiça (STJ), com o escopo de produzir instrumentos para conter o encarceramento em massa da população negra, a violência policial e violências que interseccionam racismo e outras formas de discriminação.[14]

O Poder Judiciário não ficou adstrito a iniciativas desenvolvidas em parcerias e protagonizou ações autônomas, como o 4º Encontro Nacional de Juízas e Juízes Negros (ENAJUN) e 1º Fórum Nacional contra o Racismo e todas as Formas de Discriminação (FONAJURD), ambos premiados e ocorridos em 2020. O Conselho Nacional de Justiça (CNJ), por sua vez, realizou, em agosto de 2020, uma reunião pública virtual,

---

[12] G1 PE e TV Globo. Caso Miguel: laudo pericial aponta que ex-patroa apertou botão do elevador para a cobertura de prédio. G1 Pernambuco, 30 jun. 2020. Disponível em: https://g1.globo.com/pe/pernambuco/noticia/2020/06/30/caso-miguel-laudo-pericial-aponta-que-ex-patroa-apertou-botao-do-elevador-para-a-cobertura-de-predio.ghtml. Acesso em: 28 abr. 2021.

[13] A Convenção foi ratificada e depositada em maio de 2021, quase oito anos após a assinatura.

[14] CÂMARA DOS DEPUTADOS. *Grupo de trabalho discute nesta quinta-feira criminalização do racismo.* Agência Câmara de Notícias, 21 abr. 2021. Disponível em: https://www.camara.leg.br/noticias/751969-grupo-de-trabalho-discute-nesta-quinta-feira-criminalizacao-do-racismo/. Acesso em: 28 abr.2021.

com a temática "Igualdade Racial no Judiciário", visando a construção de políticas judiciárias voltadas à promoção da igualdade racial.

Em 2020, a Ordem dos Advogados do Brasil (OAB), paralelamente à contínua atuação das Comissões de Promoção da Igualdade Racial, realizou diversos ciclos de palestras e eventos on-line voltados à temática. No mesmo ano, o Conselho Federal aprovou a Resolução nº 5/20, que alterou o Regulamento Geral do Estatuto da Advocacia e da Ordem (art. 131),[15] para prever a aplicação imediata de cota racial de 30% na composição das chapas que concorreram às eleições para o preenchimento dos cargos de diretoria do Conselho Federal, do Conselho Seccional, da Caixa de Assistência dos Advogados e das Subseções, dos conselheiros federais, conselheiros seccionais e dos conselheiros subseccionais.

No âmbito do Ministério Público, destaca-se o Movimento Afro Presença,[16] cuja primeira edição ocorreu entre setembro e outubro de 2020 e foi realizada pelo Ministério Público do Trabalho (MPT) em parceria com o Pacto Global da Organização das Nações Unidas. O evento propunha um encontro virtual com a participação do Poder Público, do setor privado e de organizações nacionais e internacionais com o objetivo de gerar uma rede de prevenção e combate à discriminação racial nas relações de trabalho, bem como de valorização da diversidade racial nos espaços empresariais. Merece relevo, ainda, o Grupo de Trabalho Interinstitucional contra o Racismo na Atividade Policial, instituído pelo Ministério Público Federal (MPF), para identificar e combater práticas de racismo institucional no âmbito das forças de segurança pública federais e fomentar o debate público sobre essa questão.[17]

Os Ministérios Públicos Estaduais também realizaram campanhas, estudos, programas e eventos visando assumir posição no combate ao racismo. A título de exemplo, em 2020, o Ministério Público da Bahia (MP/BA) criou um grupo de trabalho para elaboração de um programa

---

[15] ORDEM DOS ADVOGADOS DO BRASIL. Regulamento Geral do Estatuto da Ordem e da OAB, de 6 novembro de 1994. Disponível em: https://www.oab.org.br/content/pdf/legislacaooab/regulamentogeral.pdf. Acesso em: 30 abr. 2021.

[16] MINISTÉRIO PÚBLICO DO TRABALHO. *Afro Presença*. Disponível em: https://afropresenca.com.br/. Acesso em: 30 abr. 2021.

[17] MINISTÉRIO PÚBLICO FEDERAL. MPF abre vagas para formação de Grupo de Trabalho Interinstitucional contra o Racismo na Atividade Policial, 22 fev. 2021. Disponível em: http://www.mpf.mp.br/pgr/noticias-pgr/mpf-abre-vagas-para-formacao-de-grupo-de-trabalho-interinstitucional-contra-o-racismo-na-atividade-policial. Acesso em: 28 abr. 2021.

de enfrentamento ao racismo institucional, voltado para seu próprio quadro profissional.[18]

Existiram também iniciativas por parte das instituições privadas, sendo a de maior repercussão a edição do programa de *trainees* do Magazine Luiza, dedicada exclusivamente à contratação de candidatos negros. Conquanto a constitucionalidade das ações afirmativas seja matéria já pacificada, o programa gerou debates e ensejou o ajuizamento de ação civil pública, com tutela de urgência, no bojo da qual a Defensoria Pública da União (DPU), lamentavelmente, requereu a condenação da rede varejista ao pagamento de indenização por danos morais coletivos, em razão de suposta discriminação contra candidatos não negros.

Os fatos enunciados, ao lado de outros tantos ocorridos no ano de 2020, demonstram a pujança do debate racial, sinalizando um momento propício à ampliação da demanda social por mudanças nesse âmbito. A problematização do racismo estrutural, aliada a novas ferramentas de enfrentamento a essa prática, tende a despertar maior consciência da injustiça e dos malefícios perpetrados por condutas, até então, socialmente toleradas, a exemplo do racismo recreativo – política cultural característica da sociedade brasileira que expressa hostilidade racial através do humor.[19]

4 Racismo estrutural e reparação civil

A desnaturalização das manifestações do racismo estrutural faz crescer o repúdio a essas condutas, o que é externado, entre outras formas, através da judicialização. O Direito é contemporizador de tensões sociais, logo, o Poder Judiciário, ao qual cabe interpretar e aplicar o Direito, vem sendo desafiado a desempenhar uma função cada vez mais profícua no combate ao racismo, oferecendo respostas às demandas concretas de modo a contemplar, na mais elevada medida, a efetividade dos valores constitucionais.

A responsabilidade civil requer atenção nesse contexto, pois as condutas que refletem o racismo estrutural têm grande potencial para gerar danos, notadamente de ordem moral. Isso porque tais condutas quase sempre resultam em prejuízo ou lesão a direitos de conteúdo não pecuniário e impassível de redução a pecúnia, por meio de transação

---

[18] MINISTÉRIO PÚBLICO DO ESTADO DA BAHIA. *MP/BA trabalha na elaboração de um plano de combate ao racismo institucional*, 22 mar. 2021. Disponível em: https://www.mpba.mp.br/noticia/56367. Acesso em: 28 abr. 2021.

[19] MOREIRA, Adilson. *Racismo recreativo*. São Paulo: Sueli Carneiro; Pólen, 2019, p. 115.

comercial, como são os direitos da personalidade.[20] O racismo, conforme o meio e circunstâncias através dos quais é praticado, pode macular a integridade física, moral e psíquica das vítimas, dando origem a danos indenizáveis.

Ademais, o racismo atinge uma coletividade, pelo que não se olvida seu potencial para configuração de dano moral coletivo, que se caracteriza, conforme entendimento do STJ,[21] quando o fato transgressor goza razoável significância e gravidade, desafiando os limites da tolerabilidade e infligindo sofrimento, intranquilidade social e tribulações à ordem extrapatrimonial coletiva. Observe-se que a tolerabilidade é um limiar variável, que, em relação a condutas racistas, está em processo de paulatina diminuição.

Note-se, ainda, que, assim como o *bullying*, a prática do racismo pode ensejar a configuração de dano existencial, entendido como "dano a um projeto pessoal, que causa 'vazio existencial' (perdas de relações sociais, familiares, etc.) impedindo o sujeito de se comportar ou agir de acordo com os seus sentimentos e expectativas".[22] Com efeito, a construção dos projetos pessoais dos indivíduos negros na sociedade brasileira é continuamente obstruída pelo racismo.

Do quanto já exposto, conclui-se que o racismo gera danos e compete ao Direito Civil impor as reparações correspondentes. Diferentemente, entretanto, do que pode parecer à primeira vista pela simplicidade dessa dedução, esta não é uma tarefa fácil.

Um dos grandes desafios que se impõe ao Direito Civil é que, na maioria dos casos, o racismo se extrai das circunstâncias, não sendo necessariamente a motivação racial anunciada por quem pratica a conduta da qual decorre o dano. Em verdade, na sociedade brasileira, o racismo enraizou-se de maneira tal, que atravessou a construção da subjetividade dos indivíduos, fazendo com que, muitas vezes, a reprodução de condutas racistas seja inconsciente, o que não elimina o dever de reparação. Assim, é necessário ao operador do Direito esforço interpretativo para desvelar as formas menos óbvias de racismo a partir de uma compreensão contextualizada, pautada em uma leitura histórica, estrutural e institucional.

---

[20] GAGLIANO, Pablo Stolze; PAMPLONA FILHO, Rodolfo. *Novo Curso de Direito Civil*. V. 3: Responsabilidade Civil. 17. ed. São Paulo: Saraiva Educação, 2019, p. 102.

[21] BRASIL. Superior Tribunal de Justiça. *REsp 1221757/RJ*, Rel. Min. Massami Uyeda, 3ª Turma, *DJe* 10.02.2012.

[22] GAGLIANO, Pablo Stolze; PAMPLONA FILHO, Rodolfo. *Novo Curso de Direito Civil*. V. 3: Responsabilidade Civil. 17. ed. São Paulo: Saraiva Educação, 2019, p. 104 e 105

Um olhar sistêmico é essencial à punição da discriminação indireta, caracterizada quando "um dispositivo, prática ou critério aparentemente neutro tem a capacidade de acarretar uma desvantagem particular para pessoas pertencentes a um grupo específico".[23] Essa forma de discriminação é especialmente nociva, porque oculta o critério racial, quando não o trata como reflexo natural e inevitável, favorecendo discursos que conduzem à impunidade.

A título ilustrativo, vislumbra-se uma análise exitosa do Tribunal Superior do Trabalho (TST) no julgamento do Recurso de Revista nº 1000390-03.2018.5.02.0046 – caso de responsabilidade civil por prática de discriminação indireta no ambiente de trabalho. A recorrente narrou discriminação em razão da edição pela empregadora de um guia institucional de padronização que não contemplava a estética de funcionários negros, o que fazia com que seus superiores hierárquicos se sentissem autorizados a censurar o uso de cabelo *black power*. Nessas circunstâncias, assim decidiu o Tribunal:

> [...] I - RECURSO DE REVISTA INTERPOSTO NA VIGÊNCIA DA LEI 13.467/2017. DISCRIMINAÇÃO. INDENIZAÇÃO POR DANO MORAL. *Consoante se infere do acórdão do Tribunal Regional, a reclamada possui um guia de padronização visual para seus empregados, no qual não constam fotos de nenhum que represente a raça negra.* Qualquer distinção, exclusão, restrição ou preferência baseada exclusivamente na cor da pele, raça, nacionalidade ou origem étnica pode ser considerada discriminação racial. *No caso, a falta de diversidade racial no guia de padronização visual da reclamada é uma forma de discriminação, ainda que indireta, que tem o condão de ferir a dignidade humana e a integridade psíquica dos empregados da raça negra, como no caso da reclamante, que não se sentem representados em seu ambiente laboral. Cumpre destacar que no atual estágio de desenvolvimento de nossa sociedade, toda a forma de discriminação deve ser combatida, notadamente aquela mais sutil de ser detectada em sua natureza, como a discriminação institucional ou estrutural, que ao invés de ser perpetrada por indivíduos, é praticada por instituições, sejam elas privadas ou públicas, de forma intencional ou não, com o poder de afetar negativamente determinado grupo racial.* É o que se extrai do caso concreto em exame, quando o guia de padronização visual adotado pela reclamada, ainda que de forma não intencional, deixa de contemplar pessoas da raça negra, tendo efeito negativo sobre os empregados de cor negra, razão pela qual *a parte autora faz jus ao pagamento de indenização*

---

[23] ORGANIZAÇÃO DOS ESTADOS AMERICANOS. Convenção Interamericana contra o Racismo, a Discriminação Racial e Formas Correlatas de Intolerância. Disponível em: https://www.oas.org/en/sla/dil/docs/inter_american_treaties_A68_Convencao_Interamericana_racismo_POR.pdf. Acesso em: 30 abr. dez. 2021.

por danos morais, no importe de R$ 10.000,00 (dez mil reais). Recurso de revista conhecido e provido. (RR-1000390-03.2018.5.02.0046, 2ª Turma, Relatora Ministra Delaide Miranda Arantes, DEJT 04.12.2020).

Com igual acerto, procedeu a 21ª Vara do Trabalho de Recife no julgamento de Ação Civil Pública ajuizada pelo Ministério Público do Trabalho, ante a morte de Miguel Otávio, contra os empregadores da genitora da vítima, pleiteando indenização por dano moral coletivo. Entre os fundamentos da ação estava a discriminação que permeia as relações de trabalho doméstico e os fatos indicativos de racismo estrutural. Em resposta, o juízo de primeiro grau deferiu o pleito do *Parquet* e, na decisão, delineou paralelos entre o tratamento atualmente dispensado às empregadas domésticas e aquele atribuído aos escravos domésticos nos tempos de escravismo colonial; ademais, consignou: "não teria a ré o mesmo comportamento com o menor Miguel se ao seu lugar estivesse um parente ou filho de mesma idade de uma de suas amigas".[24] A decisão, embora passível de recurso, ilustra, com acerto, esforço interpretativo para identificar o racismo estrutural onde ele, de fato, existe, ainda que não anunciado.

Outro aspecto desafiador para o Poder Judiciário é o necessário combate ao racismo em sua própria estrutura institucional. A escassez da ocupação de espaços de poder por pessoas negras compromete o enfrentamento ao racismo na medida em que impede esse grupo de contribuir para a tomada de decisões, imprimindo sua perspectiva e necessidades nesse processo. Um Judiciário cuja composição observa a diversidade racial permite uma análise mais plural das tensões raciais que atravessam as relações sociais, tendendo à construção de soluções mais acertadas.

Por fim, outro fator a ser contemplado pelos magistrados no tratamento de demandas de reparação civil é o domínio do crescente número de instrumentos normativos que funcionam como fontes de Direito em matéria étnico-racial. Nesse sentido, a título ilustrativo, os Municípios vêm envidando esforços para aprovar estatutos municipais de igualdade racial (a exemplo de Salvador, que o aprovou em 2019), e a Convenção Interamericana contra o Racismo, a Discriminação Racial e Formas Correlatas de Intolerância tem avançado no processo de ratificação.

---

[24] BRASIL. Tribunal Regional do Trabalho da 6ª Região. *Ação Civil Pública Cível 0000597-15.2020.5.06.0021* (Sentença). Data de publicação: 16.03.2021.

5 Conclusão

O racismo se naturalizou na sociedade brasileira mesmo constituindo prática atentatória à dignidade humana, à igualdade e à cidadania e à concretização dos objetivos do Estado, quais sejam: a construção de uma sociedade livre justa e solidária; a erradicação da pobreza e da marginalização; a redução das desigualdades sociais e regionais; a promoção do bem de todos; e a garantia do desenvolvimento nacional.[25] O combate ao racismo através da imposição de reparação civil é, portanto, uma medida de compatibilização do Direito Civil com a Constituição.

Por ser danoso em essência, o racismo precisa ser observado sob a perspectiva da responsabilidade civil, em relação à qual se vislumbra um futuro desafiador, sobretudo em vista da tendência de crescimento do volume e complexidade das demandas judiciais desse viés. Assim, sintetizam-se, ao menos, três grandes desafios a serem enfrentados pelo Poder Judiciário nessa seara: o esforço interpretativo demandado para identificar e combater, mediante fundamentação, as formas menos óbvias de racismo; a necessidade de domínio de um número crescente de fontes normativas pátrias e internacionais sobre a matéria e a promoção da diversidade racial na composição do Poder Judiciário.

O enfrentamento desses desafios reverbera não apenas na observância da Constituição e concretização de seus propósitos, mas também na forma como o Estado brasileiro se posicionará em relação à comunidade internacional na qual o racismo estrutural tem se tornado uma preocupação crescente. O fracasso interno na condução dessa demanda, inclusive por falha na concessão das reparações cabíveis às vítimas, tende a culminar em censuras e condenações perante as cortes internacionais, notadamente perante a Corte Interamericana de Direitos Humanos.

Condutas racistas ofendem bens jurídicos de elevada importância, por vezes, até mesmo o tão essencial direito à vida. Ante os danos decorrentes disto, a reparação civil se apresenta como caminho para a compensação da vítima e a punição do ofensor, bem como promover o desencorajamento social da conduta lesiva.[26]

---

[25] BRASIL. *Constituição Federal de 1988*. Disponível em: http://www.planalto.gov.br/ccivil_03/constituição/constituicao.htm. Acesso em: 30 abr. 2021.

[26] GAGLIANO, Pablo Stolze; PAMPLONA FILHO, Rodolfo. *Novo Curso de Direito Civil*. V. 3: Responsabilidade Civil. 17. ed. São Paulo: Saraiva Educação, 2019, p. 74

Assim, o Direito Civil desempenha relevante função nas transformações sociais em ebulição e deve vislumbrar o futuro, guiando-se pelo bom cumprimento da difícil tarefa que lhe cabe.

Referências

ALMEIDA, Silvio Luiz de. *Racismo estrutural*. Belo Horizonte: Letramento, 2018.

BERSANI, Humberto. *Racismo estrutural e direito à desestratificação*: um estudo a partir das relações de trabalho. Belo Horizonte: Casa do Saber, 2020.

BERNARDES, Thais. *Google: Pesquisa por racismo quadruplica no mês de agosto e bate recorde*. Notícia Preta, 7 set. 2020. Disponível em: https://noticiapreta.com.br/google-pesquisa-por-racismo-quadruplica-no-mes-de-agosto-e-bate-recorde/. Acesso em: 28 abr. 2021.

BOVE, Lorenza Coppola. Cómo los huesos acabaron con las razas humanas. **The conversation, 2 Jul.** 2020. Disponível em: https://theconversation.com/como-los-huesos-acabaron-con-las-razas-humanas-141222. Acesso em: 28 abr. 2021.

BRASIL. *Constituição Federal de 1988*. Disponível em:http://www.planalto.gov.br/ccivil_03/constituição/constituicao.htm. Acesso em: 30 abr. 2021.

BRASIL. Supremo Tribunal Federal. *ADO 26/DF*, Rel. Min. Celso de Mello, Tribunal Pleno, julgado em 13.06.2019, *DJ* 06.10.2020.

BRASIL. Supremo Tribunal Federal. *HC 82.424/RS*, Rel. Min. Moreira Alves, Tribunal Pleno, julgado em 17.09.2003, *DJ* 19.03.2004.

BRASIL. Superior Tribunal de Justiça. *REsp 1221757/RJ*, Rel. Min. Massami Uyeda, 3ª Turma, *DJe* 10.02.2012.

BRASIL. Tribunal Regional do Trabalho da 6ª Região. *Ação Civil Pública Cível 0000597-15.2020.5.06.0021* (Sentença). Data de publicação: 16/03/2021.

CÂMARA DOS DEPUTADOS. *Grupo de trabalho discute nesta quinta-feira criminalização do racismo*. Agência Câmara de Notícias, 21 abr. 2021. Disponível em: https://www.camara.leg.br/noticias/751969-grupo-de-trabalho-discute-nesta-quinta-feira-criminalizacao-do-racismo/. Acesso em: 28 abr. 2021.

DWORKIN, Ronald. *Levando os direitos a sério*. Trad. Nelson Boeira. São Paulo: Martins Fontes, 2002.

G1 PE e TV Globo. *Caso Miguel: laudo pericial aponta que ex-patroa apertou botão do elevador para a cobertura de prédio*. G1 Pernambuco, 30 jun. 2020. Disponível em: https://g1.globo.com/pe/pernambuco/noticia/2020/06/30/caso-miguel-laudo-pericialaponta-que-ex-patroa-apertou-botao-do-elevador-para-a-cobertura-de-predio.ghtml. Acesso em: 28 abr. 2021.

GAGLIANO, Pablo Stolze; PAMPLONA FILHO, Rodolfo. *Novo Curso de Direito Civil*. V. 3: Responsabilidade Civil. 17. ed. São Paulo: Saraiva Educação, 2019.

GUIMARÃES, Antonio S. A. Como trabalhar com "raça" em sociologia. *Educação e Pesquisa*, São Paulo, v. 29, n. 1, p. 93-107, jan./jun. 2003. Disponível em: https://www.scielo.br/pdf/ep/v29n1/a08 v29n1.pdf. Acesso em: 15 mar. 2021.

INSTITUTO BRASILEIRO DE GEOGRAFIA E ESTATÍSTICA. *Desigualdades Sociais por Cor ou Raça no Brasil.* Estudos e Pesquisas - Informação Demográfica e Socioeconômica n.41. Diretoria de Pesquisas, Coordenação de População e Indicadores Sociais, 2019. Disponível em: https://biblioteca.ibge.gov.br/visualizacao/livros/liv101681_informativo. pdf. Acesso em: 30 abr. 2021.

MINISTÉRIO PÚBLICO DO ESTADO DA BAHIA. *MP/BA trabalha na elaboração de um plano de combate ao racismo institucional,* 22 mar. 2021. Disponível em https://www.mpba. mp.br/noticia/56367. Acesso em: 28 abr. 2021.

MINISTÉRIO PÚBLICO FEDERAL. MPF abre vagas para formação de Grupo de Trabalho Interinstitucional contra o Racismo na Atividade Policial, 22 fev. 2021. Disponível em: http://www.mpf.mp.br/pgr/noticias-pgr/mpf-abre-vagas-para-formacao-de-grupo-de-trabalho-interinstitucional-contra-o-racismo-na-atividade-policial. Acesso em: 28 abr. 2021.

MINISTÉRIO PÚBLICO DO TRABALHO. *Afro presença.* Disponível em: https://afropresenca.com.br/. Acesso em: 30 abr. 2021.

MOREIRA, Adilson. *Racismo recreativo.* São Paulo: Sueli Carneiro; Pólen, 2019.

MUNANGA, Kabengele. Teoria social e relações raciais no Brasil contemporâneo. *Cadernos Penesb,* Niterói, n. 12, p. 169-203, 2010. Disponível em https://www.yumpu.com/pt/document/read/12590172/cadernos-penesb-12-uff. Acesso em: 28 abr. 2021.

ORDEM DOS ADVOGADOS DO BRASIL. Regulamento Geral do Estatuto da Ordem e da OAB, de 6 novembro de 1994. Disponível em: https://www.oab.org.br/content/pdf/legislacaooab/regulamentogeral.pdf. Acesso em: 30 abr. 2021.

ORGANIZAÇÃO DOS ESTADOS AMERICANOS. Convenção Interamericana contra o Racismo, a Discriminação Racial e Formas Correlatas de Intolerância. Disponível em: https://www.oas.org/en/sla/dil/docs/inter_american_treaties_A68_Convencao_Interamericana_racismo_POR.pdf. Acesso em: 30 abr. 2021.

Informação bibliográfica deste texto, conforme a NBR 6023:2018 da Associação Brasileira de Normas Técnicas (ABNT):

PAMPLONA FILHO, Rodolfo; SILVA, Laísla Carla de Carvalho. Racismo estrutural e reparação civil: novos rumos para velhas questões. *In*: EHRHARDT JÚNIOR, Marcos (Coord.). *Direito Civil*: Futuros Possíveis. Belo Horizonte: Fórum, 2022. p. 237-250. ISBN 978-65-5518-281-1.

BREVES CONSIDERAÇÕES SOBRE O PRESENTE E OS FUTUROS POSSÍVEIS PARA O DIREITO CIVIL BRASILEIRO

MARCOS EHRHARDT JUNIOR

Fazer uma reflexão prospectiva para as próximas décadas não é uma tarefa fácil, especialmente quando verificamos a velocidade com que as inovações tecnológicas vêm ocorrendo, provocando uma série de disrupturas no modo como as pessoas se relacionam, com intenso impacto na forma de interpretação do direito privado. Como estamos nos preparando para lidar com as demandas de um mundo cada vez mais complexo, fluido e veloz?

O impacto da revolução tecnológica relativizou as noções de tempo e espaço. Diariamente somos soterrados de informações e já não temos condições de convertê-las satisfatoriamente em conhecimento e refletir sobre todos os temas e assuntos que estão à disposição de qualquer um de nós, em qualquer lugar e a qualquer tempo. Vivemos num momento no qual a grande maioria das pessoas deseja opinar sobre todo e qualquer assunto, relativizando-se fontes de conhecimento tradicional, bem como os requisitos, objetivos e parâmetros da pesquisa científica. Objetividade e ubiquidade, desprovidas de aprofundamento e de uma análise crítica propositiva, parecem não convergir para uma formação sólida, que ofereça o embasamento necessário para o enfrentamento dos conflitos surgidos a partir desta revolução disruptiva que experimentamos como novo elemento em nossa rotina.

Aqui não é espaço para se avaliar, positiva ou negativamente o que está ocorrendo. As ponderações anteriores têm caráter descritivo, na intenção de capturar apenas uma fotografia deste momento, pois é muito difícil se avaliar o impacto (quer seja presente ou futuro) de uma revolução contemporânea em nossa própria existência.

Tanto no campo acadêmico quanto no campo profissional, preocupa-me a crescente dificuldade de os operadores jurídicos (magistrados, advogados, membros do Ministério Público...) lidarem com situações cada vez mais complexas. O modelo contratual clássico, por exemplo, com suporte em papel e vocação puramente patrimonial, não é mais suficiente para uma realidade negocial plural, transnacional e em constante mutação, provocada por avanços tecnológicos que mudaram não apenas o nosso modo de comunicação e interação com o próximo, mas também a forma como registramos os atos que praticamos e até mesmo os bens objeto dos negócios jurídicos que celebramos.

Enquanto nosso Código Civil remete à contratação entre ausentes por correspondência epistolar e detalha formas de contratação envolvendo bens imóveis com observância de requisitos formais específicos, registrados em um suporte físico (papel), a maioria dos alunos que iniciam seus passos no mundo do Direito vive num período em que nunca experimentaram enviar uma carta para um amigo pelo correio, não atribuindo importância à conservação de documentos físicos, quando guardam "na nuvem" informações e dados que consideram importantes.

A interação social ocorre em redes sociais, normalmente de forma escrita em mensagens de poucos caracteres, arquivos de áudio de poucos minutos, sendo cada vez mais raro encontrar, entre as novas gerações, quem utilize primordialmente o telefone para a função de ligar e conversar em tempo real com outra pessoa. Vivemos num período em que as noções de tempo e espaço são redefinidas pela forma de interação tecnológica que adotamos. A tecnologia mudou antigos hábitos, e com ela surgiu a necessidade de desenvolvermos novas habilidades.

Mas nem todos abraçam a tecnologia e suas funcionalidades com a mesma rapidez e/ou têm acesso aos mesmos recursos. Se antes havia uma clara distinção entre os que eram alfabetizados e aqueles que não conseguiam ler, o avanço tecnológico criou barreiras que podem ser ainda mais difíceis de transpor do que a alfabetização de um indivíduo. Em tempos de obsolescência programada e de uma incessante busca por novas funcionalidades e interação, não é nada fácil manter-se atualizado, conseguindo dominar o último modelo de computador, *smartwatch* ou *smartphone*, nova versão do sistema operacional, definições de segurança da informação e acesso remoto a dados.

Se você consegue garantir atualização nisso, é preciso perguntar ainda se tem o mesmo nível de informação e desenvoltura quando o tema da conversa passa por IOT (internet das coisas), aplicações com uso de inteligência artificial ou registros *blockchain*. Isso sem falar em registros biométricos para criptografia e nos demais aspectos relativos à infraestrutura relacionada aos avanços tecnológicos.

Aqueles que receberam formação jurídica nos últimos 30 anos acostumaram-se a buscar a solução de todos os problemas exclusivamente no campo jurídico e raramente realizavam incursões noutros campos do saber. Mas o monopólio das soluções a partir das normas jurídicas não é possível no cenário atual, considerando os avanços científicos. Difícil propor soluções para o que não conhecemos em profundidade ou de que não vivenciamos a utilização. Como entender um *match* numa rede social, as consequências de um bloqueio de seguidor ou o compartilhamento em serviços de *streaming* sem a experiência de ser usuário de uma aplicação de semelhante natureza?

Organizar a perspectiva de transformações e evolução na ordem de disposição dos livros do Código Civil servirá como referência para este pequeno ensaio, além de representar uma forma de reconhecimento de que muito do que ocorrerá daqui em diante decorre direta e imediatamente da forma como os institutos clássicos do Direito Privado foram ressignificados a partir do advento da Constituição Cidadã.

Comecemos pelo reconhecimento de novos sujeitos de direito, a partir da consolidação de uma nova forma de compreensão da natureza jurídica dos animais. Tais seres sensíveis integrarão o quadro daqueles que podem figurar numa relação jurídica juntamente com seres artificiais, máquinas com identidade e patrimônio independente dos seus criadores. A atual dicotomia da pessoa jurídica que subdivide sua classificação entre reunião de pessoas (corporações) ou de bens para determinada finalidade (fundações) deverá ser substituída por um modelo em que máquinas programadas para determinadas finalidades também poderão figurar em relações jurídicas e responder solidariamente com seus criadores. Concepturo, embrião, nascituro, pessoa natural, seres sensíveis, pessoa jurídica e pessoa artificial coexistirão num cenário em que a morte não extinguirá todas as relações jurídicas daqueles que além da vida no mundo físico fazem do meio virtual o *locus* principal de suas interações sociais. Surgirão então conflitos entre as possibilidades de exploração econômica da presença virtual de quem biologicamente já faleceu e a proteção de sua memória e intimidade.

Mesmo as tradicionais categorias de sujeito de direito passarão por um intenso desenvolvimento do atributo capacidade, categoria cada vez mais complexa e peculiar a cada sujeito individualmente considerado de acordo com as particularidades do caso concreto:

ter ou não ter capacidade, ser vulnerável, ostentar uma condição de desvantagem transitória ou perene, genética ou adquirida... A verificação da habilitação, vale dizer, do reconhecimento para a prática de atos jurídicos, merecerá cada vez mais atenção na direção da igualdade material, de matiz inclusiva, diversa e plural, o que exige decisões judiciais com significativo ônus argumentativo para o julgador, que estabelecerá os limites e possibilidades de atuação de cada sujeito individualmente considerado.

E não é só no elemento subjetivo que a relação jurídica continuará a ser ressignificada nos próximos anos. Com o declínio da utilização de suportes físicos como o papel; considerando ainda, como já observado, que tempo e lugar já foram relativizados no ambiente virtual, intensificar-se-á o estudo da prova dos fatos jurídicos, mediante o desenvolvimento de instrumentos que possam conferir maior segurança e confiabilidade aos arranjos contratuais em suas mais variadas formas.

Os requisitos formais de existência, validade e eficácia precisarão ser multiplataformas e deverão apresentar aspectos que permitam sua sobrevivência a cada novo salto tecnológico para não ficarem obsoletos. Neste cenário, o valor da informação como bem jurídico, em todas as suas formas e meios para seu armazenamento e segurança, estará na ordem do dia.

Diante de tais constatações, salta aos olhos a importante questão da exclusão digital – o quase inexistente preparo, vale dizer, educação para conhecimento de noções básicas necessárias ao tráfego negocial no mundo digital – de considerável parte da sociedade para lidar com estruturas complexas criadas para o mundo digital e que permitem a celebração de negócios jurídicos utilizando *smart contracts*. Cria-se uma significativa forma de vulnerabilidade ainda muito pouco estudada atualmente, sendo importante anotar que nem sempre a linguagem do código informático corresponde aos direitos e garantias consagrados na codificação jurídica.

Se o processo de constitucionalização do direito privado retirou do Código Civil a centralidade da orientação hermenêutica do sistema, papel que passou para o texto constitucional, o surgimento de novos modos de comunicação e conexão, a flexibilidade dos suportes para registro de dados e o intenso ritmo das transformações tecnológicas amplificarão de modo significativo o diálogo entre as fontes, em várias dimensões, quer sejam locais, regionais ou transnacionais, numa superposição de diplomas legislativos tratando de assuntos concorrentes e bastante específicos, como já vem ocorrendo com temas relacionados à proteção da privacidade e ao tratamento dos dados pessoais.

No campo obrigacional, novas moedas, transações eletrônicas e os problemas de jurisdição se intensificarão, na medida em que novos arranjos contratuais e formas de garantia surgirem. Contratos parciais, incompletos, multipartes, padronizados, elaborados por inteligência artificial para relações contratuais massificadas e praticados exclusivamente com base no comportamento social típico, sem atenção para a capacidade negocial, continuarão a demandar a figura de um ser humano para sua interpretação, apesar dos avanços da tecnologia relacionada à inteligência artificial.

Já se começa a discutir a substituição de seres humanos por máquinas na análise e execução de contratos massificados. Se tal preocupação se mostrar procedente num futuro próximo, toda a dinâmica do mercado de trabalho para operadores jurídicos será afetada por aplicações automatizadas de jurimetria e análise econômica do impacto de decisões judiciais que afetam grupos sociais específicos.

Já ingressando no campo das titularidades, dentro de uma perspectiva de compartilhamento proprietário de intensidade ainda não experimentada, formas tradicionais de garantia perderão espaço num contexto de contratos relacionais de longa duração, cada vez mais complexos e internacionais. A autonomia clássica do sujeito, baseada na aquisição de patrimônio (preferencialmente, bens imóveis), cede espaço para uma sociedade em que a experiência do utilizar, ainda que por um curto período, começa a ser mais valorizada do que o "ter" a titularidade do bem. Plataformas de *streaming*, de compartilhamento de formas de transporte e habitação estão ressignificando o valor que tradicionalmente se atribui aos bens no mundo físico.

Se novas formas de bens passam a ocupar o centro de interesses de uma sociedade que atribui crescente valor à troca de informações e ao tratamento de dados, modos de preservação e transferência de tais ativos terão que ser implementados. Se no momento tecnologias similares ao *blockchain* parecem despontar como possibilidade mais promissora, prescindindo de autoridades centrais para assegurar a confiabilidade da documentação e negociações preservadas em cada um dos seus blocos, a preocupação com o impacto ambiental da massificação de tal tecnologia pode ensejar uma mudança de rumo no cenário atual.

Merecerá destaque o modo como resolver eventuais controvérsias sem a necessidade de se recorrer ao Judiciário e/ou longas listas de negócios processuais para tentar chegar mais rápido ao deslinde das lides negociais. Ficará cada vez mais evidente o conflito entre a quantidade de conflitos que necessitam de solução e a qualidade das decisões tomadas para solucioná-los quando estas não incluírem os participantes no processo de resolução da controvérsia.

Neste mesmo diapasão, deve-se destacar o importante papel de um Poder Judiciário de há muito exaurido da possibilidade de responder tempestivamente à demanda por pacificação das relações privadas. A crescente exigência de interpretação de textos normativos abertos, permeáveis a novos valores e a um diálogo entre fontes que se superpõem (local regional, internacionalmente), parece algo incompatível com o produtivismo fordista que observamos já nos dias de hoje.

Se os contratos massificados e impessoais típicos do mercado de consumo passarão a ser tratados em sua maioria (pelo menos em algumas etapas) por inteligência artificial, problemas decorrentes do abuso ou má utilização da tecnologia criarão novos desafios, exigindo do operador jurídico um ferramental de capacidades e habilidades que hoje ainda não são valorizadas como deveriam ser.

Voltando os olhos para as questões existenciais, é possível vislumbrar que o Estado intervirá cada vez menos na relação conjugal, e sua diversidade e pluralidade deixarão a solução litigiosa e judicial dos conflitos para casos de incapacidade ou lesão de direitos indisponíveis.

Relações sucessivas (em série) ou simultâneas criarão a necessidade de novos mecanismos de controle em busca de um mínimo de segurança tanto para terceiros que se relacionam com o casal quanto para eles próprios, tanto no aspecto familiar como sucessório, que continuará experimentando a fuga para outros ramos, como o direito contratual empresarial; substituindo normas de ordem pública que disciplinam a relação entre herdeiros por normas dispositivas que cuidam das relações entre sócios.

No campo do Direito das Sucessões, tradicionalmente focado em disposições patrimoniais, desenvolver-se-á intenso debate sobre aspectos existenciais a partir das diretivas antecipadas que hoje já ocupam grande parte dos especialistas na área.

Caberá à responsabilidade civil, na roupagem do direito de danos, assumir o protagonismo da tutela de direitos transindividuais e coletivos, ampliando sua incidência para priorizar demandas coletivas em detrimento de ações individuais de reparação, num movimento em que os novos danos continuarão a ser desenvolvidos doutrinariamente, com reflexos em decisões judiciais cada vez mais casuísticas. As incertezas nesta seara fomentarão o já crescente campo dos seguros, como forma de lidar com as contingências, criando uma espécie de tarifação do *quantum* reparatório construída pelo próprio mercado para os riscos de empreender e se relacionar numa realidade social cada vez mais fluida.

Tudo isso vai exigir uma nova forma de ensino jurídico que incorpore de modo proativo e prospectivo as novas tecnologias de aprendizagem e as ferramentas de inteligência artificial, que, ao mesmo tempo em que libertarão os operadores jurídicos de funções meramente burocráticas, exigirão novas capacidades de argumentação e planejamento, como solução de conflitos e desenvolvimento de estratégias específicas para resolução de novos problemas, num horizonte em que ficam cada vez mais tênues as diferenças entre os interesses públicos e privados.

Num momento de transição entre o universo de usuários e não usuários, dos iniciados em tecnologia e daqueles que não se importam em entender como ela funciona, é nos contratos que buscamos ferramentas de tradução da realidade e a prevenção dos problemas que essa intensa disparidade de conhecimento provoca, exigindo de quem atua na área a máxima atenção com a boa-fé objetiva e o dever de informação, que não deve se limitar à redação de cláusulas contratuais.

Lidamos com interesses diversos, acesso a informações de modo assimétrico, que se repete no campo financeiro e técnico. Lidar com assimetrias e com questões que transcendem interesses individuais para o campo dos direitos transindividuais e difusos faz-se presente na agenda de qualquer profissional. De um trabalho tradicionalmente individualista, realizado na solidão de nossos escritórios, passamos a experimentar um espaço aberto de colaboração, no qual múltiplos saberes e competências são necessários para lidar com intricadas questões, quer sejam sobre aplicações da engenharia genérica para a saúde, quer seja sobre a utilização de informações pessoais por terceiros para fins econômicos, ou ainda o risco do desenvolvimento de novas tecnologias em substituição por máquinas de atividades exercidas por seres humanos.

Contrato combina com complexidade? Acredito que a resposta seja afirmativa. O contrato, enquanto expressão do exercício da liberdade negocial, vale dizer, da autonomia privada, é o espaço privilegiado para lidar com o campo da inovação e das incertezas. Não é possível ignorar a realidade e seus avanços. A vida não espera a regulamentação dos novos campos de atuação pelo Poder Público. É justamente neste espaço de atuação que o trabalho dos profissionais que atuam elaborando contratos se torna decisivo.

Além de definir partes e objeto do contrato, há de se analisar os efeitos da avença para com terceiros, observar sua adequação às normas ambientais e demais marcos regulatórios, o atendimento adequado às diretrizes de *compliance* do outro contratante e por vezes dos seus parceiros, juntamente com o posicionamento do negócio em relação aos demais *stakeholders* (funcionários, fornecedores, acionistas e consumidores).

Com a entrada em vigor a Lei Geral de Proteção de Dados, adicionaram-se novas camadas de requisitos a serem observados em contratações que há muito tempo não se limitam a aspectos materiais do negócio, passando a regular também o procedimento da solução de controvérsias, na busca do mecanismo mais adequado para a resolução de problemas de execução, seja no campo do Judiciário, seja através de um método alternativo escolhido de acordo com as peculiaridades do caso específico.

Mais do que definir as condições de preço, forma de pagamento e obrigações das partes, deve o profissional que elabora contratos agir prospectivamente, analisando futuros cenários do relacionamento negocial, elegendo ferramentas de superação de intercorrências na direção do melhor adimplemento possível para contratantes que precisam enxergar no outro polo da avença um *colaborador proativo* e não um antagonista.

Se nem sempre é fácil ser bem-sucedido na elaboração e execução de contratos fechados e por tempo determinado, o que dizer dos *contratos cativos de longa duração*, vale dizer, dos *contatos relacionais*, cuja duração se confunde com a própria existência dos seus figurantes?

No modelo dos contratos relacionais, a alocação dos riscos do negócio vai sendo alterada durante a sua própria execução, não sendo possível, no momento de sua celebração, precisar o cenário futuro após décadas de vigência de cláusulas negociais pensadas noutro contexto de regulação e equilíbrio econômico.

Para lidar com situações como a descrita, desenvolvem-se teorias acerca de contratos propositalmente *incompletos*, nos quais a mencionada alocação de riscos não é estabelecida no momento de sua celebração, estabelecendo-se, ao contrário, mecanismos para a solução das contingências ao tempo que forem surgindo.

Como apontado, em tempos de economia do compartilhamento, em que ter propriedade plena, para muitos, deixa de ser algo essencial, para ser substituído pelo direito de uso de certos bens por determinados períodos, considerando-se ainda que a velocidade da disrupção dos avanços tecnológicos pode tornar obsoleto determinado serviço em poucos anos, fazer uso de formas deliberadamente incompletas de contratos, permitindo avenças sucessivas entre as partes ou a deliberação dos problemas por terceiros previamente estabelecidos para a resolução de questões pontuais, passará a ser uma estratégia negocial cada vez mais frequente a fim de enfrentar as mudanças de circunstâncias que interferem no equilíbrio do acordo entre as partes.

Estamos acostumados a visualizar os contratos como um texto cheio de itens registrados em papel e temos dificuldade em reconhecer, com o mesmo grau de importância e necessidade de atenção, formas de contratação verbais e, especialmente, aquelas realizadas por interação eletrônica. Ainda existem os que pensam que "se não está registrado em papel no cartório, não é tão importante". Aqui não me refiro apenas à contratação em *sites* de comércio eletrônico, mas a negócios celebrados em redes sociais (WhatsApp, Facebook, Instagram) e dentro de aplicativos de jogos e utilitários. Juntem-se a isso as plataformas *on-line* de resolução de conflitos e as transações negociais sobre direitos patrimoniais disponíveis.

Contratamos quando realizamos o *download* de um joguinho, por mais inofensivo que ele pareça, pois concordamos em dar acesso a dados pessoais que vão remunerar a utilização do aplicativo, em conjunto com a publicidade que deve ser assistida como um requisito para mudar de fase ou conseguir alguma vantagem no jogo. Desenvolvedor, provedores de acesso e aplicação, agentes de *marketing*, empresas interessadas em divulgar produtos e serviços, são figurantes de uma cadeia complexa de fornecedores que apresenta diversas coligações contratuais, sendo difícil enxergar todo o quadro negocial envolvido.

Um dos maiores desafios que os próximos anos nos reservam é a forma como colocaremos em prática a necessária tradução de uma teoria contratual analógica para um mundo digital. De nada adianta discutir com um profissional o que seria um contrato "5.0" quando não se compreendem adequadamente as categorias fundamentais de um contrato "1.0". Cite-se, por exemplo, a cada vez mais frequente referência a *smart contracts*. Mesmo quando celebrados de modo automatizado, por vezes com utilização de recursos de inteligência artificial, os requisitos de existência, validade e eficácia estão presentes na programação que possibilita sua concretização no mundo jurídico.

Via de regra, experimentamos um período de lacuna legislativa sobre parte considerável dos avanços tecnológicos citados. Enquanto operadores do Direito, não podemos aguardar a elaboração de novas leis para tratar das situações que já estão a ocorrer. Há que se funcionalizar e ressignificar institutos clássicos da teoria contratual e fazer uso de uma hermenêutica contratual que garanta efetividade aos direitos e garantias fundamentais de nossa Constituição. É preciso discutir o futuro (= novas formas de contratação e a necessidade de sua regulação), sem esquecer o presente (= tradução e ressignificação dos institutos).

Nos dias atuais, há de se compreender os vários matizes do contrato contemporâneo. Quando se menciona "contrato", de qual espécie estamos tratando? Seria um contrato paritário, com partes em condições de igualdade, em posição de discutir de modo equidistante e leal seu conteúdo? Seria um contrato entre particulares, preocupado com o valor de uso do bem e as necessidades pessoais de sua família? Estamos tratando de um contrato massificado, impessoal, com predisposição unilateral de suas condições para o oferecimento de produtos ou serviços em que não há espaço para sua customização de acordo com as necessidades individuais específicas? Por acaso seria um ajuste coletivo, que versa sobre interesses de um grupo, com posição jurídica semelhante? Estamos lidando com um contrato celebrado entre pessoas que gozam de capacidade civil e têm plenas condições de compreender o sentido e alcance técnico, econômico e/ou jurídico das cláusulas estabelecidas, ou estamos diante de relações marcadas por uma vulnerabilidade latente e que necessita de regulação?

Tratando de regulação, estamos elaborando um contrato típico com entendimento jurisprudencial consolidado ou lidando com o desafio da lacuna legislativa, num ambiente de forte interferência dos avanços tecnológicos que exigem novas soluções para a garantia da validade e eficácia dos pactos?

A tecnologia não está apenas no conteúdo das avenças, nas na forma de sua celebração. Já estão entre nós contratos celebrados em vídeo, cláusulas negociais com explicação em áudio, *hiperlink* para um glossário ou ainda para um questionário específico, a fim de tornar inequívoca a manifestação da vontade, bem como o consentimento negocial utilizando assinatura criptografada e registro do negócio exclusivamente em meio digital. Em vez de ir ao cartório assinar a escritura, utilizamos um *token* para assinar e obter o código de validação, lançando mão das mais variadas formas de plataforma de mídia. Porém, conforme mencionado, os contratos ditos "inteligentes" ainda dependem de pessoas responsáveis por sua programação e aplicação.

A fronteira de até onde avançaremos com a inteligência artificial e a internet das coisas ainda está longe de ser definida. Mas o receio daqueles que imaginam que serão substituídos em breve por uma máquina pode reduzir um pouco se nos prepararmos para um novo período no qual a capacidade de argumentação e a criatividade ganharão cada vez mais espaço em detrimento da cômoda opção de realizar tarefas repetitivas.

O contrato do futuro marcará o início de uma caminhada e não necessariamente traçará todos os capítulos do percurso dos contratantes. Os profissionais que atuarem no setor não se despedirão dos figurantes negociais no dia de sua celebração, mas acompanharão a jornada e as necessárias correções de rumo na busca de benefícios mútuos, incorporando avanços científicos, novas oportunidades e interesses, desde que não percamos de vista que o contrato, como instrumento de integração social, evolui e acompanha nossa sociedade em todos os seus passos.

Tem-se afirmado com frequência que não podemos ignorar os avanços. Mas disrupção e inovação não significam ignorar de onde viemos. Se pretendemos visualizar para onde estamos seguindo, é preciso compreender como chegamos até aqui e quais foram os agentes da mudança.

Sem entender nossos erros e como eles ocorreram, estamos fadados a repeti-los. Se todos parecem concordar que a perspectiva é de mudança, os caminhos para ela não são unânimes e alguns parecem bem tortuosos. Para lançar um pouco de luz sobre a direção a seguir, devemos reafirmar nosso compromisso com a proteção dos sujeitos. A garantia da dignidade não transige com a necessidade de colocar os contratos a serviço das pessoas, e não o contrário. Precisamos seguir com os olhos voltados para o futuro, com a incessante esperança na evolução das relações sociais na perspectiva da alteridade e solidariedade.

Informação bibliográfica deste texto, conforme a NBR 6023:2018 da Associação Brasileira de Normas Técnicas (ABNT):

EHRHARDT JR., Marcos. Breves considerações sobre o presente e os futuros possíveis para o Direito Civil brasileiro. *In*: EHRHARDT JÚNIOR, Marcos (Coord.). *Direito Civil*: Futuros Possíveis. Belo Horizonte: Fórum, 2022. p. 251-261. ISBN 978-65-5518-281-1.

SOBRE OS AUTORES

Ana Carolina Brochado Teixeira
Doutora em Direito Civil pela UERJ. Mestre em Direito Privado pela PUC Minas. Professora do Centro Universitário UNA. Coordenadora editorial da Revista Brasileira de Direito Civil – RBDCivil. Advogada.

Christine Peter da Silva
Doutora e Mestre em Direito, Estado e Constituição pela UnB. Professora associada do mestrado e doutorado em Direito das Relações Internacionais do Centro Universitário de Brasília (UniCeub). Pesquisadora do Centro Brasileiro de Estudos Constitucionais ICPD/UniCeub e assessora de Ministro do Supremo Tribunal Federal.

Daniella Gonçalves Stefanelli
Mestranda em Direito Processual pela Universidade Federal do Espírito Santo. Graduada em Direito pela Universidade Federal do Espírito Santo. Advogada. E-mail: daniellagstefanelli@gmail.com.

Everilda Brandão Guilhermino
Advogada. Mestre e doutora em Direito Civil (UFPE). Professora de graduação e pós-graduação em Direito Civil e Ambiental. Autora de dois livros em Direito de Propriedade. Membro do grupo de pesquisa CONREP e dos institutos IBDCont, IBDCivil e IBERC.

Giselda Maria Fernandes Novaes Hironaka
Professora titular de Direito Civil da Faculdade de Direito da Universidade de São Paulo. Coordenadora titular do programa de pós-graduação *stricto sensu* da Faculdade Autônoma de Direito de São Paulo (FADISP). Diretora Nacional do IBDCivil para a região Sudeste. Fundadora e diretora nacional do IBDFAM, para a região Sudeste. Ex-procuradora federal.

Gustavo Henrique Baptista Andrade
Pós-doutorado em Direito Civil pela UERJ. Mestre e doutor em Direito Civil pela UFPE. Pesquisador do Grupo de Pesquisa Constitucionalização das Relações Privadas (CONREP – UFPE). Pesquisador do Grupo de Pesquisa Historicidade e Relatividade do Direito Civil (UERJ). Pesquisador visitante do Max-Planck-Institut für ausländisches und internationales privatrecht. Vice-Presidente do IBDFAM-PE. Procurador do Município do Recife. E-mail: gustavo@gustavoandrade.adv.br.

Gustavo Tepedino
Professor titular de Direito Civil e ex-diretor da Faculdade de Direito da Universidade do Estado do Rio de Janeiro (UERJ). Doutor em Direito Civil pela Universidade de Camerino (Itália). Sócio fundador do Escritório Gustavo Tepedino Advogados.

Ian Borba Rapozo
Mestrando em Direito e Inovação no programa de pós-graduação *stricto sensu* da Faculdade de Direito da Universidade Federal de Juiz de Fora (UFJF). Pós-graduando em Direito Processual pela Pontifícia Universidade Católica de Minas Gerais (PUC Minas). Graduado em Direito pela Universidade Federal Rural do Rio de Janeiro (UFRRJ). Pesquisador do grupo de pesquisa Argumentação, Direito e Inovação (UFJF/CNPq). Pesquisador do Núcleo de Pesquisa em Direitos Fundamentais, Relações Privadas e Políticas Públicas (NUREP) (UFRRJ). Advogado.

João Ricardo Brandão Aguirre
Professor de Direito Civil da Faculdade de Direito da Universidade Presbiteriana Mackenzie. Pós-doutor em Direito Civil pela Faculdade de Direito da Universidade de São Paulo (USP). Doutor em Direito Civil pela Faculdade de Direito da USP. Presidente da Comissão de Estudos Jurídicos do Instituto Brasileiro de Direito de Família em São Paulo (IBDFAM/SP). Advogado.

Laísla Carla de Carvalho Silva
Advogada. Mestranda em Direito pela Universidade Federal da Bahia (UFBA). *Master of Laws* (LL.M Business Law in Global Context) pela Université de Montréal/Canadá.

Lucas Abreu Barroso
Doutor em Direito pela Pontifícia Universidade Católica de São Paulo. Professor de Direito Privado na Universidade Federal do Espírito Santo. Advogado. E-mail: barroso_la@terra.com.br.

Luciana Brasileiro
Mestre e doutora em Direito Civil pela UFPE. Pesquisadora do Grupo de Pesquisa Constitucionalização das Relações Privadas (CONREP – UFPE). Vice-Presidente da Comissão de Direito e Arte do IBDFAM. Conselheira científica do IBDFAM-PE. Professora universitária. Advogada. E-mail: lucianabrasileiroadv@gmail.com.

Luiz Edson Fachin
Ministro do Supremo Tribunal Federal. Professor titular de Direito Civil da Universidade Federal do Paraná (UFPR). Doutor e mestre em Direito pela PUC-SP.

Marcos Bernardes de Mello
Professor Emérito da Universidade Federal de Alagoas (UFAL). PhD em Direito pela Pontifícia Universidade Católica de São Paulo. Mestre em Direito

pela Universidade Federal de Pernambuco (UFPE). Professor voluntário das disciplinas Teoria Geral do Direito Civil (graduação) e Conceitos Jurídicos Fundamentais (mestrado) na Faculdade de Direito de Alagoas (UFAL). Advogado. Membro do IAB. Membro da Academia Alagoana de Letras (AAL). Membro honorário da Academia Quitundense de Letras (AQL). Membro do Instituto Histórico e Geográfico de Alagoas (IHGAL). Conferencista. Autor de artigos e obras jurídicas.

Marcos Catalan

Doutor *summa cum laude* pela Faculdade do Largo do São Francisco, Universidade de São Paulo. Mestre em Direito pela Universidade Estadual de Londrina. Professor no PPG em Direito e Sociedade da Universidade LaSalle. *Visiting Scholar* no Istituto Universitario di Architettura di Venezia (2015-2016). Estágio pós-doutoral na Facultat de Dret da Universitat de Barcelona (2014-2016). Professor visitante na Maestría en Derecho de Daños da Facultad de Derecho de la Universidad de la República, Uruguay. Professor visitante no mestrado em Direito dos Negócios da Universidad de Granada, Espanha. Professor visitante no Mestrado em Derecho Privado de la Universidad de Córdoba, Argentina. Editor da Revista Eletrônica Direito e Sociedade. Líder do Grupo de Pesquisas Teorias Sociais do Direito e cofundador da Rede de Pesquisas Agendas de Direito Civil Constitucional. Advogado parecerista.

Marcos Ehrhardt Junior

Doutor em Direito pela Universidade Federal de Pernambuco (UFPE). Professor de Direito Civil da Universidade Federal de Alagoas (UFAL) e do Centro Universitário Cesmac. Editor da Revista Fórum de Direito Civil (RFDC). Vice-Presidente do Instituto Brasileiro de Direito Civil (IBDCivil). Presidente da Comissão de Enunciados do Instituto Brasileiro de Direito de Família (IBDFAM). Membro fundador do Instituto Brasileiro de Direito Contratual (IBDCont) e do Instituto Brasileiro de Estudos de Responsabilidade Civil (IBERC). Advogado. E-mail: contato@marcosehrhardt.com.br.

Nelson Rosenvald

Procurador de Justiça do Ministério Público de Minas Gerais. Pós-doutor em Direito Civil na Università Roma Tre (IT-2011). Pós-doutor em Direito Societário na Universidade de Coimbra (PO-2017). *Visiting Academic*, Oxford University (UK-2016/17). Professor visitante na Universidade Carlos III (ES-2018). Doutor e mestre em Direito Civil pela Pontifícia Universidade Católica de São Paulo (PUC-SP). Presidente do Instituto Brasileiro de Estudos de Responsabilidade Civil (IBERC). Professor do corpo permanente do doutorado e mestrado do IDP/DF.

Pablo Malheiros da Cunha Frota

Doutor em Direito pela Universidade Federal do Paraná. Professor de Direito Civil e Processo Civil na Universidade Federal de Goiás. Advogado. E-mail: pablomalheiros07@gmail.com.

Paulo Lôbo
Doutor em Direito Civil (USP). Professor Emérito da UFAL. Ex-Conselheiro do CNJ.

Rodolfo Pamplona Filho
Juiz Titular do Trabalho do TRT 5ª Região. Professor Titular de Direito Civil e Direito Processual do Trabalho da Universidade Salvador (UNIFACS). Professor Associado IV do PPGD da Universidade Federal da Bahia (UFBA). Coordenador dos cursos de especialização em Direito Civil e em Direito e Processo do Trabalho da Faculdade Baiana de Direito. Mestre e doutor em Direito das Relações Sociais pela Pontifícia Universidade Católica de São Paulo (PUC-SP). Máster em Estudios en Derechos Sociales para Magistrados de Trabajo de Brasil pela Universidad de Castilla-La Mancha/Espanha (UCLM). Especialista em Direito Civil pela Fundação Faculdade de Direito da Bahia. Membro e ex-presidente da Academia Brasileira de Direito do Trabalho. Presidente da Academia de Letras Jurídicas da Bahia. Membro da Academia Brasileira de Direito Civil, do Instituto Brasileiro de Direito de Família (IBDFam) e do Instituto Brasileiro de Direito Civil (IBDCivil).

Rodrigo da Cunha Pereira
Advogado, fundador e presidente nacional do Instituto Brasileiro de Direito de Família (IBDFAM), mestre (UFMG) e doutor (UFPR) em Direito Civil.

Simone Tassinari Fleschmann
Professora permanente do programa de mestrado, doutorado e graduação da UFRGS, advogada, mediadora, coordenadora do Grupo de Pesquisa em Direito de Família, Sucessões e Mediação da UFRGS – Cnpq.

Vitor Almeida
Doutor e mestre em Direito Civil pela Universidade do Estado do Rio de Janeiro (UERJ). Professor adjunto de Direito Civil da Universidade Federal Rural do Rio de Janeiro (ITR/UFRRJ).

Esta obra foi composta em fonte Palatino Linotype, corpo 10
e impressa em papel Offset 75g (miolo) e Supremo 250g (capa)
pela Gráfica Formato, em Belo Horizonte/MG.